THOMAS ALVA EDISON
SIXTY YF... INVENTOR'S LIFE

(Francis Arthur Jones)
法蘭西斯・亞瑟・瓊斯 著
胡彧 譯

愛迪生
THOMAS EDISON

電力系統、留聲機、電影攝影機、實驗室制度⋯⋯發明之父以兩千項發明定義現代生活

**六十年不眠不休，
他以兩千項發明改寫科技史的每一頁！**

電燈 × 電報 × 產業實驗室
從報童到科學巨擘，愛迪生點亮了人類文明

目 錄

序 　　　　　　　　　　　　　　　　　　　　　　005

第一章　　出生地　　　　　　　　　　　　　　　007

第二章　　童年與青年　　　　　　　　　　　　　015

第三章　　報販與電報員　　　　　　　　　　　　033

第四章　　尋找工作　　　　　　　　　　　　　　041

第五章　　第一間工作室　　　　　　　　　　　　049

第六章　　早期的電報發明　　　　　　　　　　　059

第七章　　電話　　　　　　　　　　　　　　　　069

第八章　　電燈　　　　　　　　　　　　　　　　089

第九章　　鉑絲的實驗　　　　　　　　　　　　　115

第十章　　留聲機　　　　　　　　　　　　　　　121

第十一章　　活動電影放映機、磁石分離器　　　　149

目錄

第十二章	其他一些發明	161
第十三章	戰爭機器	175
第十四章	電刑	187
第十五章	蓄電池	199
第十六章	位於奧蘭奇的實驗室	205
第十七章	概念書	229
第十八章	宴會	233
第十九章	愛迪生在歐洲	245
第二十章	家庭生活	253
第二十一章	愛迪生的個性	263
第二十二章	拍攝愛迪生	279
第二十三章	一些軼事	283
第二十四章	愛迪生的一些看法	297

序

　　在準備寫作這本書的時候，筆者獲得了來自各方的大力支持。在這裡，我要感謝許多人給予的寶貴建議與大力支持。我要感謝很多了解愛迪生年輕時候情況的人，他們都懷著愉悅的心情給予我幫助，讓我對這位發明家年輕時的一些生活以及工作狀況，有了深入的了解。

　　筆者還要感謝美國出版社（*American Press*）給予的極具價值的幫助，我特別要感謝下面一些人：感謝《電學週刊》的編輯，向我詳細講述了愛迪生在建立第一所研究電燈的實驗室時，所發生的事情。我要感謝 W・K・L・迪克森[001]，這位資深電力學家在他的《生活中的愛迪生》（*An Authentic Life of Edison*）一書中，提到了幾個真實的故事，談論他與那位具有天賦的姊姊以及已經過世的安東尼婭・迪克森（Antonia Dickson）的共同合作，現在這本傳記已經售罄。

　　我要感謝 J・R・蘭多夫——這位愛迪生的私人祕書，我要感謝弗蘭卡・L・戴爾[002]——法律部門的主管，我還要感謝已經過世的魏格曼，這位聲學方面的專家為我提供了許多有趣的「內幕」消息。我要感謝約瑟夫・拜倫[003]親自負責監管本書裡重新製作的、有關愛迪生的照片。我要感謝法爾克（Falk）——這位著名藝術家為本書開篇描繪了一幅生動的愛迪生畫像，這幅畫得到了紐約愛迪生公司的版權批准。我要提一下，這幅畫是在愛迪生發明白熾燈二十五週年的時候畫的，當時的愛迪生已經

---

[001] W・K・L・迪克森（William Kennedy Laurie Dickson，西元1860～1935年），法國—蘇格蘭人，發明家，在湯瑪斯・愛迪生的公司研製出電影攝影機和活動電影放映機。

[002] 弗蘭卡・L・戴爾（Frank L・Dyer，西元1870～1941年），美國著名律師、代理人，湯瑪斯・愛迪生公司的法務部主管。

[003] 約瑟夫・拜倫（Joseph Byron，西元1847～1932年），英國著名攝影家，在美國紐約曼哈頓創辦了拜倫公司。

序

辛勤工作了很長一段時間，並且在過去二十年裡取得輝煌的成就。

筆者還要對愛迪生本人在實驗室裡做出的巨大成就，表達衷心的感謝，他總是表現出一貫的愉悅神色與良好的本性，本書裡記錄了許多有關他個人的故事。我要感謝愛迪生夫人，她將丈夫在年輕時拍攝的一些照片拿出來，放在本書裡（據說，這是我們現在唯一能夠找到的、有關愛迪生的一些照片）。其中一些照片是在愛迪生只有十四歲的時候拍下的。愛迪生夫人在多年前寫的一篇文章裡，就曾談論過愛迪生在發明白熾燈的時候，所發生的一些事情。

無論從哪個角度去看，本書都絕對不是單純羅列愛迪生一生「勤勞勤勉」事蹟的書籍，而是帶領讀者窺探這位發明家內心的活力與熱情，明白他偉大的發明生涯還將延續下去。愛迪生的祖父與曾祖父都活到了百歲高齡，他們的家族歷來都身強體壯，以長壽著稱。雖然愛迪生十分反感有人說「他已經放棄了發明事業」，而是專注於純粹科學的說法。但我們完全有理由相信，在他的研究下，不少科學難題都將迎刃而解，許多自然的祕密都將透過他的研究得到解答。

法蘭西斯・亞瑟・瓊斯寫於倫敦

第一章　出生地

　　西元1847年2月寒冷的一天，俄亥俄州一座名叫米蘭的小鎮，依然顯得那麼喧囂，人們用馬車將小麥運到運河碼頭，然後再裝船運送到艾利湖。碼頭上擠滿農民、勞工、船員以及一些懶散的人，他們都聚在一起拉住繩索，控制稻穀的上升與下降。到處都是一片喧囂的景象，除了愛迪生一家的房舍，那裡顯得安靜無比，因為一個新生命即將來到這個世界。

　　愛迪生一家的房舍建立在一處坡地上，透過窗戶可以看到運河與休倫河的美麗景色。薩繆爾·愛迪生（Samuel Ogden Edison）並沒有到碼頭上去——整個鎮上每一名男性似乎都到那裡去幫忙了——但他寧願留在家裡，等待著孩子的出生。薩繆爾身高有183公分，雖然身材看上去偏瘦，卻散發出一種強大的能量。他那張長滿鬍子的臉，顯露出果敢的決心，為人隨和，用和善的眼神看著這個世界。他站在床邊，看著外面的人來來往往忙碌的情景，根本想像不到這個即將降臨到這個世界上的孩子，將會改變未來幾代人的生存環境。

　　一直在找薩繆爾·愛迪生的接生員——心地善良的鄰居——走進了房間，對薩繆爾說，他有了一個身體結實、面貌英俊的孩子。接生員說：「孩子很帥氣，有著一雙深灰色的眼睛，簡直跟他的母親一樣。」薩繆爾聽到後非常高興。過了一會，他深情地凝望著剛出生的兒子。孩子跟他的母親很像，這毋庸置疑，身為父親，他也對孩子與母親相像一事感到高興，他認為這對他們全家來說都是一種祝福。薩繆爾將孩子抱給妻子，妻子用深情的目光看著自己的孩子，這是他們母子倆第一次見面，這種血緣的情感紐帶，會隨著小愛迪生日後的成長而漸漸加深。

　　薩繆爾·愛迪生於西元1838年逃離加拿大，移民到米蘭這座小鎮。

第一章　出生地

他因為在加拿大積極地參與帕尼諾反抗活動[004]，而不得不逃難至此。他在多米尼這個地方有一處土地，這是他從政府那裡得到的一份禮物。當政府後來知道他是反叛分子的一員，就將他的土地全部沒收了。薩繆爾‧愛迪生認為，迅速逃到聖‧克雷爾河這個地方是明智的做法。為了逃離加拿大，他不休不眠地步行了 182 英里。薩繆爾‧愛迪生展現出來的忍耐力，在他的兒子身上也得到了充分的展現。

　　來到米蘭之後，薩繆爾‧愛迪生發現，這座小鎮的風土人情非常不錯，適合居住。因此，他決定將這個地方視為未來定居的住所。他決定遠離任何反叛的行為，與當地政府以及鄰居和諧相處。幾年之後，他在這裡娶了一位名叫南西‧艾略特（Nancy Matthews Elliott）的美麗學校老師。當他還在加拿大的時候，就已經認識南西了。他租了一間小房子，做著各式各樣的工作，過上了平和、勤奮與知足的生活。他見證了米蘭這座小鎮的繁榮時代。畢竟，他剛來到米蘭的時候，米蘭還只是一個偏遠的小村莊而已。

薩繆爾‧愛迪生，愛迪生之父　　　　　　南西‧愛迪生，愛迪生之母

---

[004] 帕尼諾反抗活動（the Papineau Rebellion），加拿大史稱愛國主義者運動，是發生在西元 1837～1838 年間的魁北克人與下加拿大英屬殖民地殖民者的一場戰爭；英屬殖民者稱反叛運動。

愛迪生出生地 —— 美國俄亥俄州米蘭鎮

也許，最能夠記錄這種變化的文字，是當地一位居民寫下來的。這位居民寫道：

七十年前，在鐵路尚未進入西部這片處女地之前，許多穀類都需要經過水運，從俄亥俄州的中部與北部運送出去，從休倫河經過艾利湖，然後再走幾英里的水路，來到了河口。當時的米蘭鎮還在下游三英里處的地方，當時這個地方是荒無人煙的。存放糧食的倉庫就建造在這個地方，休倫河上來往的船隻始終穿梭不停。這樣的生意是非常有利可圖的。在極短的時間內，一些資本家就想到了要挖掘運河，直達米蘭，從而讓航線直接經過他們的村莊。

這個計畫實施之後，米蘭很快就變成一個繁華的穀物交易市場，在運河兩邊有數十間倉庫。我最早的記憶，就是看著那些用麻袋裝著穀物的馬車，從父親的倉庫前隆隆駛過。附近的鄉村都是用公牛或者馬匹來運貨。在忙碌的世界，這條運輸穀物的道路足足有兩英里長，每個人都在等待著糧食緩慢地裝上去與卸下來。

米蘭這座小鎮有著美好的前景。造船工業很快就成為極為興盛的產業，這裡有不少品質優良的船隻，其中包括六艘緝私船都是在運河裡下水的。現在，這個村莊已經變得興旺起來，人口也越來越多，人們過著

第一章　出生地

　　自力更生的生活。一座長老會教堂就建立在「休倫機構」旁邊，這樣的建築在俄亥俄州的每個地方都是非常普遍的。其他的教堂以及禮拜場所都慢慢地建立起來了。其中就包括聖公會、衛理公會等教堂。幾年後，這裡又建造了羅馬天主教教會。各級學校也慢慢地建立起來，我們到處都可以見到一片欣欣向榮的景象。

　　米蘭的美好未來依然在前方！一條破土動工的鐵路沿著整個村子繞了一個大圈，但是投資挖掘運河的資本家們覺得，沒有比開挖運河更能迅速地替他們帶來更多的財富。在某一天，他們突然發現，諾瓦克與維克曼這兩個地方，已經將他們的航運生意搶走了，貿易很快就陷入了停頓，就連他們挖掘的運河河水也似乎都停滯了。他們的企業亦遭到困境，不得不創造出一種全新的快速運輸方式。這時，坐落在斷崖邊、能夠俯瞰整條運河的間小房子裡，有一個嬰兒出生了。此時的人們彷彿看到了一道閃光。

　　很快，不少生意人開始離開這裡，前往其他州了。你們會發現，不少之前將米蘭小鎮當家的人都漸漸離開了，這些人都是極有能力的商界人士。之前被稱為「休倫機構」的那棟建築，現在也被改成了西部保護區師範學校。這所學校培養出數以百計的優秀老師，這些老師分布在美洲大陸上的各個地方，過去那些用磚塊砌成的建築依然聳立著，這代表著過去的許多記憶。

　　現在，如果你想要參觀一下愛迪生出生的地方，可以從諾瓦克乘坐電車到桑德斯基。沿途，你將看到一片片土地肥沃的農田，以及一個個美麗的村莊。這裡的風景如畫，特別是沿著休倫河一帶的景色更是美不勝收。在米蘭小鎮上，你可以將汽車放在一邊，然後沿著山丘下的小村莊隨意走動。對第一次來這裡的人來說，這裡並沒有什麼特殊的景點可言。過去安息日時代的安靜與靜謐，似乎重新瀰漫在空氣當中，有時只有火車在鐵軌上發出的轟鳴聲，會打破這樣的沉默與安靜。

　　城鎮的中央位置有一個公共廣場。廣場上立著一座高大的紀念碑，這是用來紀念過去那些參與建設城鎮的志工的。這裡有著蒼翠的樹木，

有著舒適的房子，還有一個接受過高等教育的法律與福音社區。這裡還有一座公墓，很多之前生活在米蘭，後來外出生活工作的人，在臨終前都留下遺囑，說以後一定要埋在這裡，作為自己永久性的休息之處。在這裡，你找不到運河存在的任何痕跡，不過住在這裡最年長的人會告訴你，這裡的地勢是有點低的，距離過去的河床還有幾英里的距離，現在那片地方已經得到開墾，成為種植蔬菜的果園。

就是在那個時代，米蘭小鎮正處於興旺發達的巔峰期，湯瑪斯‧阿爾瓦‧愛迪生出生在這裡，並在此度過了人生最早的七年時光。在愛迪生還小的時候，他的母親與護理師都稱他是一個「乖」孩子，因為他很少哭。即使他那麼小，脾氣依然相當好，臉上始終掛著笑容。據說，當他還是一個嬰兒的時候，聽到笑話，就會哈哈笑起來。從那時候開始，他似乎就能注意到任何事情中存在的幽默一面。愛迪生的這種特質，也許是從父親那裡遺傳來的，因為他的父親在這方面與林肯（Abraham Lincoln）非常相像，都喜歡閱讀幽默故事。

愛迪生天性中嚴肅認真的一面，可能來自他的母親。也許這不能算遺傳了，因為愛迪生小時候每天都與母親相伴，一直耳濡目染。對他來說，母親不僅是一位慈母，也塑造了他品格中最堅強的特質。在母親去世多年，當愛迪生擁有了財富與名聲之後，許多記者都想要採訪這位功成名就的發明家，想要他談論一下母親對他的影響。

可是失去母親讓愛迪生悲痛莫名，他只能與那些之前認識他的母親、知道他母親所具有的善意與美德的人談論，只有這些人才能稍微明白母親對他的巨大影響。不過，在一次採訪裡，一位來自《紐約世界》雜誌的記者，向愛迪生提出了這個問題，愛迪生破例地談論了一番，說母親帶給他的人生力量，將他們之間的人生紐帶始終緊緊地拴在一起。

第一章　出生地

　　我失去母親的時間不是很長，但從我小時候開始，她就對我的人生帶來了持久的影響，這樣的影響將一直延續到我生命的盡頭。她早年對我的教導，是我一生永遠都無法捨棄的財富。要是沒有她對我的栽培，沒有她在一些關鍵時刻給予我的幫助，我絕對無法成為今天這樣的發明家。你們都知道，我的母親是一位加拿大女子，她曾在新斯科舍那裡教書。她認為，不少現在變壞的孩子，要是在人生早期得到正確的教導，那麼他們都將會成為一個好人，成為一個對整個社會有價值的人。母親在學校裡當老師的人生經歷，讓她對人性有深入的了解，特別是知道如何去教育小孩子。在她與我父親結婚之後，她在我身上運用相同的教育理念，讓我能夠健康成長。

　　小時候，我是一個非常調皮的人。倘若母親不是一個具有強大心理的人，我可能早就變成一個壞孩子了。母親身上展現出來的堅定、善良以及和藹，具有巨大的神奇力量，讓我始終走在一條正確的道路上。我還記得自己小時候在學校裡，始終都無法表現得很好。至於具體的原因，我也不是很清楚，而且我的學習成績在班上始終是倒數第一的。我曾經覺得老師從來都不喜歡我，父親也認為我是天生愚蠢的。最後，連我都覺得自己是一個愚蠢透頂的人。母親始終友善地對待我，用充滿憐憫的心看待我，她從來都不會誤解我，也不會責罵我。可是我害怕告訴她，在學校裡遇到的各種困難，因為我擔心會失去她的信任。

　　一天，我聽到老師對校長說，我是一個愚蠢到根本無法教育的人，說讓我繼續留在學校裡學習，是沒有任何價值的。當時，我的內心真的非常受傷，感覺支撐著自己繼續留在學校裡的最後一根稻草，都已經塌下來了。當時的我立即流下了眼淚，回到家之後，馬上跟母親談論起這件事。接著，一位好母親所能為你做得最好的事情，我在那時充分地了解到了──她站出來，成為我最堅強的守護者。

　　母親內心的驕傲，讓她不願意兒子受到任何一點心靈傷害。她將我帶回學校，用憤怒的口氣對那位老師說，他根本不知道自己在說些什麼，我要比那位老師不知聰明多少倍。母親還劈里啪啦地說了許多誇獎

我的話。事實上，母親始終是堅定擁護我的人。從那時候開始，我就在心底暗下決心，一定要努力學習，對得起母親對我的期望，讓母親明白，她對我的信任是正確的。可以說，母親造就了我今天的一切。母親始終相信著我，始終認同著我。我要為母親而活，要為母親爭光，絕對不能讓母親失望。母親留給我的美好記憶，始終都在激勵著我，讓我不斷前進。

愛迪生的母親經常叫他的小名「艾爾」，當艾爾漸漸長大，能夠走路與說話之後，鄰居們很快就發現，他是一個相當英俊的小孩，母親對此感到非常驕傲。但是，他的頭髮卻讓她異常焦慮，因為小愛迪生的頭髮既不捲曲，也無法分線，更不會像其他男孩的頭髮那樣服貼。在他還小的時候，就經常用自己那雙小手撥弄著頭髮，他唯一能做的事情就是讓頭髮「貼緊」。這樣的做法是他的父親提出來的，他的母親在經過一番掙扎之後，也同意採取這樣的做法。

愛迪生有著寬闊順滑的前額，一雙深邃的眼睛，平直的眉毛，還有一張可愛的嬰兒小嘴。他那高高的前額通常顯得非常平靜與靜謐。在他剛開始學會說話的時候，就會提出各式各樣的問題，經常說個不停。他對自己遇到的一些感興趣的問題，總是感到困惑，然後提出許許多多的問題，有時在得不到回答的時候，他就會稍微大聲地嚷嚷幾聲。某位了解愛迪生童年生活的人，曾這樣寫道：「當這樣的情況出現時，他的嘴唇就會緊緊地閉合，然後皺起眉頭。當他那小小的腦袋決定去做某件事情的時候，就會跟蹌著走路，顯露出自己的一種決心。」

四歲的時候，愛迪生與鄰居的每個孩子都能和睦相處──特別是在與男孩們打交道的時候，大家都非常喜歡他。他總是想著去參加各種小孩子們玩的遊戲。當他的母親轉過身去時，他會立即溜出去，沿著懸崖向下爬，走捷徑去運河邊。幾分鐘之後，焦慮的父母就會透過窗戶，發現他正在沿著拖船路跑著，他那兩條有力的腿讓他跑得飛快。愛迪生會

第一章　出生地

沿著這條路跑到造船廠，檢查他所能找到的每一個工具，然後向那些忙碌的工人提出數百個問題。有時他會跟在這些工人的身旁，提出各式各樣的問題，讓這些工人不勝其煩。不過，他們都相當喜歡小愛迪生。

這些工人對一些問題都缺乏了解，因此很難理解愛迪生為什麼要提出這些問題。他們經常會認為他提出的問題是愚蠢的，甚至會覺得這個孩子壓根就是大腦有問題。甚至連愛迪生的父親在40年之後，都曾說當時不少人都認為，自己的兒子缺乏正常人的智商，可能就是因為當時的大人對他提出的一些問題，無法給出滿意的回答。愛迪生始終在提各種讓人困惑的問題，追問著一些事情的前因後果。當這些大人們被問急了，就會採取更好的解決方法，那便是坦言相待。此時，愛迪生的父母會滿臉不悅地說：「不知道。」但愛迪生不會就此放過，他會提出一個讓父母感到更加頭痛的問題，並且要求他們立即回答：「為什麼你們會不知道呢？」

直到今天，很多住在米蘭鎮上的人，都記得愛迪生小時候的一些行為。他們會跟你說，愛迪生小時候會趕走一些鵝，然後跑到這些鵝下蛋的地方，自己坐在這些鵝蛋上面，想要幫這些鵝蛋孵化。他這樣的做法，無非是想要知道這背後蘊藏的道理，滿足自己的好奇心。之後，他對小鳥為什麼可以在空中飛，產生了濃厚的興趣，就努力地說服一個自己「僱傭的小女生」，要求她喝下一些不知用什麼東西混在一起的液體，並且保證，如果她這樣做的話，肯定就可以在天空中自由翱翔了。

結果，這位小女生果斷地拒絕參與這場實驗。但是，愛迪生始終相信別人跟自己說的那一套東西，堅持自己的要求，要她嚐一點點。最後，這位小女生稍微嚐了一點，就立即生病了，最後不得不請醫生過來看病。對這位小女生因此生病的事情，小愛迪生表達自己的遺憾之情，可是他似乎認為小女生之所以不能飛，完全是她自身的原因，而非那些液體。

第二章　童年與青年

在愛迪生七歲時，他的父親就決定，他們一家是時候離開米蘭這個地方了。在那個時候，這個小鎮漸漸失去往日的繁華，每一種商業貿易都在承受著巨大的損失。老愛迪生是一個有著長遠目光的人，他知道運河的稅收漸漸減少了，這都是因為湖邊鐵路（Lake Shore）建設帶來的不良影響。他預見到米蘭作為商業中心的日子已經屈指可數了。他與妻子就搬家的問題進行過一番討論，愛迪生的母親是一名通情達理的女性，雖然她願意繼續留在這裡，過著平靜安詳的生活，但她最後還是表示願意接受這樣的改變，因為這對他們整個家庭的長遠發展來說，是有好處的。

針對該搬到哪裡才是最佳居住地點的問題，他們討論過許多次，最終決定在密西根州的休倫港口這裡過全新的生活，這裡是一個興旺發達的小鎮，每天都有各種交通工具發出的喧囂聲，各行各業的生意往來也極其頻繁。在他們動身搬家之前，老愛迪生提前去那裡走了幾次，尋找幾處他認為適合自己與家人居住的房子。最後，他選擇了一間面積較大、寬敞明亮的房子作為他們的新家。新家坐落在一處面積較大的果園中央，那裡有一些蘋果樹與梨樹。事實上，這是整個社區裡最好的居住地了，距離城鎮集市的距離恰當，又能保持原本的安靜氛圍。西元1854年秋天的一個晚上，他們來到這裡，很快就布置出一個溫馨舒適的新家。

他們在休倫港口的新家生活，過得並不比米蘭差，反而更加開心快樂。愛迪生現在是一名即將滿八歲的、塊頭結實的小男孩了，他成長為一個天性樂觀的男孩，還與在米蘭小鎮上一樣，保持著樂觀的天性。他依然喜歡玩一些有趣的東西，喜歡拿一些鋒利的針去玩耍，他還是想要了解所有事情具有的意義，想要明白自己接受的所有知識，其背後所蘊藏的原因。他還是像在米蘭小鎮居住時那樣，整天圍繞著自己的母親

第二章　童年與青年

轉，他們母子與父子之間的情感紐帶，也隨著歲月的流逝變得越來越堅韌，這是日後多少年的分離都無法割斷的。

愛迪生從他的母親那裡接受了全部的教育，在這個過程中，他只是在休倫公立學校裡上了三個月的課程，然後就因為我們在上文提到的那次事件中斷了。愛迪生的母親非常疼愛孩子，即便不是自己的親生孩子，她也一樣懷著善良仁慈的心對待他們。很快，不少孩子在早上經過他們家的時候，都會將愛迪生視為他們的好夥伴。在這些孩子當中，有一位女性與愛迪生一家相識的時間，可以追溯到她很小的時候。這位女性這樣寫道：

我還清楚地記得，過去的祖屋被一片果園環繞著，我經常看到愛迪生和他的母親坐在他們家的門廊前，閱讀著書籍或者交談。有時，我還會看到他的母親正在為愛迪生講課。那時候，我總是在想，為什麼愛迪生不去上學呢？

愛迪生可以說是他母親的翻版，他身上展現出來的每一種特點以及品格，都有他母親身上的影子。我覺得愛迪生今天能夠取得如此重大的成就，在相當程度上都要歸功於他的母親。他和他的母親一樣，都有著深陷的眼睛，有著順滑的眉毛，有著強而有力的下巴。他們的嘴巴是非常相似的，臉上總是露出善意的笑容。愛迪生的母親喜歡鄰居的每個小孩，當我們從學校放學回來的時候，她就會站在大門口，手裡拿著蘋果、油炸圈餅或者其他的糖果，等著發給我們吃，她知道我們喜歡吃這些零食。

愛迪生在新家住了一段時間後，產生了一個想法：如果他們能在這裡建造一座天文觀察臺的話，這將是非常棒的一件事。身為一個手腳靈活的人，他能夠將自己大腦裡的一些想法加以執行。於是，他開始按照設計圖搭造眺望臺，這個眺望臺建在房子的後面，大約有 80 英尺高，能夠將遠處寬闊的河流以及遠山的景色一覽無遺。這個眺望臺後來大受歡迎，於是

他們決定趁此機會賺點錢，他們是這樣操作的：向每一位想要登上眺望臺觀看景色的人，都收取一定的費用。他們也到處散發傳單，說只需要支付10美分，就能到塔頂觀看休倫湖以及聖克萊爾河的美麗景色。

可是，這筆投資最後證明是無利可圖的，因為過來的人很快就發現，這10美分的錢根本無法讓他們盡情享受美景，最後這個眺望臺成為愛迪生一家人經常去的地方。除去他們要收取費用，導致沒有人願意過來看這個原因之外，更重要的是，這個眺望臺所處的位置，讓大部分慕名前來的人都心驚膽顫。由於眺望臺並不是十分牢靠，一陣不是那麼猛烈的風吹過，都會讓它劇烈地搖晃。一些膽小的女性走到半路，就感覺到整座建築都在不停地搖動，她們的雙腳會跟著一起搖動。她們感到非常驚恐，就想下去，不願意繼續向上到眺望臺去看什麼景色了。

然而，愛迪生與他的母親在眺望臺的頂端，度過了許多歡樂時光，他們喜歡一大片土地在他們眼前無限延伸的感覺，喜歡河水在他們的眼皮底下靜靜流淌。老愛迪生有一個老式的望遠鏡，有時他將望遠鏡借給兒子，而愛迪生則會擺出經驗老道的探索家姿勢，用望遠鏡掃視他所見到的天際線。

愛迪生一家在休倫港口住了好幾年，在這期間，他們過著和睦幸福的生活。愛迪生的母親繼續擔任教育兒子的任務，她用自己在學校當老師時的嚴格標準，去要求自己的兒子。而愛迪生也沒有讓母親失望，他對學習抱著認真的態度，在吸收知識方面與記憶方面有著獨特的天賦。事實上，他的確有著過人的記憶力，能夠迅速記住他真正感興趣的知識。

母親幫他上了幾節課之後，他就掌握了字母表，之後又在閱讀、寫作、地理以及算數方面，都取得了長足的進步。他9歲就已經掌握了閱讀的技能，有時母親也會讓他讀諸如喬治‧朗[005]所著的《潘尼百科全

---

[005] 喬治‧朗（George Long，西元1800～1879年），英國著名學者。

第二章　童年與青年

書》、休謨 [006] 所著的《英格蘭史》(The History of England) 以及《宗教改革的歷史》、吉朋 [007] 所著的《羅馬帝國衰亡史》(The History of the Decline and Fall of the Roman Empire)、西爾斯 [008] 所著的《世界史》以及其他相關主題的書籍，這都讓愛迪生非常著迷，另外讓他感到著迷的學科就是電學與科學。

他以極為認真的態度閱讀這些書籍，從來不會跳過任何一個段落，或者忽視那些無趣或艱深的章節。當他閱讀到某一句特別難以理解的話時，就會立即找到母親，讓母親解釋其中的意思，母親也總是能夠滿足愛迪生那顆求知心的渴盼。愛迪生的母親在閱讀一些書籍的時候非常大聲，這並不完全是讀給愛迪生聽的，也是讀給她的丈夫和其他孩子聽的。她是一位優秀的朗讀者，能夠以抑揚頓挫的語氣將書中的內容表達出來。老愛迪生在日後經常說，他肯定愛迪生對母親所朗讀的內容，了解得比他還多，因為她所選擇的書籍很多都不符合自己的閱讀口味。老愛迪生對於電學與科學的興趣不濃，反而比較喜歡閱讀歷史以及與歷史相關的一些書籍。

在愛迪生 11 歲時，他突然想到，自己可以在沒有學習的時候，去做一些兼職，補貼家庭的收入。他向母親提出了這個想法，在接下來很長一段時間裡，母親都表示反對，因為她不願意兒子過早地從事養家活口的工作。最後，經不住愛迪生對她的一再央求，母親最終同意愛迪生的請求，最後他們兩人就開始討論，什麼樣的工作最適合愛迪生去做。

---

[006] 休謨（David Hume，西元 1711 ～ 1776 年），蘇格蘭哲學家、經濟學家、歷史學家，他被視為是蘇格蘭啟蒙運動以及西方哲學歷史中最重要的人物之一。雖然現代對於休謨的著作研究聚焦於其哲學思想上，不過他最先是以歷史學家的身分成名的。他所著的《英格蘭》一書，在當時成為英格蘭歷史界的基礎著作長達 60 ～ 70 年。

[007] 吉朋（Edward Gibbon，西元 1737 ～ 1794 年），英國歷史學家，代表作：《羅馬帝國衰亡史》、《論文學研究》、《我的作品和生活回憶錄》等。

[008] 西爾斯（Robert Sears，西元 1810 ～ 1892 年），英國歷史學家，代表作：《世界史》、《聖經人物傳》、《通往知識之路》、《俄羅斯帝國》等。

愛迪生當時所持的觀點與今天很多人一樣，那就是只要做著誠實的工作，並且能夠賺到一些錢，那做什麼樣的工作都是沒有關係的。因此，在某一段時期裡，他認為自己可以去做銷售報紙的工作。當然，他的想法並不是要到大街上大聲嚷叫著銷售報紙，而是要找到一個固定的銷售報刊亭，這樣的話，工作就不會顯得那麼沒有著落。於是，他憑藉在大多數商業交易中表現出的出色判斷力，申請在往返於休倫港和底特律之間的大幹線鐵路列車上銷售報紙、書籍、雜誌、水果和糖果的特權。

　　在他的申請被考慮期間，愛迪生透過在大街上銷售報紙，成功地賺到了一些小錢。他在大街上工作一小段時間後，就收到了一封信，信上說他可以申請到那一份工作，並且按照自己的想法在火車上進行銷售活動。他對此感到非常高興，但是他的母親則對他的人身安全、對兒子的做法十分擔心。她擔心愛迪生可能因為一些火車事故而受傷之類的事情。不過，年紀小小的愛迪生已知道如何用幽默風趣的語言，去打消母親的顧慮。幾天後，愛迪生就懷著輕鬆愉悅的心情，去從事這份工作了。

　　有關愛迪生這段工作生涯的紀錄，是來自當時的列車長奧利弗・梅森威爾的兒子巴爾尼・梅森威爾。當時的奧利弗・梅森威爾是往返於格拉特與底特律之間列車的列車長。在愛迪生還沒有做銷售報紙的報童之前，巴爾尼・梅森威爾就已經認識愛迪生了。內戰爆發之後，他與這位未來的發明家之間的關係變得密切起來。巴爾尼在某個場合談到愛迪生的時候這樣說：

　　我還清楚地記得，愛迪生年紀輕輕就獲得了往返於休倫港口與底特律火車裡，銷售報紙、書籍與水果等方面的特權，雖然他從每一名乘客那裡得到的小費並不多，卻也是能夠賺到一些錢的。一天，他過來對我的父母說，希望我能夠在週六的時候跟他一起去工作，因為當時週六不需要上課，我可以幫他的忙。父母最終同意了愛迪生提出的想法，在接

第二章　童年與青年

下來長達一年的時間裡，我就負責在火車銷售糖果。當時戰爭還在持續，因此人們對報紙的需求量是很大的。

　　火車早上七點離開休倫湖，上午十點到達底特律。返程則是在下午四點半，晚上七點三十分到達休倫港口。愛迪生將我在第一個星期六要做的事情講解一番後，就讓我完全負責這方面的工作。雖然我們當時都在同一列火車上，見面的機會卻不多。當時火車上有一節車廂，被分為三個隔間，一個用於裝載行李，一個用於放置郵件，剩下的一個則是放置快遞物品的。放置快遞物品的隔間始終都沒有用過，因此愛迪生就將這裡當成印刷辦公室以及化學實驗室。他在裡面存放了一些化學材料的罐子，使之保持通電的狀態，另外還有一些電報方面的工具，一臺印刷機以及兩瓶製造墨水的罐子。

　　愛迪生的性情比較安靜，做起事來非常專心。他當時的身材中等，身板結實，有著一頭濃密的棕色頭髮。他對於自己的形象不是太在乎。他的母親時常會替他送來乾淨的襯衫，他總是用來擦拭自己的臉龐以及雙手。我覺得，在那個時候，愛迪生並不經常梳理自己的頭髮。他會買一套便宜的衣服，然後就一直這樣穿著，直到這套衣服最後穿破了，無法再穿了，然後扔掉。接著他就會再去買一套便宜的衣服。他幾乎從來都不擦亮自己的靴子。

　　大多數的男孩子都非常喜歡錢，對金錢極度渴望，愛迪生對此卻似乎不是相當在意。我幫他做銷售的時候，每天的銷售額在8至10美元之間，其中有一半的錢是我們所賺的利潤。當我將錢交到他手上的時候，他會伸出手，直接將錢放在口袋裡。一天，我要求他認真數一下這些錢，愛迪生卻說：「不用數了，我覺得不會錯的。」

　　我們到達底特律之後，就會在卡斯餐廳裡用餐，當時都是他買單。我們在底特律停留的這段時間，基本上錢都用在了購買一些貨品，然後在火車上售賣。我們會到商店裡購買紙張、工具、水果、花生、柳丁、糖果等，然後親自將這些東西帶回到火車上，負責搬運水果的人，則會將這些水果搬到火車的倉庫裡。

愛迪生是一個具有強烈好奇心的人，也是一個非常有趣的人。當時，我的生活總是非常愉快的，我認為自己是當時少數幾個能夠讓他大笑的人，因為沒有人比愛迪生更喜歡聽一些幽默的故事了。那時的他似乎總是在研究著某些事情，他的口袋裡始終都帶著一本與科學相關的書籍。若是你與他談話，他會提供一些極富智慧的回答。但是你也相當清楚，他在回答問題的時候，其實是在思考著其他的問題。即便是在玩棋盤遊戲時，他也只會隨意地移動一些棋子，似乎他這樣做只是為了迎合別人，而不是出於真的喜歡這種遊戲。他說出來的話都是經過深思熟慮的，他行為舉止也都是比較沉穩的。

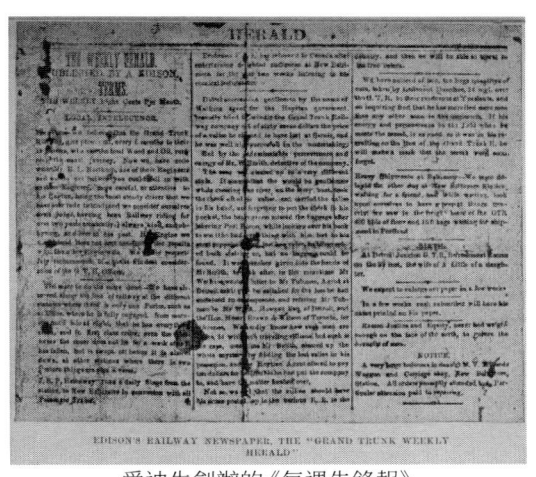

愛迪生在大幹線上當報童　　　　　愛迪生創辦的《每週先鋒報》

儘管他有著這樣的性情，卻總是知道如何才能更好地賺錢。當底特律出版的報紙上，登出重大戰役的消息時，愛迪生會發電報給報紙經紀人，這些經紀人都十分喜歡愛迪生這個人，他們會豎起一個公告牌，當火車抵達的時候，這些報紙就像是新鮮出爐的蛋糕那樣迅速銷售一空。儘管如此，我當時就覺得，其實愛迪生更願意留在載貨貨車最後的一節車廂裡，認真地做研究。

他自己創辦的報紙名為《每週先鋒報》，這份報紙的大小，其實只有一個女士的手帕那麼大。當然，愛迪生並不完全是在火車上排版的，因

第二章　童年與青年

為你無法在在車廂裡排好字還讓它們穩穩地立著，但報紙確實是在車上印刷的。克里門斯站的一名火車工作人員，同時也是一位電報操作員，他會幫忙在電報裡留意一些消息，然後將這些新聞內容摘錄下來，當火車過來的時候，就將這些內容遞給愛迪生。當然在時效上，這些消息要比當時的日報晚一些。在拿到消息之後，愛迪生會立即回到最後一節車廂，將所有的工具都擺設好，準備進行印刷的工作。當火車到達利齊維（Ridgeway）這個地方時，他已經將報紙都印好了。我賣出了許多份報紙，每一份報紙的售價在 3 美分左右。

到目前為止，我們只能找到一份《每週先鋒報》的複印版本，現在在愛迪生夫人手中，她將這份複印稿視為丈夫早年最重要的一份紀念品。這個複印稿被做成畫像的形式，懸掛在位於利維林公園格林蒙特的家裡。這幅畫夾在兩片玻璃中間保存著，讓人可以從兩面都能閱讀到其中的有趣內容。這份複印稿保存得非常好，儘管中間略有摺痕，顯然是因為當時愛迪生將這份報紙摺疊起來之後，放在了自己的口袋裡。

這份複印稿的日期是西元 1862 年 2 月 3 日，當時的編輯愛迪生剛剛 15 歲而已。這份報紙的大小只有一張商業便條那麼大，兩面都印刷著文字，並且沒有任何摺痕。單獨購買的客戶需要出每份 3 美分的錢，而月度與年度的訂閱讀者，則能夠以每個月 8 美分的價格去購買。在這份報紙的巔峰期，每個月的發行量至少 500 份左右，而另外數以百份的報紙則賣給了在火車上的乘客。所有這些工作——搭設工具、印刷以及出版——都是由愛迪生一人全力操作。雖然他當時做出版的規模並不大，每個月也能夠賺到 45 美元的收入。

愛迪生夫人將這份報紙的複印版本遞給我看過，這些報紙裡面寫的內容都非常有趣，雖然報紙裡的文字斷句以及標點符號的使用，並不是完全符合語法要求，可是「編輯」的手法還是將這位年輕報業人的能力展現出來了。這份報紙是一份三個版本的報紙，其中第一個版本如下面所示：

每週先鋒報

出版人：A·愛迪生

每月只需要8美分

報紙的第一部分主要是講當地新聞，裡面包含著下面一些新聞與八卦的內容：

獎金：我們相信大幹線鐵路每隔六個月，會提供一些津貼給他們的工程師——那些使用木材與燃料最少的工程師，獎勵他們節約了能源。現在，我們和他們的一位工程師E·L·諾斯羅普先生一起乘車。我們相信您再也找不到比他更細心、更注重駕駛引擎的工程師了，他是我們遇到過的、最穩健的司機（而我們自認也算是有經驗的判斷者，因為我們已經持續搭乘鐵路超過兩年了）。他總是那麼友善與和藹，即便是在下班的時候，依然熱情待人。據我們所了解，他的引擎維修費用還不到其他工程師的四分之一。我們懷著滿心的敬意推薦他為最佳工程師。

做更多的工作，就能完成更多的事情：我們在火車幹線上的多個不同車站裡觀察到一點，那就是尤迪卡站只有一名搬運工。這位搬運工經常都是搬運著沉重的貨物，從早上一直工作到晚上。他每天都以飽滿的精神狀態在月臺上工作，即便是下雪了，他也依然堅持工作。在很多時候，他會提前過來將雪清掃乾淨，然後開始自己的工作。而在其他一些車站上，則會偶爾有兩個搬運工出現。

J·S·P·海瑟薇在到新巴爾的摩站的沿途各個車站上，日常都會進行表演，乘客們有興趣的話可以去觀看一下。

教授（這裡的字跡模糊，已經分辨不清了）在過去兩個星期裡，在新巴爾的摩進行喜劇表演，現在已經回到了加拿大。

沒有得逞：一位名叫沃特金斯（Watkins）的紳士，自稱是海地政府的代理人，最近試圖詐騙大幹線鐵路公司（Grand Trunk Railway Company）67美元，這是他聲稱在薩尼亞（Sarnia）丟失的一個手提箱的價值，

第二章　童年與青年

而他幾乎成功了。但是，大幹線鐵路的員警史密斯經過不懈的堅持與努力，使整件事情有了不同的發展。原來這位紳士在過河搭乘渡輪時，自己將行李箱拿在手中，並將行李票據收在口袋裡。當列車行李員從休倫港（Port Huron）離開後檢查帳本，以確認所有行李是否齊全時，驚訝地發現少了一件。他立刻發電報說明此事，但行李始終未被找到。

後來，這件事情就交給史密斯警探去處理。與此同時，沃特金斯先生寫了一封信給塔布曼——一名底特律的經紀人，要求他必須要為自己的損失承擔一切經濟後果。之後，他還提出許多之前因為丟失東西而得到賠償的事例。我們很難理解為什麼火車上竟然還有這樣心腸歹毒的人，但事實就是這樣。後來史密斯警探查明真相，發現那只遺失的行李其實還在沃特金斯自己手上。最後，沃特金斯提出願意支付十美元作為補償費，就此了結這件事情。對付這些故意刁難之人，我們不能就這樣了事，應該將他們的名字寫在鄉村的每個角落裡，才能讓這些人真正做到遵紀守法。

報紙的某些部分是用來宣布出生、死亡或者結婚等事情的，這些內容可能會引起訂閱者以及他們一些朋友的興趣。因此，年輕的愛迪生經常會尋找這方面的贊助商。他透過報紙釋出這些消息——這樣做並不是為了尋求多大的報酬，而是為了展現一種理解。現在的報紙幾乎很少會有死亡或者出生的公告，下面的這些內容，是從年輕的愛迪生編輯的報紙中節選出來的：

出生公告

在底特律第二十九街的飲食店裡，一位女性產下了一個女兒。

有趣的是，讀者根本不知道這位產下女嬰的女士是否還活著。

有兩份特別引人注目的公告，也按照下面的方式印刷出來：

我們希望在接下來幾個星期內，拓展我們的報紙版面。

在接下來幾個星期裡，每一位訂閱者的名字都將會刊登在報紙上。

在報紙上的一些版面上，有時也會刊登一些看似充滿哲理的內容，這對於一個只有15歲的男孩來說，似乎過於高深了點。

理智、正義與平等，是世界上每一個追求正義的人，都應該具備的品格。

接下來，就是一連串的「公告」，其中一些公告據說是不需要支付廣告費的，而是愛迪生為得到的優待而表達的一種感激之情。

公告

在新巴爾的摩車站的馬車與車輛工坊生意興隆。所有訂單皆迅速處理，特別重視維修服務。

里奇威車站

每天有定期馬車從上述車站出發前往聖克萊爾（St. Clair），票價75美分。

每天有定期馬車從上述地點出發，前往尤提卡（Utica）與羅密歐（Romeo），車資1美元。—— 羅斯與布瑞爾（Rose & Burrel），業主。

相反線

每天有定期馬車從里奇威車站（Ridgeway Station）出發，前往伯克斯角（Burkes Corner）、阿馬達角（Armada Corner）與羅密歐。

每天也有定期馬車從里奇威車站出發，接駁自底特律來的所有客運列車，往曼菲斯（Memphis）。—— R·奎克（R·Quick），業主。

尤提卡車站

每天有定期馬車從上述車站出發，接駁底特律來的通勤列車，前往尤提卡、迪斯科（Disco）、華盛頓（Washington）與羅密歐。—— S·A·弗林克（S·A·Frink），駕駛。弗林克先生是本州最資深且最小心的駕駛之一。（編者語）

第二章　童年與青年

接著就是所謂的「新聞」部分了，報紙上那一週的新聞著實非常少，而且報導的內容也極為簡略。只有三條簡短的新聞，其中兩條新聞根本都沒有出現在顯眼的位置上。這些新聞是這樣的：

凱西烏斯·M·克雷將在返鄉後入伍參軍。

俄羅斯帝國的第一千個生日慶祝會，將於八月在諾夫哥羅德舉辦。

當一個人身上被吹到麵粉的時候，他說：「讓我先將身上的塵土清掃乾淨。」

報紙上第五個版面包括了一些插畫，上面畫的是一架稍顯陳舊的火車，上面有引擎、蒸汽機，還有冒出來的黑色濃煙。這部分的版面主要是用來介紹大幹線鐵路公司的。

時代的改變

一路向西，快遞列車在下午七點零五分離開了休倫港口，到達底特律之後，列車會在第二天早上七點四十分離開休倫港口。

一路向東，列車離開底特律前往多倫多，時間是在早上六點十五分。列車離開了休倫港口，時間是在下午四點的時候。

兩列火車同時會出發。

在《每週先鋒報》的發行量處於巔峰時期之時，有關列車方面的內容，在商業貿易中扮演著重要的角色。因此，年輕的愛迪生在報紙上，將大量的版面都用於公告，在報紙上刊登大幹線鐵路發生改變的情況。下面就是該報紙刊登的一些廣告。

列車的情況

新巴爾的摩車站。列車每個星期三次離開上面提到的車站，前往新巴爾的摩、斯灣港口以及全新的港口。

郵件快遞

在列車離開底特律之後，每天早上就會到達新巴爾的摩車站。

接著就回到大斯灣港口以及新港口。

休倫港口

一列火車離開了車站，前往休倫港口。

當乘客將財物或者包裹忘在火車上時，愛迪生一般都會在報紙上刊登這樣的情況，將丟失財物的清單列出來。年輕的愛迪生在這方面表現得非常好，雖然他幾乎沒有因為刊登這樣的廣告，而得到什麼收入。當乘客們丟失的財物因為報紙上刊登的廣告而找回來之後，他都會感到十分滿足。這樣的廣告通常會刊登在報紙上顯眼的位置，然後以特別大號的文字吸引乘客的關注，以求吸引他們的特殊關注。

丟失的財物，丟失的財物，丟失的財物

這是一個裝滿衣服的小包裹，某位乘客不小心遺失在火車上。

找到這些財物的人，將會得到重酬。

雖然這個廣告上沒有寫明地點，沒有說明丟失財物的人具體在哪個位置，但很多乘客在看到報紙上刊登的廣告之後，都會詢問這方面的情況。他們會相互溝通，談論著這位「有一定才能的報紙創始人」，這份報紙的編輯是愛迪生。

愛迪生的許多報紙訂閱者，都對農產品方面的資訊比較感興趣。正因為這些訂閱者在這方面的特殊興趣，因此他能從刊登這方面的資訊上賺到一定的錢。

第二章　童年與青年

市場情況（巴爾的摩車站）

奶油的價格是十二美分一升。

雞蛋是十二美分一打。

豬油的價格是七至九美分一斤。

麵粉的價格是在四點五至四點七五美元一百斤。

大豆的價格是三十至三十五美分每蒲式耳。

玉米的價格是三十至三十五美分每蒲式耳。

火雞的價格是每隻五十至六十五美分左右。

雞肉的價格是每斤十至十二美分。

兩隻鴨子的價格是三十美分。

報紙最後一個版面的內容，基本上都是廣告。裡面包含著下面這些公告：

「鐵路交流酒店」。

位於巴爾的摩車站。

上述酒店現已對旅客開放。酒吧也會提供最好的酒水。每一位乘客都可以入住舒適的客房。

「克萊門斯山有售 —— 極佳的便攜式複印機」。

訂購請洽「混合列車」上的報販。

「里奇威小食間」

本人謹此通知各位朋友，我已開設一間小食間，以方便來往旅客使用。

致敬所有的鐵路人

鐵路的工作人員將奶油、雞蛋、豬油、乳酪、火雞肉、雞肉以及鵝肉等食物都送到了。

《每週先鋒報》吸引了一位英國工程師史蒂文生的注意，他剛好某天在火車上看到了這份報紙，就立即購買了一份。他讚揚這份報紙的年輕編輯具有的上進心，並說在水準方面，這份報紙的編輯，其實與許多年齡是他兩倍多的編輯是差不多的。他提出要訂閱 1,000 份。甚至連《倫敦時報》也表達了對這份報紙的興趣。可以想像，倘若愛迪生後來不是走發明家這條道路，而是用心地做好編輯這份工作，那麼他同樣會成為新聞出版行業的一位重要人物。

我們在上文提過了梅森威爾先生，很多人都表示，正是這位先生為《每週先鋒報》敲響了喪鐘。現在有不少人都在不斷重複這樣的故事，許多人口中所說的故事版本，都存在著一些出入。以下，我們要講述一個關於這件事情的真實版本。

年輕的梅森威爾當時在前面的車廂裡忙著銷售報紙與糖果，而愛迪生則是在行李的車廂裡，或者在「實驗室與印刷室」裡，這是很多列車工作人員對愛迪生實驗室的暱稱。火車在前進道路上會遇到一些不平坦的地方，一次，愛迪生的小實驗室裡裝著磷物質的瓶子落在火車的地板上，燃起了火焰。火車上的木板很快就著火了，愛迪生當時手忙腳亂，根本無法將大火撲滅。直到最後車掌亞歷山大·史蒂文生出現了。

史蒂文生是一位上了年紀的蘇格蘭人，有著灰色的頭髮，滿面紅潤，說話時帶著強烈的中洛錫安郡的口音。除此之外，他有著被時人稱之為「急躁」的脾性。當火勢在蔓延的時候，他根本沒有時間與愛迪生去說些什麼，而是迅速拿來幾桶水澆過去，火焰很快就被撲滅了。接著，他口若懸河地說出了一大堆話，他說出來的話語，聽上去就像是史考特[009]小說裡的一個章節。

---

[009] 華特·史考特爵士（Sir Walter Scott，1st Baronet，西元 1771～1832 年），18 世紀末蘇格蘭著名歷史小說家家及詩人。代表作：《湖邊夫人》、《特里亞明的婚禮》、《島嶼的領主》、《無畏的哈羅爾德》、《昆丁·達威爾特》（Quentin Durward）和《十字軍英雄記》等。

第二章　童年與青年

當火車遲到了幾分鐘到達克里門斯車站的時候，史蒂文生就將這位年輕的實驗人員帶到月臺，將他的打字機、印刷工具、電報工具，還有化學用品的瓶子都扔掉。事實上，愛迪生整個實驗室裡面的所有東西，都被扔出來了。接著，史蒂文生示意火車繼續前進，讓這位未來的發明家，孤獨地站在自己最心愛的財產中間，感到莫名的惆悵。

為了不讓讀者朋友們認為，史蒂文生車掌是一位完全不講情面或者缺乏憐憫心的人，我們必須要為他說幾句好話。史蒂文生心地善良，絕對不是要那麼嚴厲地對待愛迪生。與每一位正直的蘇格蘭人一樣，他的脾氣的確是比較火爆的。他的怒氣被激起之後，通常都會做出一些魯莽的行為。

當年輕的愛迪生將火車點燃之後，他覺得愛迪生這樣的行為，已經危害到了那些乘客。他認為，在當時著火的狀態下，必須要當機立斷。於是，他迅速將愛迪生趕出火車，順帶將愛迪生的所有財產都撤出火車。之後，他對愛迪生說，希望他以後有一個更好的工作地方。沒過多久，史蒂文生就從車掌的位置上辭職了，搬去密西根州聖·約翰附近的一個小村莊，成為一位重要且受人尊重的成員。他成為那個地區維持和平正義的成員之一，並擔任執法部門的主管。他在那裡以仁慈的方式執法，就像他之前在火車上，以同樣的態度去對待每一名乘客一樣。

那位將印表機賣給愛迪生用於印刷報紙的人，名叫Ｊ·Ａ·羅伊斯，羅伊斯那時候是底特律最著名的一位書籍銷售人。當人們問到他與發明家愛迪生之間的友情時，他總是說：「當年我曾把印刷機賣給愛迪生用來印刷報紙。有時，我也想知道那臺印刷機到底變成什麼樣子了。我覺得當史蒂文生將愛迪生的東西丟出火車之後，肯定會將這些東西全部砸掉的。

「這臺印刷機之前是屬於卡斯酒店的一個人的，當時這家酒店是底

特律最好的酒店。他經常用這臺印刷機來印製酒店的費用單據。不過，他在這個地方經營得不是很好，很快就離開了。後來他的物業變成了我的財產，但在第一個季度之後，他沒有足夠的錢來支付房租。為了補償我，他就將這臺印刷機給了我，作為抵債。

「愛迪生是一個很好的男孩，也是我喜歡與之打交道的年輕人，他就跟我買了這臺印刷機，開始印刷報紙。我覺得，他當時就已經產生了要自己印刷報紙的念頭，這樣的想法肯定如一道閃電那樣經過他的大腦。他認真檢查了一番這臺機器，讓我告訴他如何具體地操作後，就以不高的價格從我手中買下這臺機器。

「之後，我看到他印刷了許多報紙。在之後幾年裡，我一直留著他印刷的一些報紙，不過後來這些報紙就不見了。我覺得，除非他現在自己還留著之前的報紙，否則誰也無法找到這些報紙了。他是一個非常聰明的男孩，我那時就預感到，他日後必定會取得巨大的成就。」

第二章　童年與青年

第三章　報販與電報員

　　愛迪生在失去了大幹線火車上的實驗室之後，立即尋找其他的地方繼續自己的實驗。他沒有想過要苦苦哀求史蒂文生，繼續延長自己在行李車廂裡的租期，而是跟自己的父親坦誠這一切，解釋了事情的緣由，懇求父親在休倫港口那處房子拿出一個房間，讓他當工作室。

　　老愛迪生在了解兒子突然被趕出火車，是因為做科學實驗而導致失火之後，一開始是拒絕兒子在那間房子裡做實驗的，但是當愛迪生保證自己不會在那裡存放任何可燃物質之後，就給了他一個靠近屋頂的房間，並且告訴他可以隨意搗鼓自己的事情。於是，愛迪生購買了一些化學用品、一些做工粗糙的電報工具以及電線等東西，很快就沉浸在他的科學研究世界裡了。

　　他繼續出版自己的報紙，現在他在家裡建立了一個工作室，自己負責印刷方面的工作，他在底特律自由出版社的一個朋友也提供了幫助。某段時間，他一共有 500 多名訂閱使用者。在最高峰的時候，他的訂閱使用者數量超過了這個數字，因此他決定繼續從事報紙印刷方面的工作，也是可以理解的。在某個讓人遺憾的時刻，一位出版界從業者說服他放棄繼續出版報紙，轉而去做一份更具個人特色的報紙。這個人就是年輕的保羅・普萊。

　　然而，這份報紙始終沒有取得成功，因為這位編輯實在是太敢講了，休倫港口以及周邊一些城鎮的名人，都曾被這份報紙點名批評過，因此都對此感到非常憤怒，表達了他們不認同這份報紙編輯理念的觀點。事實上，某位有地位的先生對這份報紙報導的一些他私人的事情，感到非常惱怒。他遇到愛迪生的時候，立即表明他對這份報紙的想法。最後，他還抓住愛迪生的衣服袖口以及褲子，將他扔到運河裡。

第三章　報販與電報員

　　好在愛迪生擅長游泳，沒有受到任何傷害。他說，若是那些覺得被冒犯的人，都以相似的方式表達自己的憤怒，那麼他根本就沒有時間將腦海裡的想法全部付諸實踐。因此，他開始漸漸遠離保羅·普萊，這份報紙最後就這樣在聲名狼藉中結束了。

　　後來，他繼續在大幹線火車上銷售糖果的工作，銷售量越來越好。有關愛迪生在這列火車上的故事有許多──也許這是他早期生活最為有趣的一段時期──其中一個故事版本即便對於愛迪生來說，也是之前從來都沒有聽過的。下面這個故事就是這樣。

　　某位匿名作家聲稱，自己曾與發明家愛迪生有過很深的交情，因此他所寫的內容是真實可信的。他所說的，基本上都是他與愛迪生一起在火車上賣糖果的事情。他們經常會交換一些想法，對顧客使用一些小把戲，逗得大家哈哈大笑。現在的讀者可能對美國的「糖果」一無所知，對他們當年所使用的欺騙手法也沒有深入的了解。簡單地說，這種把戲能讓客人在不知情的情況下，為花生付錢，其實他們所得到的花生只有一半。

　　當然，現在所有關於這種把戲的描述都已經沒有了，愛迪生後來也證實，他們的確對乘客做出過這樣的把戲，雖然當時的顧客都沒有發現。但他後來還是苦口婆心地告訴每一位顧客，因為他認為誠實才是最好的銷售之道。之後，每當他銷售東西給顧客的時候，都會嚴格按照商業的守則去做，做到絕對不欺騙顧客。

　　愛迪生在回想年輕時候做的一些事情時，會哈哈大笑起來，他說：

　　我還記得在火車上當銷售報紙的報童時，發生過一件有趣的事情。你們都知道，在我所處的那個時代，人們都會將火車分為三個部分，一部分運送行李，一部分是可以抽菸的區域，一部分則被我們稱之為女士車廂。女士車廂都是在一列火車最後的位置。某天，我正提著裝著堅果與蘋果的籃子經過女士車廂──當時我還一樣東西都沒賣出去，我注意

到有兩個年輕人坐在火車的後面。他們都是穿著光鮮的富家子弟，我們現在稱之為花花公子。他們是年輕的南方人，想要到北方去看看，這是我後來才知道的。在他們身後坐著一名黑人奴僕，他的座位上還拴著一條巨大的鎖鏈。也許，他是一位年齡很大的奴隸了。他穿著的奴僕制服五顏六色的，但看上去相當健康。

當我走過他們身邊的時候，其中一個人一把抓住我的籃子，將裡面的東西全部扔出車窗。接著，他對那位黑人奴僕說給我一美元。那個奴僕咧嘴笑著，轉向他身邊的那個箱子，接著打開箱子。箱子裡面裝滿了錢與許多寶物。他拿出一美元，遞給了我。我抓住一美元，就往火車的前面走去。直到現在，我依然對這樣的情況感到驚訝。我站在火車門口回望著他們，每個人都不知為了什麼在笑我──一些年輕人除外，他們在整個過程中都沒有發出笑聲。

我繼續在籃子裡裝上水果與糖果之類的東西，沿著車廂銷售。當我來到那位南方人身邊的時候，之前那個人說：「對不起，先生。」然後抓住我的籃子，將裡面的花生全都抖出來。接著，他將籃子遞給我，面無表情地繼續坐著。車廂裡的其他人都哈哈大笑起來。我說：「先生，看這裡，你知道這些東西值多少錢嗎？」「不知道。」這位先生說：「一共值多少錢啊？」「裡面一共有 40 顆水果，每顆水果的價格是 10 美分。」我回答說，「更別說，裡面還有其他的東西了。」

「哦！」這人說，接著，他轉過身子，對那個黑人奴僕說，「計算一下這位男孩應該得到多少錢，然後給他錢。」那位黑人奴僕於是又打開那個箱子，遞給我 4 美元。我又提著空籃子往回走，而其他的乘客都在哈哈大笑。接著，我又帶來一些早報。我大聲叫賣著，卻沒有一個人想要購買。不知怎麼的，所有的乘客似乎都受到剛才那些事情的影響，他們並不想讓那位南方人失去剛才那樣做所帶來的樂趣。

當我走到那位年輕人身旁的時候，我非常地警覺。我手裡拿著報紙，讓他們可以輕易地從我的手中搶走這些報紙。當然，最靠近我的那個人將這些報紙全部扔出窗外。我坐在一個座位旁邊，然後哈哈大笑起

第三章　報販與電報員

來。這位年輕人說:「你去跟這位黑人奴僕算帳吧!」接著,這位黑人奴僕就跟之前一樣,將報紙的錢全部算清了。

　　我產生了一個想法。我回到行李車廂,將能找到的每一份報紙都拿出來。那一天的報紙存量很多,因為前一天有超過100份報紙沒有賣出去。這些報紙比較重,我只能勉強放在肩膀上。我跟蹌著腳步經過女士車廂,大聲叫賣著「報紙」的時候,所有乘客笑得臉部肌肉都抽搐了。我心想,剛才那個南方人肯定不會像之前那樣做了吧?但是他們卻沒有退縮,還是像之前那樣將我所有的報紙都搶過來,然後全部扔出窗外。我可以看到那些報紙在車窗外就像是一群白色的小鳥在飛翔。它們就像是一張張毛毯覆蓋著整片大地,到時候肯定會讓當地的許多農民感到無比驚訝的。那位年輕人為我的這些報紙支付了10美元。

　　這位花花公子顯然是玩得十分開心。他說:「嘿,小男孩,到這裡來。」車廂裡的乘客看著窗外的報紙在到處紛飛。「你在車廂裡還有什麼其他的東西嗎?」「只剩下籃子與箱子了。」我回答。「好吧,那你把那兩個東西都帶過來吧!」那個箱子是一個三英尺乘以四英尺的大箱子——我們一般都用這樣的箱子裝許多東西。我將籃子放在箱子裡,然後沿著車廂的過道將箱子搬到那些乘客所坐的位置。他們同樣想將我的箱子扔出窗外,只是這個箱子實在是太大了,因此無法直接從車窗裡扔出去。

　　於是,那位年輕人就命令黑人奴僕在車廂後面的平臺上,將這個箱子扔出去。這個箱子讓我得到了3美元。當箱子被扔出火車之後,其中一個人轉過身對我說:「你今天賺到了多少錢?」我計算了一下,那位黑人奴僕今天給我的錢超過了25美元。他說:「現在,你可以肯定自己沒有任何東西可以賣了吧!」要是那個冒著煙的火爐不是那麼熱的話,我肯定還會將那個火爐搬過來。所以,我不得不說,自己實在是沒什麼東西可以賣了。「很好,」這位年輕人說,接著他換了另一種口氣對那位黑人奴僕說:「嘿,將這個男孩從車窗上扔出去。」車廂裡的乘客都哈哈大笑起來。我可以告訴你們,我很快就逃離了那個車廂。

在那個時候，年輕的愛迪生並沒有如他所想的那樣，將大量的時間用於研究電學方面的問題。他在火車上的工作占據了他太多的時間，從早上七點鐘開始一直忙到晚上九點鐘。愛迪生的父親始終深信這樣一句老話，那就是早睡早起，覺得這樣做會讓人的身體處於健康狀態，能夠為那些遵循這條諺語的人帶來財富與智慧，因此他堅決要求兒子在晚上九點半的時候就要睡覺。

　　這時常讓愛迪生感到傷心，因為他抽不出多餘的自由時間去進行研究。但是，愛迪生是一個擁有頑強意志的人，他拒絕父親晚上九點半就要睡覺的嚴格規定。愛迪生想了個辦法，打破了父親這一古板的要求，繼續著自己在電學方面的研究。他在這方面是如何取得巨大的成就，最好還是由他自己去闡述。愛迪生說：

　　當時我在火車上當報童，就對電學產生了濃厚的興趣，這也許是因為我在電報辦公室裡工作的時候，一位好朋友同樣有著與我相似的興趣吧！我們在各自的家裡連著一條電報線，用樹木的枝幹去支撐，然後用瓶子的瓶蓋絕緣。現在，我們已經知道了如何「發送」與「接收」資訊了。當我們不需要出去工作的時候，就從這樣的活動中得到極大的樂趣。

　　只是，我的空閒時間非常有限。每當我利用晚上的空閒時間去進行試驗的時候，父親總是會命令我立即上床睡覺。在那個時候，父親說的每一句話對我來說，都代表著不可違背的法律，要是我想要偷偷地在工作室裡研究幾個小時，那麼父親就會走過來，直接將燈火拿走。因此，我必須要想出最好的辦法，去說服父親拋棄對我進行電學研究的一些成見。

　　每個晚上，我都會將這一天沒有銷售出去的報紙帶回家。父親就會坐在沙發上閱讀這些報紙，每到九點半的時候我就要上床睡覺，而父親則會看報紙看到半夜時分。他在看報紙的時候並不是全神貫注的，因此他每次都能聽到鬧鐘在九點半時發出的聲響。即便我有時將一些較長的文章給他看，希望這樣做能夠讓他忘記了我正在做的事情。可是這樣做

第三章　報販與電報員

的效果並不好。當時鐘轉向了九點半的時候，我就聽到父親立即對著我大聲吼叫，要求我上床睡覺，而我也只能乖乖地聽從父親的話。

某天，我與好朋友在火車上工作的時候，突然想出了一個方法，希望能以此打破父親的這個愚蠢法則。那天晚上，我並沒有將報紙帶回家。當父親問我拿一份報紙來看的時候，我就說：「迪克將所有的報紙都拿走了，他將那些報紙都拿到他們家。他的家人想要看那些報紙。」我這樣的回答讓父親感到有點吃驚，但我沒有說更多的話，直到我差不多要到上床的時間。此時，我就向父親提出了一個建議：「迪克和我的房間裡都有電報線路相連，也許我可以發電報給他，讓他透過電報來告訴我們一些消息。」父親對於我的這個建議表示贊同，雖然對我們是否有足夠的能力做到，他抱持懷疑的態度。我立即投入這樣的工作中，一切都如我預料中那樣進行。

我發電報給迪克，他就坐在自己的房間裡，將報紙的內容透過電報的形式發送給我。我收到電報內容之後，就將這些內容遞給父親。最後，我一直坐到了晚上十一點鐘，斷斷續續地帶來一些新聞內容給我父親，並在這個過程中得到許多樂趣，也順便鍛鍊了我的發報能力。在一段時間裡，我們晚上都實施這樣的方法，直到父親最後認為，我是可以稍微遲點睡覺，其實也不會帶給身體什麼嚴重的傷害。接著，我又開始將報紙帶回家，並將我得到的額外時間投入實驗當中。

在自己家與朋友家之間用電報進行溝通，這是愛迪生最喜歡做的事情。他每天晚上都要與六、七個家庭的朋友，用電報發送與接收資訊。其中一位電報操作員就住在離愛迪生家不到100碼的地方。有時，他接收到的訊號不是很好，於是就會走出家門，爬過柵欄，對著愛迪生大聲吼叫，詢問他到底發送了什麼內容。這樣的情況總是會讓愛迪生感到憤怒，因為他似乎認為這是電報線路出現了問題。

在各個不同的家庭建構一條能正常運作的電報線路，並不是一件容易的事情。要不是愛迪生具有堅忍不拔的性格，他們在開始沒多久之

後，肯定會選擇放棄。一開始，所有的電報線路都是經過樹木鋪設的，之後才用電線桿進行鋪設。用電線桿鋪設有巨大的好處，因為電報線路傳送與接收的訊息，都比之前更加清晰。

　　一天早上，愛迪生醒來之後發現，自己架設電報線路的電線桿倒下了，所有的線路幾乎都處於一種混亂的狀態。如果是颶風剛剛經過這個城鎮的話，那麼這樣的傷害可能會更加巨大。造成這個後果的罪魁禍首，就是平時看上去和藹可親的羊群。這些動物在晚上的時候，經常會在果園裡到處遊走，可能就將電線桿踢倒，讓線路纏繞在一起。一些電線桿倒下了，其他尚且挺直的電線桿也變得毫無意義。

　　當這些綿羊被電線纏在一起的時候，牠們往往會顯得驚慌失措，為自己是否還能夠繼續活著感到無比絕望。沒過多久，牠們就會讓身旁的羊群知道自己所處的險境。牠們發出哀嚎的聲音往往會產生良好的結果，來自附近房子的居民就會過來拯救羊群，將纏繞在牠們身上的線圈全部切斷，讓這些擔驚受怕的動物獲得自由。

　　但是，這些原本可愛的動物，已經對電報線路造成了極大的破壞，修復這些線路需要付出許多精力。這些線路再也無法重新拉直了。沒過多久，愛迪生就得到了一個職位，他可以在不需要將電報線路重新弄直的情況下，擔任一名電報員。

第三章　報販與電報員

第四章　尋找工作

　　西元1862年，愛迪生15歲。這一年發生的一件事情，極大地激起了他對電報的興趣。雖然他當時依然在火車上賣著糖果，但在某天，他在克里門斯車站下車了——他之前正是在這個車站，被憤怒的車掌史蒂文生趕下火車的，同時還將他在火車上的行李全都扔下來——與他在這裡的經銷員聊天，這位經銷員後來成為愛迪生的好朋友。此人名叫J·U·麥肯茲，他是一個通情達理、性情安靜、具有憐憫心的人，他們之間的友情一直延續到麥肯茲去世的那一天。麥肯茲既是一位電報員，又是一位報紙經銷員。愛迪生正是從此人發來的電報裡得到許多新聞內容，然後將這些內容印刷在報紙上。

　　愛迪生與他的朋友站在月臺上，談論著那天發生的一些事情。此時，麥肯茲的小兒子從辦公室裡跑了出來，來到火車旁。麥肯茲沒有注意到，但愛迪生跟了上去，驚恐地看著這個小孩站在火車要經過的鐵軌上。愛迪生立即告訴麥肯茲，然後迅速來到鐵軌上，將小孩從鐵軌上抱開。他將小孩抱到麥肯茲身邊，麥肯茲激動地說不出話來，只是說些感謝的話語，表達自己的感激之情。愛迪生還是保持著往日的冷靜，急忙向這位經銷員道別，並在好長一段時間裡都沒有再見他。

　　麥肯茲一直在想，如何才能最好地報答這位不顧生命危險、拯救自己孩子的恩人。於是，他就提出自己可以教愛迪生如何成為一名電報員。愛迪生高興地接受了這個建議，在接下來三個月的時間裡，每週工作四天。這些時間幾乎都是在愛迪生完成了火車上的工作之餘抽出來的。愛迪生每次都是在克里門斯站下車，從麥肯茲那裡學習有關電報方面的知識。在學習結束的時候，他對電報工具已經有了深入的了解，並且成為一名電報方面的專家。麥肯茲，這位愛迪生的電報老師，告訴他現在可以畢業了。

第四章　尋找工作

麥肯茲多年之後說：「那個時候，在愛迪生對電報的了解程度與我差不多後，我便建議他去申請，在休倫車站擔任夜間電報員的工作。最後，他得到了這份工作。當他告訴我，他每個月的月薪是固定的25美元時，顯然為自己感到無比自豪。」

他的工作不會太繁忙，因為他只需要記錄下火車經過的時間。愛迪生與絕大多數夜間電報員不同的是，他在白天幾乎是不睡覺的，因此當他上晚班的時候，總是感到睏意來襲，覺得身心疲憊。他必須要辭掉自己在火車上的工作了。愛迪生的腦子總會產生一些全新的想法。事實上，他的心思並不在自己的工作上。他需要做的電報報導是非常少的，雖然列車排程員是他極好的朋友──每一位與他接觸的人都非常喜歡這個男孩。這位列車排程員之前曾警告過愛迪生，要是他繼續這樣敷衍地工作，就要跟上級報告他做事不認真。

愛迪生不願意放棄白天的實驗時間，但他真的需要擠出一些睡眠的時間。在他充分了解了火車進出站的具體時間之後，他買了一個鈴聲特別響的鬧鐘，在某天晚上將這個鬧鐘帶到自己的辦公室裡。他將鬧鐘的時間調好在火車進站前的五分鐘。在調好鬧鐘之後，他就能舒適安靜地睡上一會。最後，鬧鐘準時地將他叫醒，他就為下一班火車的進站時間調好鬧鐘，接著繼續睡覺。

只要火車始終按照原定計畫進站的話，那麼愛迪生的這個小算盤就能奏效。可是，火車有時並不是準點進站，這就會帶來許多問題。列車排程員開始對愛迪生失去耐心。他與愛迪生進行了一場嚴肅的談話，用非常正式的口吻告訴他，要是他下一次在工作的時候還繼續睡覺的話，就要將這件事報告給公司。愛迪生對

做電報員時的愛迪生

自己的行為感到非常後悔，就拍拍胸口，保證這樣的事情以後絕對不會發生。在接下來的幾個晚上，工作方面的事情都沒有出現什麼差錯。愛迪生真的無法長時間地保持著這樣的工作狀態，因為他在白天的實驗工作依然在繼續，但他又必須要有睡眠的時間。

　　愛迪生的大腦很快就重新處於忙碌的狀態。列車排程員開始失去了對愛迪生的信任，依然擔心他在晚上上班的時候隨時可能入睡。於是，排程員絞盡腦汁想出了一個辦法，保證讓愛迪生在晚上工作的時候保持清醒。他要求愛迪生每隔30分鐘以電報的形式，用摩斯密碼發去一個字母「A」給他。愛迪生對排程員的這個想法表示極大的認同，願意接受排程員的監督。第一天晚上，他每隔30分鐘就用電報發出一個「A」，可是在臨近次日清晨的時候，他太睏了。因此他覺得自己有必要想出一些辦法，讓他能夠在發出訊號的間隔裡打個盹。

　　第二天，愛迪生耗費了大量的時間在工作室裡進行試驗，最終取得了成功。那天晚上他上班的時候，臉上露出了溫和的表情，手裡拿著一個小箱子，這讓每個見到他的人都覺得，他似乎解決了自己所面臨的一切困境。當他獨自一人在辦公室的時候，就打開箱子，從裡面拿出一些只有那些線路搶修工人才有的工具，其中就包括一捆線圈。接著，他花費半個小時左右將這些東西組裝好。愛迪生得到了一個非常有趣的工具，他將這個工具連上電報的線路以及鬧鐘。接著，他就找了一個椅子坐下來，耐心地等待。

　　情況是這樣的：大約半個小時過去了，有一塊小小的木板掉了下來，將摩斯密碼裡的字母「A」列印了出來，同時還按下了電報上的按鍵，此時另一個控制桿則會讓線路閉合起來。愛迪生對此感到無比興奮。他又繼續觀察了這個工具半個小時後的工作狀況。當這個工具依然能夠完成

第四章　尋找工作

這樣的操作時，他那一顆懸著的心終於落了下來，於是就心安理得地睡覺去了。

每個晚上，每隔半個小時，這樣的訊號都會準時地發送出去，列車排程員又恢復了對愛迪生的信任。但是，智者千慮必有一失。後來發生的一件事，將愛迪生所用的伎倆全部暴露出來。某天晚上，排程員碰巧在離愛迪生只有一個車站的地方。他像往常那樣得到愛迪生發過來的訊號之後，就想著與這位電報員聊一下天。於是，他就按下了電報的按鈕，卻沒有得到任何回覆，他感到恐慌起來了。他連續十五分鐘都在按電報按鈕，始終都沒有得到任何回覆。他覺得肯定是發生了一些可怕的事情，就乘坐人力臺車前往愛迪生所在的那個站。

這位列車排程員焦急地從辦公室外的窗戶往裡面看——因為他心裡認為，那位電報員可能遭人謀殺了——最後驚訝地發現，愛迪生竟然在房間的一個角落裡安靜地睡覺，他鼻子發出有節奏的聲響，表明他現在睡得正香。當排程員看到了桌子上面的電報機那裡，有一個古怪的機械裝置時，他頓時感到火冒三丈。不過他還是決定等一會，看看每隔半個小時會出現什麼情況。

他等待著那個東西會發出聲響，從而將現在這位睡著的電報員吵醒。當鬧鐘指向了半個小時，應該要發去電報訊號的時候，愛迪生依然在那裡酣睡。更讓這位排程員感到不滿的是，他發現這個古怪的機械裝置，能夠替代愛迪生完成他的工作。要不是他親眼看到這樣的裝置，他肯定不會相信世界上竟然還有這樣的東西存在。這個工具看上去相當「忙碌」，那個槓桿似乎會動，透過電報線路將訊號傳遞出去。看到這一切之後，這位憤怒的排程員也「忙碌」起來了，他用手粗暴地將愛迪生弄醒，然後用嚴厲的話語對愛迪生說，他被解僱了。就在這一天，這位在休倫港口車站工作的電報員，只能另謀生路了。

雖然愛迪生對這份電報員的工作不是很上心，卻一再地展現出自己具有的創造能力以及迅速解決問題的能力。在今天的休倫地區，依然還流傳著許多關於愛迪生這種品格特點的故事。比如一個故事是這樣說的，通往底特律的電報線路出現了問題，電報線路修理員就要求愛迪生去看一下，看看問題到底出現在什麼地方。愛迪生立即從他父親的房子裡架設一條線路，然後沿著鐵路的柵欄拉直。最後他發現，線路可能就是被經過平轉橋下面的船隻弄斷的。

　　他回來告訴那位電報線路修理員自己所做的一切。另一位線路修理員喬治‧克利斯蒂走過來，無意中聽到了他們之間的對話，就將手中的工具箱放下來，跑過去想要暴打愛迪生一頓，因為他覺得愛迪生擾亂了自己的工作。原先那位電報線路修理員跑過來勸架，愛迪生最終逃走了。克利斯蒂經過檢修之後，發現愛迪生的說法是對的，他的確是一個具有遠見的少年，完成了一項艱難的工作。

　　愛迪生從休倫港口前往薩爾尼亞，他在這裡的火車站做了幾個月的電報員。他在這裡遇到的一件事，差點讓他進了聯邦監獄。當時他正在做實驗，讓一列火車經過月臺，他原本應該要阻止這列火車進入的，因為前面還有一列火車沒有出發。當這列火車經過的時候，愛迪生立即意識到事情的嚴重性。他瘋了似的跑出去，沿著鐵路路線不斷地喊叫，祈禱著這列火車不要撞上前面那一列。

　　當然，這只不過是愛迪生的一廂情願罷了。要不是那位列車駕駛聽到其他人發出的口哨聲，意識到前面存在的危險，及時避免了火車追撞事件的話，這必然會造成極為嚴重的後果。當愛迪生看到最終沒有因為自己的粗心大意而釀成大禍時，忍不住鬆了一口氣。當他被鐵路經理叫去問話的時候，內心還是比較輕鬆的。不過，在得知自己有可能因為怠忽職守而遭到起訴時，他決定承擔所有的責任。最後，他不得不打包走

第四章　尋找工作

人，重新回到了休倫港口。

愛迪生在西聯匯款（Western Union）裡找了一個職位，因為他是一位打字速度相當快的電報員，他在電報操作方面的能力也得到了認可。但是，幾個月後發生的一件不幸事情，卻讓他不得不離開這個職位，並且再次離開休倫港口。事情是這樣的：當地的一家主流日報，急切地想要從國會那裡得到總統發出來的訊息——這份工作的報酬是按小時計算的——因此向西聯匯款的經紀人出價60美元，以求獲得資訊提供。那位經紀人找到了愛迪生，因為他知道愛迪生是發報技術最嫻熟的電報員，並且向愛迪生承諾，如果他能夠圓滿地完成這份工作，還將得到額外的獎勵。

可是當愛迪生要求這位經紀人支付20美元的時候，這位經紀人卻說自己根本沒有什麼薪水可以支付。愛迪生對此人翻臉不認人的做法感到無比震驚，卻也知道自己根本無法找其他人去要到這筆錢。他知道，這位經紀人所說的話，要比他的話語更有分量。於是，愛迪生決定再也不為這位經紀人工作了，就跑去跟朋友麥肯茲商量日後的出路。麥肯茲是一位充滿同情心的人，他希望愛迪生去起訴那位經紀人，不過他們很快就得出了一個結論——這樣做實在是太不划算了。於是，麥肯茲就建議愛迪生，去申請加拿大斯特拉福德鐵路夜間操作員的工作，因為當時這個職位還有空缺。愛迪生聽從了麥肯茲的建議，發去了自己的申請，很快就得到了這個職位，月薪大約是在25美元左右。

愛迪生在斯特拉福德只待了幾個星期就辭職了，因為他看不到在這裡工作有什麼晉升的空間，而且這裡的薪水也只能勉強夠他維持基本的食宿。在一位朋友的建議下，愛迪生搭乘火車前往印第安納波利斯，他認為自己在那裡有機會獲得一個較好的職位。在這裡，我們需要提到一個有趣的事實，那就是雖然愛迪生在自己人生早期，經歷過各種起起落

落，卻始終都沒對電報員之外的其他工作產生過濃厚的興趣。他是一位天生的電報員，在那個時候，他似乎對任何其他的工作都不是很感興趣。

在愛迪生18歲之前，他來到了印第安納波利斯。在西聯匯款的經紀人手冊裡，西元1864年下半年至1865年上半年間，有「T·A·愛迪生」這樣的字眼。這是愛迪生的名字，第一次用粗體字寫出來，但是在其他的情況下，他的簽名都顯得比較細小。西元1864年11月1日，愛迪生開始住在印第安納波利斯，而他的辦公紀錄顯示，在這個月的月尾，他拿到了自己的第一筆月薪。

在那個時候，印第安納波利斯西聯匯款的公司主管是約翰·F·瓦里克[010]。瓦里克經常說他還記得自己第一次與愛迪生見面時的情景。當時，他正走在城鎮的大街上，一位皮膚光滑、一臉稚氣的年輕人攔住了他。這名年輕人就是愛迪生。當然，瓦里克只記得當時愛迪生在相貌上與其他的年輕人沒什麼區別，只是他的表情顯得更加坦誠，行為舉止則有點猶豫不決。顯然，愛迪生之前已經知道了瓦里克是擔任什麼職位的，因此愛迪生攔住了他，懇求瓦里克先生提供一個職位。瓦里克用一般的談話方式進行回答：「明天過來吧！我看看是否能夠幫你什麼忙。」

第二天，年輕的愛迪生早早地來到了瓦里克主管的辦公室。瓦里克讓愛迪生坐下來，詢問他一些問題，都得到了滿意的回答。愛迪生立即拿到這個職位。他被分配到聯盟車站，承擔著一般意義上的工作職責，就是接收資訊以及對著火車舉旗。愛迪生在印第安納波利斯工作的這段時間裡，每個月的薪水是75美元，這是那個時候一般工作的薪水。雖然他當時在車站裡工作，瓦里克卻幾乎見不到他。一天早上，愛迪生走

---

[010] 約翰·F·瓦里克（John F·Wallick，西元1830～1921年），美國韋德電報公司俄亥俄州分部主管、西聯匯款西聯匯款公司印第安納波利斯分公司主管。

第四章　尋找工作

進了瓦里克的辦公室。瓦里克就詢問愛迪生想要什麼，愛迪生立即回答說：「我只是想問一下，能夠給我辦公室裡應該有的一些老工具嗎？」

瓦里克告訴愛迪生，只要他需要用到這些工具，隨時可以去拿。愛迪生非常高興地走了。一、兩天之後，瓦里克來到車站搭乘火車。他來到操作員的辦公室，發現那裡有一塊大木板，上面擺放著他給愛迪生的各種工具。當時，他並沒有對此有什麼想法，但在幾年之後，當愛迪生在東部發展的時候，這位主管注意到愛迪生做出了一系列發現與發明。那時，瓦里克才想起愛迪生當年在印第安納波利斯就已經打下了基礎。當倉庫後來發生一次事故之後，瓦里克就再也沒有見過愛迪生了。20年之後，已經是名人的愛迪生，在一個假期回到了印第安納波利斯，找到了瓦里克。他們兩人重新回到當年愛迪生在聯盟車站操作間工作的地方，共處良久。

第五章　第一間工作室

　　愛迪生在印第安納波利斯一直待到西元 1865 年 2 月，他辭掉職位後，開始了一段在各州各市遊蕩的生活。在這種居無定所的生活狀態下，他來到了辛辛那提，在這裡當幾個月的電報員，賺到了一筆還不錯的薪水。但他依然將大部分的金錢，都投入到購買書籍以及電學方面的工具上。他最後剩下的一點錢，勉強維持他日常的生活開支。他繼續著一邊勤奮閱讀、一邊進行試驗的艱苦生活。甚至有一次，他差點被一名員警當作犯罪嫌疑人射殺。愛迪生經常跟人講述這個故事，說他當時被員警當成小偷，差點葬送掉自己的性命。這個故事相當有意思。後來，愛迪生在接受一份雜誌的採訪時，詳細地講述了這個過程。

　　當時我在辛辛那提當電報員，我還像之前那樣喜歡閱讀書籍。當時我的薪水還不高，不過我經常在一些拍賣場所閒逛，每當發現自己喜歡的東西，就想要以低價購買。一天，我為《北美評論》雜誌的刊物出了最高的價格，在經過一番喊價之後，我最終以兩美元的價格獲得了這些雜誌。我用包背著這些雜誌──這些雜誌真的很重，即使是放到火車上，都會將火車的輪子壓沉──到電報辦公室，然後繼續電報工作。在凌晨三點的時候，我的工作結束了，就將包放在肩膀上。我邁著輕盈的腳步走在漆黑的大街上，因為我不僅想盡快將這些沉重的東西搬回去，還想著盡快閱讀裡面的內容。

　　當時，我聽到身後傳來了一聲槍響，某些東西呼呼地從我的耳邊飛過，差點就打中了我的耳朵。我轉過身一看，只見一位氣喘吁吁的員警走上前，問我為什麼不聽從他的話將包裹放下來。顯然，三更半夜我背著一個沉重的包裹，讓這位員警覺得我是一個偷竊東西的犯罪嫌疑人，認為我在偷偷地將不屬於自己的東西帶走。我停下了腳步，接著打開包裹。員警用反感的表情看著我：「為什麼你剛才不停下？如果我的槍法再

第五章　第一間工作室

好一點的話，你可能就沒命了。」員警檢查完包裹裡面的東西之後，不斷地向我道歉。我向他解釋說，因為我的聽力不是很好，才會沒有聽到他所說的話。

談到他在辛辛那提擔任電報員的那段日子，愛迪生講了一個故事，以支持他的一個觀點：電報員的工作是最機械化的工作之一。愛迪生說：「有一天晚上，我注意到新聞辦公室外面的大街上聚集了一大堆人。我叫上其他的電報員，派了一個年齡小的到人群裡一探究竟。幾分鐘之後，此人跑回來大聲說：『林肯總統被槍殺了！』聽到這個消息後，在場的電報員都本能地相互看著對方，想要知道到底是誰首先發出這條消息的。

「然而，大家都是一臉茫然，半天說不出一句話。老闆對一位手裡拿著新聞稿件的人說：『檢查一下你的文件。』幾分鐘之後，我們還在焦慮地等待著。又幾分鐘之後，那位電報員舉起一張紙，上面有一小段關於林肯總統遭到槍擊的報導。他處理這條消息時完全像機器一樣，竟然沒有意識到它的重要性。」

愛迪生從辛辛那提來到了曼菲斯，接著就立即前往西聯匯款尋找工作。有一位作家曾將愛迪生首次到達那裡的情景描述出來，據說他是愛迪生在田納西州工作時的夥伴。這位作家的描述非常幽默，我忍不住要引述一下他所寫的內容。

一天早上，愛迪生走入辦公室，一眼看上去就是一個典型的鄉巴佬。他穿著一套工作制服，褲腳都塞進靴子裡面，而且他的皮鞋也沒有擦亮。他環視了一下辦公室，問道：「請問老闆在哪裡？」沒有人回答，他只好又問了一次。這時，經理走過來問他能夠幫他什麼，這位未來的偉大發明家表示，自己想要找一份工作。當時這裡的工作非常繁忙，辦公室裡還需要兩個人手，愛迪生很快就獲得了職位。他被分配到一張桌子前，辦公室裡所有人都看著他，因為這名新來的傢伙負責聖路易斯方面的電報，這是辦公室裡最難做的工作。在這條線路的終點，是一位打

字速度極快的電報員。

愛迪生剛坐下，聖路易斯那邊就發來電報。他立即回應，然後就收到一篇很長的報導，愛迪生像家裡著火了、需要立即將裡面的東西全部搬出來那樣，以最快的速度將電報列印出來。接著他將雙腳放在桌子上，又從褲袋裡拿出一片口香糖放在嘴裡，最後拿出一枝筆，認真仔細地記著電報上的內容。聖路易斯那邊總是不停地發來電報，愛迪生桌面上的工具，就像是過去那些縫紉機發出來的嘰嘰聲一樣，始終都沒有停止過。辦公室裡每個人都離開了自己的座位，圍在愛迪生的工作桌前，想要看看他是如何處理這些電報「風暴」的。

先生，他打的字沒有錯，這是你所能見到的、最快速的打字方法了，他在編輯電報的時候是那麼地小心謹慎。最後，聖路易斯那邊的電報員都感到疲憊了，開始減慢速度。愛迪生繼續按下電報按鍵，回覆對方說：

「你好，你什麼時候才能正常工作呢？現在不是下課時間。」

這可把聖路易斯那邊的人打得落花流水。他一直在欺壓孟菲斯，我們早就憋了一肚子火，而我們辦公室裡竟有個人能把他壓得死死的，這讓我們感覺就像自己的馬贏了德比大賽一樣。我不久前還見過那位奇才。他沒穿粗布襯衫，也沒把褲腳塞進靴子裡，但他離衣著講究還差得遠呢！

當然，這位作家的描述是比較誇張的，他用輕鬆詼諧的口氣，將一場機械事故變成了一則幽默的故事，雖然其中主要的事件是真實的。在愛迪生的職業生涯中，在某段時間裡，他的確是西聯匯款打字最快的電報員，他的打字速度讓不少人都感到震驚。即便是當時的經理在看到了愛迪生的打字速度之後，都感到不可思議，因為他彷彿輕而易舉就能將文字打好。

很多時候，人們將他那迅疾的打字速度，說成他的第一項發明，因

第五章　第一間工作室

為他能夠迅速將電報裡的內容打出來。當時的愛迪生似乎不需要做出任何額外的努力，就能在一分鐘之內打45個單字，這足以讓他能夠面對那些打字速度最快的電報員了。要是愛迪生加把勁的話，一分鐘的打字速度能夠達到50至55個字左右。更重要的是，在速度加快的情況下，他的打字準確與嚴謹性都沒有受到任何影響。身為一名電報員，他是出色的。當愛迪生狀態良好的時候，幾乎沒有幾個電報員能夠以他那樣的速度去回應。

但是，曼菲斯也沒有將這位打字冠軍留下來。根據愛迪生的同事──亞歷山大·納普的說法，愛迪生還是失去了工作。納普與愛迪生是十分要好的朋友，他們偶爾會到戲院或者其他地方尋找樂子。一天晚上，他們去了一家名為「動物園」的綜藝劇院，這是華盛頓街一家多樣化的戲院。他們在這裡看到一些人在表演康康舞，當時這種舞蹈才剛剛傳入曼菲斯。這兩位電報員在觀看這種全新的舞蹈表演時非常高興，回到辦公室準備夜班工作後，他們決定嘗試一下這種全新的舞蹈。

為了逗樂他們的同事，他們滿懷熱情地跳著康康舞，將桌子都搬到一邊，騰出一些空間。在練習舞蹈的時候，經理過來了，他不問緣由，一手揪著愛迪生的耳朵，一手揪著納普的耳朵，將他們帶到了辦公室大門，然後將他們兩人扔到大街上，並且說如果想要繼續跳舞的話，可以到大街上跳。愛迪生與納普都沒有回到辦公室裡解釋事情的經過，而是立即尋找其他地方，想要釋放自己一些尚未得到世人認可的才華。之後，納普離開了電報行業，成為鐵路行業的一位重要人物。

而愛迪生則決定前往波士頓去闖蕩一番。他在那裡有一位名叫彌爾頓·亞當斯的朋友。於是，愛迪生就寫了一封信給亞當斯，懇求他替自己推薦一份工作。當時的亞當斯也是一名電報員，於是他就與西聯匯款聯繫。他向G·F·米林肯經理提起了這件事，並拿出愛迪生的工作申請

表。愛迪生那獨特的書寫方式,立即吸引了米林肯的注意,他的興趣被激發起來,於是就要求亞當斯叫愛迪生過來面試。

　　愛迪生收到亞當斯這封洋溢著希望的信件之後,立即乘坐火車前往波士頓。抵達波士頓後,愛迪生接受了這位經理的面試。五分鐘的面試足以讓米林肯充分了解眼前這位年輕人所擁有的才華,就給了他一個職位。在進入辦公室的時候,愛迪生那隨和的舉止以及古怪的衣著 —— 他顯得不是十分整潔 —— 讓辦公室裡的其他人都大笑起來。雖然衣著方面比較古怪,但他在電報員職位上卻做得非常出色 —— 即便是在波士頓這樣的大城市,也幾乎沒有人在這方面強於他。不久後,辦公室裡員工的笑聲漸漸變成了敬意,許多人都用尊重甚至是崇拜的眼神看著他。

　　愛迪生很快就完全適應了這份全新的工作,與此同時,還創辦了一間規模較小的工作室,研究腦海裡不斷出現的許多思想。他就是在這間小工作室中,研發出了人生第一項發明專利 —— 不過,這項發明也許是愛迪生諸多發明中較為遺憾的一項。這個發明就是投票記錄器,這個機器包括一個系統,它可以讓立法機構的每位成員,透過左右移動辦公桌上的開關,將自己的名字登記在「贊成」或「反對」票下方的一張紙上。這張紙是經過化學藥品處理過的,當電路閉合的時候,一塊鐵滾筒就會經過紙張,然後寫出立法機構成員的名字。當電流通過經過化學處理的紙張時,鉛字接觸到的地方都會變色,名字就印在紙上。同時,投票結果由相同電流操作的千分表來計數。

　　這臺精巧的儀器運作完美,年輕的發明家對他這套極其簡單卻又實用的選票系統欣喜若狂。他之前一直在處理新聞報導方面的事情,知道計算投票的事情是可以輕易操控的,因此才產生了這樣的一種發明。他乘坐火車前往華盛頓,成功地在委員會總裁面前展示這一發明。這位總裁認真檢查這臺機器之後說:「年輕人,這臺機器運轉得極好。有了這臺

第五章　第一間工作室

機器之後，人們就再也不能操控投票的結果了。可是這臺機器卻沒有什麼實際用處，實際上，這是我們最不想要的一臺機器。投票否決以及延遲計算投票的過程，是我們反對那些不良立法的唯一手段。即便我非常讚賞你的天才，以及促使你發明這樣一臺優秀機器的精神。但是，我們這裡並不需要，還是將它帶走吧！」

愛迪生只能沮喪地背起投票記錄器，離開了委員會總裁的辦公室。愛迪生後來說：「當然，我對此感到沮喪，因為我還指望著這臺機器能夠為我帶來金錢呢！不過，這對我來說也是一次教訓。從那時起，我就暗下決心，以後再也不發明任何別人不需要的東西，要發明那些對大眾有用的東西。我覺得，直到目前為止，自己依然堅守著這樣一個承諾。」

一個有關愛迪生消滅辦公室裡蟑螂的故事，也經常為人們津津樂道。愛迪生在遇到一些問題的時候，總是能夠微笑地去面對。一位與愛迪生同在波士頓工作的電報員就曾說：

每天晚上，辦公室裡都會出現一大群蟑螂，我們對此感到非常苦惱，有時，蟑螂甚至會爬入電報員們準備的餐盒裡面。這些餐盒就放在一張不常使用的桌子上，在下午六點半過後，一大群蟑螂就會爬到那張桌子上，對三明治、蘋果派以及其他可以吃的食物發動進攻。一天晚上，當愛迪生在等待著華盛頓那邊發來的特別新聞報導時，想出了一個徹底消滅蟑螂的計畫。

當時，愛迪生什麼也沒說，只在第二天晚上上班的時候，帶來一些錫箔以及四至五碼長的細金屬絲。他將錫箔延伸弄直，沿著較長的邊緣切下兩條較短的線。接著，他小心翼翼地沿著桌子將這兩條線盡可能地貼近，但是不讓它們觸碰到。他將這些線繫到電池上，再用兩塊沉重的電池將錫箔接起來。之後，他就靜靜地等待著結果。

我們都對愛迪生的這些布置充滿興趣，靜等蟑螂大軍的出現。現在，要想將整個電路閉合，讓製造蟑螂死亡的獨特系統發生作用，只需

要一隻蟑螂經過那一條會將牠們置於死地的線。一隻體型較大的蟑螂從房間最南端的一角裡爬了出來，然後停頓了一下。接著，牠用自己的前腿觸碰一下鼻子，然後繼續前行。牠安全地抵達了第一條線的位置，但前腿很快就被困住了。牠所經過的平行線將牠牢牢困住，讓牠置於死亡的境地。從那時到午餐之後，負責打掃的男孩從地板上不斷地清掃出死去的蟑螂。半夜時分，桌子旁邊的蟑螂已經變成了一堆，看上去就像是一條老舊繩索裡掉下來的碎屑。

愛迪生在波士頓時，亞當斯是他時常一起玩耍的朋友，他們兩人更像是兄弟一般一起生活與工作。他們會在一些老舊的二手書書店裡遊蕩，選擇自己喜歡的書，然後與老闆砍價。買來之後，愛迪生會如饑似渴地閱讀這些書，即便是他原本應該休息的時間，也都被投入到認真讀書之中。亞當斯後來這樣說：「他買了所有法拉第（Michael Faraday）在電學方面的著作，在凌晨四點的時候將這些書帶回家，一直閱讀到我睡醒時。之後，我們一起去漢諾威街，這裡距離我們住的地方大約是一英里的路程，我們要到那裡吃早餐。愛迪生所閱讀的內容將他的大腦點亮了，有時他突然會對我說：『亞當斯，我有太多的事情要做，而人生實在是太短了，我必須要加緊努力才行啊！』說完這句話之後，他立即奔跑著到那家餐廳去吃早餐。」

堪薩斯市的H·M·安德森隊長在那時是愛迪生的同事，他經常在威爾遜大街的小工作室裡，遇到這位日後偉大的發明家。當時，安德森上日班，愛迪生上夜班。安德森說：「他到底在哪裡睡覺，我是不知道的。因為他在白天的大部分時間，都在機器工作室裡工作。他從來都沒有準時地過來上班。即便他在上班，大腦也都在思考著自己的問題，總是在需要發電報的半個小時後，才會投入到工作中。因此他經常被經理責罵，也總是表達自己的懊悔之情，卻從不悔改。即便他表示悔改，也從未真正做到。

第五章　第一間工作室

「一次，他按照自己的配方做出一些火棉。在數個星期的時間裡，他都在研究著某些東西，我們從來都不敢問他究竟在研究什麼。一天，我聽到他說：『我覺得這樣做是不行的。』他將某些東西放在一個金屬箱子裡，然後將其放在壁爐架上的火爐旁邊。這些東西就一直放在那裡，直到幾個星期之後，有一天著火了，接著火爐就發出一陣爆炸聲。我們都從房間裡跑了出來，愛迪生帶著我們一邊向外衝，一邊說：『看來，實驗還是成功的。』所以，我覺得造成這次爆炸的原因，就是他自製的火棉。

「在電報員懸掛帽子與外套的衣帽間，有一個很大的桶，裡面裝著一些用來喝的冰水，桶的對面掛著一根長柄勺。一次，愛迪生在心情不錯的時候開了個玩笑，他將富勒電池和掛勺子的釘子連在一起。他在長柄勺下面放置了一個標記，上面寫著『請歸還這把長柄勺』。他的要求得到了其他人的注意，在不到一個小時的時間內，辦公室裡不少人的手臂都被電麻了。

「我還記得有一次，愛迪生買了一套全新的衣服。愛迪生從來不會將錢花在這些奢侈品上。但他那一次購買了一套價格為 30 美元的衣服。週六的時候，他就在實驗室裡對著一瓶硫酸做試驗。突然之間，瓶子爆炸了，他那套新買的衣服被毀掉了。我還記得，當時的愛迪生說：『我為什麼要花這麼多錢，去買一套這麼貴的衣服呢？』」

有關愛迪生第一次演說的情景，流傳著許多版本。現在人們一般認為，他第一次站在講臺上，面對著臺下的觀眾時非常緊張，他所能做的也只是支支吾吾地說：「女士們先生們，亞當斯先生接下來將會就電學方面的內容發表演說，而我會幫他提著油燈。」愛迪生第一次演說，是在波士頓工作期間，還算成功，雖然他在一開始的時候感到相當尷尬。在當時的波士頓，愛迪生作為科學家的名聲已經開始流傳，他有著不錯的品格，得到了一群時尚女性的欣賞，從而獲得有關電學方面內容演說的機會。

迪金遜說:「愛迪生在演說的時候完全偏題了,不僅忽視了聽眾的性別,也忽略了自己要演說的內容。接著,是與電報路線相關的表演。他不以為意地談論著許多內容,接著才猛然意識到,應該談論科學方面的內容。他發現自己面對的並不是一群尚不懂事的幼稚男孩,而是一群面容姣好、打扮時尚的年輕女士時,突然感到非常茫然,嘴巴一下子不知道該說什麼了,臉瞬間就漲得通紅。

　　「最後,愛迪生在絕望之中找到了勇氣,開始談論科學的話題。雖然他感覺到口乾舌燥,最後還是將一些科學方面的內容講述出來。愛迪生這種看似冷漠的態度,也要比傲慢或者自鳴得意的行為取得了更好的效果。從那天開始,許多剛畢業的美麗女生都認識了愛迪生,並且每次見到他都會面露笑容。他開始得到不少美麗女性的仰慕,這是他的其他夥伴所無法得到的。」

第五章　第一間工作室

第六章　早期的電報發明

在愛迪生到處換工作的幾年間,他從未忘記自己心中的遠大理想,那就是成為一名成功的發明家。這段時間,他在西聯匯款的不同職位上工作過,心思卻始終在與電報相關的事情,或者與電力相關的研究之上。他獨自工作,沒有人分享他的祕密。正如現在的愛迪生一樣,從來不談論自己的計畫,也從來不吹噓自己取得了怎樣的成就。謙卑與克制是他與生俱來的品格,在他至今 60 年的人生裡,一直伴隨著他。

在愛迪生尚未將某項發明完善之前,是不會提前向任何人透露的。事實上,他很少談論自己發明出來的東西。當然,出名後,情況就變得不大一樣了。即使如此,他還是對自己正在進行的發明活動保持緘默。只有當某一項發明徹底完善之後,他才會公開說出來。之後,其他人便可以自由地談論他們對這些發明的看法。

在替投票記錄器這項發明申請專利之後,愛迪生離開了波士頓,前往紐約。他不想繼續從事電報員的工作,因為這會占據他大部分的時間,讓他無法專心地投入到研究工作當中。當時,他想要的是一間屬於自己的研究室,他可以在那裡將大腦裡的各種想法都付諸實踐。可是,他那時候沒有多少錢。要知道,沒有錢的話,想成為一名成功的發明家幾乎是不可能的。他來到紐約之後,身上的錢幾乎無法讓他租一個體面的房子——因為他所有的錢都用來買書與研究儀器了。

一天早上,愛迪生沿著百老匯的大街上行走,想著什麼時候才能將自己的計畫付諸實踐。想著想著,他往華爾街方向走去,走進了勞氏金價指示器(Law Gold Indicator)總公司。這些指示器,也就是所謂的「股票報價機」,安裝於五、六百間券商辦公室中,是證券交易系統的重要工

第六章　早期的電報發明

具，不過有時難免會出現差錯。一旦出現差錯，許多股民就會來到他們的辦公室門口，詢問發生了什麼事情，是不是機器又出現故障了。在那個值得紀念的早上，愛迪生剛好路過。他走過去，了解發生的情況。最後他知道，整座城市的人都想要知道到底出現了什麼問題。圍觀的人群越來越多，大家的情緒都十分高漲，因為金價波動和高位，每個時刻都是非常寶貴的。

此時，勞先生正在辦公室裡，身旁還有一些員工，大家好像都不知道該怎樣處理這個問題。站在外面的愛迪生對這件事情充滿興趣，於是就說自己可以想辦法解決這個故障。勞先生就叫他立即著手處理，看看能否弄好。年輕的愛迪生認真細緻地檢查著線路，將一塊鬆散的彈簧移走，讓輪子之間的空間能夠騰出來。很快，這個機器就能像之前那樣正常運轉了。那些站在旁邊的修理人員，個個看上去就像傻瓜一樣。勞先生請愛迪生進來辦公室，在詢問幾個問題之後，就給了愛迪生一個位置，讓他擔任服務部經理，月薪是300美元。愛迪生後來說，當他聽到這位經理說出薪酬的數字時，他差點要暈過去了。但他還是保持著嚴肅的態度，平靜地接受了這份工作，儘管內心狂喜不已。

這樣算下來，愛迪生每年有3,600美元的固定收入，他立即在市中心建立了一所工作室。每當他有時間的時候，就會立即投入到自己喜歡的實驗當中。他的電報與電力方面的工具都安裝好了，化學藥瓶都放在架子上，電池也都準備好了。這間小規模的工作室很快就準備就緒，而且還有點向那些裝備齊全的實驗室看齊的味道。每當閒暇時，愛迪生就會到這裡進行實驗。從他人生早年開始，似乎就能將睡眠時間壓縮到最少，將最多的時間投入到工作中。他忙於研究雙工電報，但在一段時間裡，他不得不先放下研究，因為他想看看自己能否修理金價與股票報價機。不過，他很快就發現，這樣的修理工作是毫無意義的，因為整個系

統總是不斷地出現問題，導致股民經常上門鬧事。

愛迪生決定改良它，使之變成一種可靠且值得信任的報價機。他找來一位名叫卡拉漢的聰明機械師作為助手，他們兩人每天起早貪黑地研究著，如何才能完善這個機器。最後，他們成功地做出許多重要的改良。當時的公司總裁馬歇爾‧勒夫特斯[011]派人找到愛迪生，詢問愛迪生想要多少報酬。愛迪生的要求並不高，他正準備提出只要500美金的報酬時，理智讓他改變了主意，他回答道，希望公司總裁自己出個價。最後，這位總裁提出了4萬美元的報價。愛迪生聽到後，嘴巴張得圓圓的，表達了自己對這筆鉅款的不可思議之情。當勒夫特斯錯誤地理解愛迪生的表情之後，表示自己只能出這個價格了。聰明的愛迪生平靜地接受了這個報價。

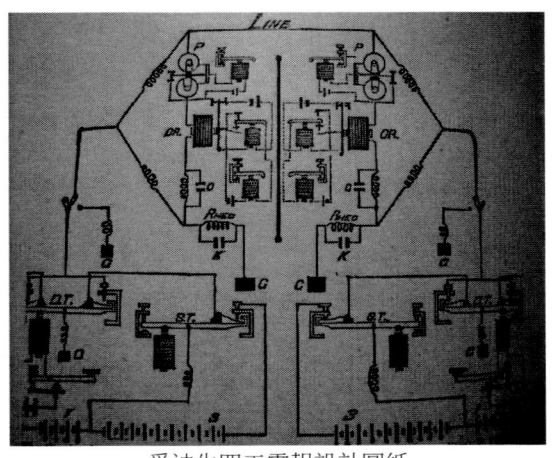

28歲的愛迪生　　　　愛迪生四工電報設計圖紙

---

[011] 馬歇爾‧勒夫特斯（Marshall Lefferts，西元1821～1876年），美國實業家、金融家，美國金證券電報公司的總裁。

第六章　早期的電報發明

在經過一些初期的實驗後，愛迪生得到了這張數額龐大的支票，這是他人生中第一次得到這樣一筆數目可觀金錢，因此對於如何處理這筆錢，他感到有點不知所措。最後，他跑到了銀行，想要兌現這張支票。但是銀行的櫃檯員工當時根本就不知道他是愛迪生，拒絕兌現這樣一筆大數目的金錢，除非他們能確認身分。愛迪生

愛迪生發明的通用股票票據列印

想要努力說服對方，最終還是遭到拒絕。當他滿腹牢騷地離開銀行時，遇到了一名熟人，此人在商界裡有一定的名氣。愛迪生就跟他講述自己面臨的問題。

這位商人對愛迪生所處的尷尬境地哈哈大笑，接著就帶愛迪生回到銀行，對那位櫃檯員工證明愛迪生的身分。最後，愛迪生得到了這筆錢。正如愛迪生後來描述這筆鉅款的時候說的——「一大袋的金錢」。他還是不知道該怎樣處理這筆錢，就這樣放了兩天時間，因為他不是很相信銀行。也許，以前從來沒有人會因為突然的暴富而感到如此不安。最終，一位朋友說服了他，在一家值得信任的銀行機構裡開設帳戶，將這4萬美元存入帳戶中。

這是愛迪生人生的第一桶金，也是他真正踏入發明生涯的開始。但更大的成功源於他透過打通紐約和奧爾巴尼之間的線路，贏得了西聯匯款總裁的信任。當時，諾文·格林是該公司的總裁，他後來承認，公司遲遲未能利用愛迪生的天才，完全是因為他和同事的愚蠢。愛迪生之前曾多次拜訪格林，提出要改良工具以及發明方面的事情，不過這位總裁每次都拒絕了愛迪生，因為他認為這位年輕人提出的建議，根本不值得

考慮。愛迪生始終都沒有放棄。他知道只有西聯匯款才能最好地運用自己的發明，於是決心盡最大的努力去說服公司高層，給他一個嘗試的機會。

有一次，愛迪生前去拜訪格林總裁，發現他正處於一種惱怒的狀態，根本沒有心思討論發明方面的事情。為了掩飾自己的煩躁，格林總裁告訴愛迪生，他們無法與奧爾巴尼取得聯繫，有相當多的生意被耽擱了。格林總裁說：「也許，你對電報這麼了解，可以過來幫我們解決一下？」說出這話的時候，格林總裁並不是充滿自信的，他的一些手下員工的臉上，甚至還露出不信任的笑容。但是，愛迪生看到了屬於自己的機會，很快就與對方達成協定。

愛迪生說：「格林先生，如果我能在兩至三個小時裡找出問題點，你是否會考慮我的一些發明，對此認真地考慮一番呢？」格林總裁立即表示答應，在看到了愛迪生一臉認真的表情時，他接著說：「如果你能夠在兩天之內幫我們解決這個問題，那麼我會認真考慮你的發明。」愛迪生迅速離開格林總裁的辦公室，前往總公司。此時，所有人都知道，愛迪生是一位專業的電報員，所以大家都表示願意提供幫助。

直到多年後，愛迪生才談起自己當年是如何找到電報線路的問題。下面這段論述是愛迪生本人說的：「在總公司那裡，我打電話給匹斯堡，要求對方找來最好的電報員。當對方來到電報機面前時，我告訴他叫來奧爾巴尼方面最好的電報員，指引他朝著紐約這邊的線路發來電報，盡快地向我彙報相關的情況。

「在一個小時內，我收到了這樣一份電報：『我的電報能夠一直發到波基普西市，往下就發送不出去了，問題肯定是出在那裡的線路上。』接著，我立即走進格林總裁的辦公室，跟他說是否可以派一列火車前往波基普西，讓員工們帶上修理的工具，我們會在波基普西這個地方兩英

第六章　早期的電報發明

里之內的範圍內找到問題，並在這個下午就能將問題解決掉。最後，我們找到了線路出現問題的地方，並且修理好。而格林總裁也履行自己的承諾，認真地考慮我在研究的每一項發明。」

憑藉著人生的第一張支票，愛迪生得以實現內心長久以來的夢想。他放棄了在紐約的小工作室，辭掉了經理職位，在紐澤西州的紐華克開設了一間工廠。在這裡，他很快就擁有了一些幫手。他不僅生產改良之後的股票行情自動收錄器，而且還進行大規模量產。與此同時，他還忙活著將腦海裡湧現出來的各種創造性想法付諸實踐。他已經將雙工電報的發明賣給了西聯匯款，現在西聯匯款與他簽訂了合約，將會考慮愛迪生未來在電報方面的各種發明。

雙工電報是愛迪生第一項與電報相關的重要發明，這項發明展現了多重傳輸能夠增強單一線路的效果。後來愛迪生的學生盧瑟·斯蒂爾林傑歸類愛迪生的發明，並在西元 1889 年的巴黎博覽會上進行展出。他說：

透過愛迪生發明的這種工具，兩種資訊能夠同時沿著相反的方向進行傳送，這不會對任何一條線路造成阻礙與影響。想要同時讓兩列火車在一條鐵軌上沿著相反的方向前進，這帶來的結果是不言而喻的。但在雙工電報裡，這只需要我們嫻熟地調整電報線路的終端就能做到。這種嚴謹的類比思想同樣會帶給我們輝煌的成功。

這種發明建立的原理或者電學事實的基礎，就是電流會分開來，沿著不同的路徑前進，這可能會根據線路存在的阻力，導致電流的流向發生轉變，正如水只能填滿一個容器本身大小的體積。在每一端的線路都體現了這樣一個原理，就是每一個組合都無法對其自身傳送的按鍵給予有效的回饋，雖然與此同時，這能夠讓人們在遠處的車站回饋某個按鍵的操作。這一發明的最大特點就是，運用人工線路加上變阻器與電容器，從而讓線路裡的電流處於一種平衡的狀態。而真正的線路——其實

是什麼都不用做的 —— 另一條線路則是將電流傳送出去，這就將電報的資訊傳送出去了。

在完善這項發明之後，愛迪生將專利賣給了西聯匯款。愛迪生下定決心做得更好，他將專注力轉移到人們熟悉的四工電報。四工電報是他在西元 1874 年發明出來的。這一發明不僅大大增強了單一線路的容量，而且還讓兩種訊號能夠在一條線路中同時傳送。其原理是，在線路上運行兩種強度或性質不同的電流，這樣，它們只會影響專門針對這種電流而設的儀器。透過將這些儀器組合起來，使之不僅能夠對電流的強度做出回饋，而且還能將線路的每一端都組合起來。因此，四工電報就是當時普遍使用的、趨於完美的成熟發報機。這種發明就是將兩種傳遞與接收工具都融合在一起，讓一條線路始終處於工作狀態。

我們無法估量這一發明帶來的商業價值。這項發明幫助西聯匯款節約了數百萬美元的成本，否則他們只能增加線路以及修理成本。這項發明將 10 萬公里長的線路變成了 40 萬公里長，並且沒有增加任何成本。換言之，每一公里長的真實線路，其實都增加了三公里長的線路，其發揮的功能與之前真實意義上鋪設的線路，有著一樣的功效。愛迪生因為這項發明得到了 3 萬美元，他將這筆錢全部用於發明一種能夠同時傳遞六種資訊的線路上。他這樣的嘗試在商業層面上並沒有取得成功，愛迪生其實也沒有從他的四工電報發明中，得到什麼經濟好處 —— 雖然四工電報可以說是電報歷史上最偉大的發明了。

愛迪生在電報方面另一個重要的發明，就是自動電報機。這一發明需要人們提前將要發的電報準備好。其過程是在紙帶上打孔，並寫入莫爾斯字符，之後紙帶會以最高速度通過發射器，最高速度可達每分鐘數千字。在發明這個機器之前，他的員工查理斯·巴切勒[012] —— 這位愛迪

---

[012] 查理斯·巴切勒（Charles Batchelor，西元 1845 ～ 1910 年），美國發明家，湯瑪斯·愛迪生的助手，參與發明多項重要發明項目，通用電氣公司早期執行官。

第六章　早期的電報發明

生多年得力的助手——講述了其中的故事：

在發明自動電報機的過程中，我們必須要找到一種溶液，能夠讓事先準備好的、帶有化學成分的紙張帶有每個字型，從而以一種比每分鐘兩百個單字更快的速度去記錄。法國書籍裡講到了許多種溶液，卻沒有一種能夠幫助他超過這樣的速度。一天晚上，我走過來，愛迪生坐在一堆化學書籍上，這些化學書足足有十英尺高，全部堆在地板上。這些書都是他從紐約、倫敦以及巴黎訂購回來的。無論白天還是黑夜，他都在認真閱讀這些書籍。他在桌子上吃飯，在椅子上睡覺。在長達六個星期裡，他一直在閱讀著這些書籍，寫下一卷厚厚的摘要，按照書裡提到的方法去進行實驗，最終找到了一種溶液（這是當時世界上唯一的一種溶液），能夠讓他完成這項發明。在長達 250 英里長的線路上，每分鐘能夠記錄 200 個單字。最終，他在一分鐘之內成功地記錄了 3,100 個單字。

在紐華克的日子裡，還有另外兩項發明的研究占去愛迪生的精力。一是諧波多工電報（harmonic multiplex telegraph），另一是自動書寫電報（autographic telegraph）。前者是一種系統，發明者利用音叉或稱為「簧片」，這些簧片由電磁鐵驅動，每一個簧片都相當於一個按鍵，用來發送電流脈衝到電報線路上；而在接收端，另一個以相同頻率振動的音叉會「分析」這股電流——可以這麼說——將屬於自己頻率的部分從整體電流中分離並接收下來。根據這一原理，可以同時操作多個音叉，因此最多可以同時發送 16 條訊息，也就是雙向各 8 條，這就是諧波多工系統的技術特色。

自動書寫電報的目標，就是記錄另一地方發來的電報資訊內容。愛迪生發明的自動書寫電報，資訊是用鉛筆在特殊的紙張上書寫的。這些紙是柔軟且呈海綿狀的，鉛筆的壓力會在紙張上留下一個較深的刻痕。接下來的一步就是將這些資訊傳送出去。這些資訊會透過一個電動馬達傳到氣缸裡，另一個相似的馬達也會做出同步的行為，將資訊傳遞到一

張帶有化學成分的紙張上。

　　一根經過精密調整的彈簧被放置在發送端的轉筒上。當彈簧絲經過紙張並落入資訊產生的凹槽時，它會閉合線路遠端的電路。在電路閉合的瞬間，一根鐵彈簧或鐵絲會分解轉筒上經過化學處理的紙張中的溶液。由於轉筒每轉一圈，線路兩端的筆都會向下移動一點點，因此整個訊息就能被準確地複製出來。

第六章　早期的電報發明

第七章 電話

　　愛迪生在紐約定居之後，就開始為股票交易所改良列印電報機。愛迪生在紐華克創辦了一間工廠，旨在製造他的「股票行情自動收錄器」。他在這裡廣泛深入地研究了不同的領域。即使如此，愛迪生的整個心思似乎都投入到電報上面。沒過多久，他就發明了六工電報傳送機。身為一名發明家與專利權所有人，他現在已經非常著名了。他在專利局的「申請」次數也非常多，以至於專利局的一些人在某個場合下表示：「來自紐澤西州的這個年輕人，天生就知道該怎麼走進專利局的大門。」公眾也開始對愛迪生的發明產生了濃厚的興趣，整個國家的大小報紙都在報導著愛迪生發明的一些東西──這些報導要麼是真實的，要麼是虛構的──但都是與發明家愛迪生有關的。

　　不過，愛迪生很快就發現，他無法很好地將生產這些發明工具與進行實驗融合起來，於是他就前往門洛帕克。他在這裡全心全意地踐行一些他腦海裡閃過的一些想法。他將紐華克工廠的經營權交給一位能幹的經理。後來，人們就將愛迪生稱為「門洛帕克的巫師」──這個稱號一直伴隨了他好多年，即使在他將實驗室搬到了奧蘭治之後，也依然沿用著。

　　就在這裡，透過電流將話語傳播到很遠的地方──或者真正意義上的遙遠的物理距離──這方面的研究引起了所有人的興趣，不少科學家都著手這項讓人著迷的研究。這樣的想法並不是剛剛冒出來的，早在25年前左右，大約西元1852年，查理斯·波爾塞爾[013]就表示，現在是時候將人們的對話透過一根電線去傳播了，讓人們在距離較遠的情況下，都

---

[013] 查理斯·波爾塞爾（Charles Bourseul，西元1829～1912年），美國發明家，最早電話的發明原理提出者。

第七章　電話

能進行正常狀態的溝通。

波爾塞爾表示：「我曾經這樣問自己，要是說出來的話能夠透過電流傳播，換言之，就是某個人在維也納說的話，可以在巴黎被人聽到。假設一個人在一個可移動的圓盤附近說話，這塊圓盤要足夠靈敏，能夠捕捉到聲音的所有震動，若這塊圓盤能交替地接通與斷開電池電路，遠處可能還有另一個圓盤，也會完全按照這樣的頻率而產生顫動。」

這無疑是對電話最終發展方向的一個非凡預言。波爾塞爾是一名天才，他顯然知道我們能夠發明出電話，而且這樣的電話裝置與我們今天使用的電話裝置，是相差無幾的。波爾塞爾的想法最終被來自法蘭克福的菲力普‧賴斯[014]付諸實踐，後者成功地製造出一部電話。在這部電話裡，接收器能夠將聲音重現出來。一位自傳作家說：「要是能透過調整傳送器，從而讓其始終保持密切的接觸，那麼他就可以製造出一個發音清晰的傳送器。除此之外，要是他能夠將兩個接收器都連繫在一起，並且使用其中一個接收器的話，人們說出來的話語就能夠進行傳送。

「擁有這種潛能的機器看上去非常讓人著迷，因為這並不是要讓螺旋沿著其軸心做出部分的轉動，也不是要讓其透過一根線和兩根特殊的接線柱進行連繫。我們應該將第一個傳送出去的話語，透過賴斯之前提到的想法傳送出去，那麼人類的文明就將大大提前。」賴斯對電話的構想，是將音樂以及話語傳送出去。在發明的歷史上，也許還從沒有人像賴斯這樣，因為如此局限自己的思維，從而與偉大的名聲擦肩而過。波爾塞爾也從來沒有想過，將自己的想法付諸實踐，而是成為了法國歐什電報電線公司的總監。法國政府為了表揚波爾塞爾在電報方面做出的貢獻，授予了他騎士榮譽勳章——這是他唯一獲得的榮譽。

---

[014] 菲力普‧賴斯（Johann Philipp Reis，西元 1834～1874 年），德國科學家、發明家，最早的電話發明者之一。

西元 1875 年，有兩個人接手研究與發明電話，他們分別是亞歷山大·格拉漢姆·貝爾[015]，另一個則是伊萊沙·格雷[016]。西元 1876 年 2 月 15 日，兩份專利申請遞到了美國專利局，目的是要申請「以電報形式傳送人類聲音」的發明。這兩份申請正是來自貝爾與格雷。這樣的巧合是非常罕見的，因為在專利申請的歷史上，之前從來沒有出現過這樣的情況。當專利局的員工深入研究這兩份申請後，發現其申請建立的理論基礎都是完全一樣的。

　　因此，要想批准其中一份申請作為專利，就需要準確地知道，他們在填寫每一頁時的日期與具體的時間。負責遞交專利申請的員工，接受了口頭上的詢問，他每天的工作日記本也需要被檢查，最後，這項專利發明權授予了貝爾，他是在 3 月 7 日完成發明的，這是在他申請專利後的三個星期。貝爾馬上行動起來，立即創辦了一家公司，並將公司命名為貝爾電話公司，公司總部設在麻薩諸塞州。公司成立之後，馬上就開始了生產製造。可是這個階段發明出來的電話，還遠遠不夠完美，公眾也認為這些所謂的電話，不過就是一些有趣的玩具，尚未將電話所具有的商業潛能充分釋放出來。當時那個階段的電話還不是很實用。

　　此時，愛迪生對電話的興趣被激發起來了。他深切明白一點，那就是電話的功能若能夠進一步得到完善，那麼電話將會在商業領域得到巨大廣泛的應用，人們將會徹底放棄電報。於是，他將全部的精力與才華，都投入到克服這個讓貝爾始終無法踰越的障礙之上。愛迪生在研究這個問題一段時間之後，就發明了碳粒送話器的電話機——這個裝置讓通話變得有可能。要是沒有這個改良，貝爾發明的所謂電話，將是毫無

---

[015] 亞歷山大·格拉漢姆·貝爾（英語：Alexander Graham Bell，西元 1847～1922 年），美籍加拿大發明家、企業家。他獲得了世界上第一臺可用的電話機專利權（發明者有爭議），創建了貝爾電話公司（AT&T 公司的前身）。西元 2004 年，在加拿大廣播公司舉辦的「最偉大的加拿大」評選中，貝爾獲選為「十大傑出加拿大人」。
[016] 伊萊沙·格雷（Elisha Gray，西元 1835～1901 年），美國電氣工程師、發明家，美國西部電氣公司創始人之一。

第七章　電話

意義的。貝爾需要的正是這樣的傳送器，而愛迪生卻無法在不侵犯貝爾的專利權的情況下，將電話變得更加實用。

貝爾想要這樣的傳送器，愛迪生卻不肯出售傳送器的專利權。愛迪生想要研究出一種全新的系統，可是他發現貝爾的發明中，有某些部分是他必須要遵守的。貝爾試圖利用愛迪生在碳粒送話器方面的研究成果，當然他是以不同的方式去做的，可是每個奏效的方案，都會侵犯到愛迪生的專利權。這兩位發明家之間產生了一種激烈的競爭，彼此都不願意讓步。他們的發明都有可取之處，分開之後，卻讓他們各自的發明都顯得用處不大，倘若他們的發明能夠結合起來，就會帶來巨大的價值。接著，他們對簿公堂，但他們兩人都有足夠的智慧，知道必須要相互妥協。愛迪生最終選擇妥協，將自己的傳送器專利轉讓出去，換來了讓雙方都非常滿意的結果。

貝爾在發明電話中賺到許多錢，這並不是因為他的專利權，而是因為他擁有大量的股票，並且一直沒有拋售這些股票。在他成立電話公司之前，有一段時間，貝爾很難讓人們對他成立的公司產生興趣。公司的經營狀況一度非常糟糕，曾陷入現金流斷裂的危險。他甚至讓一位朋友提出擁有他發明專利的半分利息，其價格只要 500 美元。即便他對此人一再保證，電話將來肯定會取代電報的地位，可是他的朋友還是拒絕了。後來，貝爾想要以 20 美元的價格將這項專利帶來的十分之一利息，賣給一位專利局的員工，也同樣遭到了拒絕。十五年後，這十分之一的利息就價值 30 萬美元。

就在不久前，愛迪生被人問到他與電話之間的關聯。愛迪生說：「我剛進入電話領域的時候，貝爾團隊還沒有傳送器。當時他們只是談論著磁性接收器。如果你依然堅持使用之前的那種機器，就永遠都無法在電話這端聽到任何聲音。於是，我便投入到工作當中，研究其中存在的不

足，最終產生了炭黑按鍵的概念。西聯匯款認為這是一個非常好的想法，立即將其購買了。不過在他們開始鞏固這方面的優勢之後，我就放棄了電話行業。」

除了發明碳粒傳送器，愛迪生還在電話領域內做出許多的研究工作。他還發明了一些接收器與傳送器，因為數量太多，我們無法一一細說。在諸多的系統當中，他找到了語言傳送系統，這可能會在水電話、壓縮電話、靜電電話、化學電話以及各式各樣的磁性電話、惰性電話、水銀電話、音樂傳送器等得到應用。

盧瑟‧斯特爾林傑在談到電流驅動的接收器，以及碳粒傳送器的時候，說這是愛迪生對電話發展做出的、最為重要與最具價值的發明。除此之外，他還指出一點，即愛迪生是第一個將壓縮線圈用於傳送話語的人，這個技術是極為重要的，要是沒有它，那麼商業應用的電話要想充分普及，幾乎是不大可能的。已經去世的斯特爾林傑生前曾說：

壓力之下，碳粒產生的可變壓力是愛迪生運用到其他發明的重要方法，這也是從碳粒傳送器的發明中得到的靈感。其操作簡單地說就是這樣：一個碳粒按鍵被放在一個很輕的彈簧上壓縮著隔膜，然後放在一個迴路上，使其初始的線圈前面的線路能夠正常運轉。電池則能夠在相同的迴路中保持一致。當隔膜因為聲音帶來的聲波而產生顫動，會立即對碳粉按鍵產生不同的電流阻力，而這樣的電流阻力在經過電流的傳輸之後，又會還原成之前的聲音。因此，這樣的電流就會進入到線路中，並且會在遠處接收端被接收器所接收到。

愛迪生做出了一個有趣的發明，他將其運用到自己的眾多發明當中。這個發明就是他所說的「電流驅動原理」。他發現，將一張粗紙浸泡在化學溶液裡面，然後將一片銅板連繫到電池的一端，再將這張紙放在一張紙金屬上，將電報按鍵與電池的另一端連在一起。當他打開與關閉按鍵的時候，就會交替產生摩擦，讓紙上的金屬絲滑落。而電流經過的

第七章 電話

地方顯然會造成一種潤滑的作用。愛迪生在電流驅動連接方面運用了這一原則，他將這一發明賣給了西聯匯款。

然而，這家公司卻沒有將這一發明廣泛地運用起來。不久之後，他們與一家有電報磁性連接的公司產生了競爭。愛迪生的電流驅動接收器，其實就是電流驅動的一種改裝。其運轉的原理是一個氣缸繞著一個較小的電力驅動馬達旋轉，這需要用到化學試紙。而貼上了鈀類化學物質的彈簧，則能夠放在滑石粉上。電流透過彈簧進入到滑石粉上，然後再進入電池裡面，完成了從主線路的轉移。這一凝結著天才想法的工具，能夠產生一種極為清晰的聲音，讓很多人都聽得到。這一工具的運轉，取決於金屬薄片與用滑石粉潤滑的氣缸之間的黏合度，讓電流能夠順利地經過。當彈簧與接收器的隔膜連繫在一起的時候，就會讓隔膜產生相應的顫動，那麼聲音也能夠以驚人的清晰度重新呈現出來。

現在距離愛迪生第一次展示電話，已經過去了30年的時間。有關愛迪生第一次進行電話演示的有趣紀錄，是我們有必要去闡述的。這是在西元1879年8月30日晚上發生的事情，地點是在薩拉托加。當時的《紐約先鋒報》是這樣描述這件事情的：

大廳裡坐滿了人，大家都對愛迪生先生全新的發明，一種全新的化學電話的展示與描述充滿了興趣。在講臺上的人有貝克教授、格拉漢姆·貝爾教授、博爾頓教授以及愛迪生先生。貝克總裁用清晰、簡單且受歡迎的方式，談論了一下電話的相關歷史，然後還談到了磁性接收器、傳送器、碳粉接收器，以及原先發明的一些改良。愛迪生友善地當起了製圖員，對著黑板的各種圖形闡述各種機器的不同特點，幫助人們更好地了解貝克總裁的演說。

接著，比較各種不同種類傳送器的品質以及相對的能量，以便聽眾們更好地進行理解。身為愛迪生的助手，巴切勒先生有著強而有力的聲音，卻在昨天晚上因為感冒而感到不適。但他依然在這幢建築裡較遠的一個位置裡擔任助手，鋪設了電話線路。首先，他們用磁性傳輸器與磁

性接收器進行試驗，這展示了當一個人將接收器放在耳邊，能夠聽到巴切勒大聲的說話以及震耳欲聾的歌聲。接著，他們在繼續演示碳粉傳送器與磁性接收器。幾個接近這臺機器的人，都能夠聽到巴切勒先生發出的微弱聲音。當他們演示磁性接收器的時候，發出來的聲音則更加洪亮，可是同樣無法被距離這臺接收器較遠的人所聽到。

最後，電流驅動的電化學電話收到了很好的結果。巴切勒所說的話、背誦的內容以及歌唱的聲音都能被大廳裡每個人聽到。觀眾對這些迷人的新奇事物感到非常驚喜，包括〈瑪莉有隻小綿羊〉、〈傑克與吉兒〉、〈約翰‧布朗之軀〉、〈從前有個小女孩〉等等。不過，這場聚會倒是免於一項折磨——並未演出《軍艦皮納福號》的選段。電話清晰地傳達出兩人或三人同時歌唱、一人講話與另一人同時唱歌、小號吹奏旋律、開懷大笑、邊唸字母邊吹口哨，以及許多其他聲音。

愛迪生描述了這臺看似非常神奇的機器，並在黑板上做出一個計畫。接著，他說自己不確定是否能夠讓臺下的聽眾都聽得非常清楚，因為就連他自己也不是十分清楚這部機器運轉的全部原理。具體的操作過程是這樣的：一條類似於手臂的東西從一片隔膜延伸出去，一直觸碰到被酸性溶液浸溼的紙張。這條手臂似的東西緊緊地壓著一個較小的橡膠物質，這是資訊接收器的觸手，讓轉動能夠按照一般的方式去運轉。

這部機器的運轉取決於下面這個原則，那就是電流經過一張溼透的特製紙張，防止其出現任何摩擦的情況。因此，當電波從傳輸器發送出來的時候，整個電波傳送的過程就不會出現任何摩擦。這種摩擦力的消失會影響到這條手臂似的東西對隔膜的影響。而隔膜本身也會以更加大的強度，影響著來自傳送器發送過來的各種電流。因此，較長的線路會漸漸弱化通過其中的電流，而說話的聲音則依然那麼大聲，有時甚至要比人們在面對接收器時說的話更大。但是，這樣的電流也會直接經過電線，從傳送器直接到達電流驅動的化學工具。就是因為電報線路出現的一些缺陷，愛迪生曾說，很有必要將兩個線圈稍微分開一些。電流就能從傳送器到達第一個線圈，接著這樣的電波就能夠進入到第二個線圈，

第七章　電話

最終進入到有滑石粉潤滑的氣缸。

愛迪生表示，如果有必要的話，會發明一個能讓聲音音量比現在大三到四倍左右的工具。三、四年前，他在薩拉托加已經發明出類似的工具，不過當時沒有使用浸泡著化學溶液的紙張，也沒有準備滑石粉，因此那時的工具是不完善的。它無法傳送說出來的話語，卻能將音樂傳送出去。透過這樣的工具，在紐約舉辦的音樂會發出來的聲音，能夠讓在大聯盟酒店廣場上的人群聽到。

電流化學驅動的電話接收器與磁性接收器一樣，在其一端的位置上並沒有接收器。這一工具放置在一個安裝有曲柄的小箱子裡，並在其前面位置安裝著一面鏡子。透過這個裝置，螺旋能夠經過，從而讓接收器以手臂似的東西延伸到觸膜，影響到帶有滑石粉的氣缸。在箱子的頂端有一個較小的圓洞。愛迪生向我們展示，這與氣缸所處的方向或者所處的位置，都是沒有什麼連繫的，無論其轉動的速度是快還是慢。不過，倘若他停止轉動曲柄，那麼聲音就會立即停止。因此，接收器能夠對資訊進行完全意義上的控制。只有當他開始轉動這個曲柄的時候，才有可能聽到聲音，而資訊只有在氣缸的轉動處於正常狀態下，才能夠將資訊傳遞出去。

愛迪生對此的解釋，讓臺下的觀眾感到非常滿意。他和藹可親的舉止，平實卻又清晰的預言，略帶古怪卻又擲地有聲的講解，讓在場的聽眾都深深感受到了他的魅力，被他所吸引。當然，愛迪生的一些舉止可能不是那麼優雅，說話過程中也不是那麼流暢。他以一種不那麼完美的方式離開了講臺，他的走路方式可能會讓人覺得缺乏一種尊嚴。然而，他的雙眼卻始終炯炯有神，臉上總是露出真誠與坦率的微笑，笑聲是發自內心的，讓人難以抵抗。愛迪生所說的話可能不是那麼圓滑，卻總能夠直接說到點上。

臺下的觀眾在離場的時候，都感到心滿意足，因為他們看到了這位著名的發明家，聽到了他談論自己最新的發明情況。雖然在昨天晚上傳送器與接收器因為演示的緣故，它們所處的距離不是那麼遠，這是為了

節約演示成本的一種做法，但是電流驅動的電化學電話，同樣能夠在遠距離的情況下正常運轉。這當然是一個了不起的發明。

愛迪生當時的經紀人是愛德華·H·詹森[017]，他在隨後向媒體釋出的一份簡報裡，簡單地解釋了愛迪生是如何產生要去改進電話效能方面的一系列事情。他說：「貝爾申請電話專利在愛迪生之前，但是沒過多久，愛迪生就透過用碳粉按鍵傳送器進行了替代研究，這大大提高了電話的效能。只是，現在的電話仍然遠遠不夠完美。這些電話還不能在歐洲應用，除此之外，這還涉及到貝爾電話公司挑起的官司，以及西聯匯款購買了愛迪生的專利等問題。

「在這個時候，一位英國經紀人發來了電報給愛迪生，上面這樣寫道：『你必須要發明一個全新的接收器，讓之前的磁性接收器變成歷史。』這是一項艱巨的任務，因為對於每部電話來說，要想將聲波變成電流，或者將電流變成聲波，磁性接收器都是必不可少的。最後，愛迪生終於明白了，他可以用一些浸泡過某些化學用品的溼潤滑石粉去替代。他對此進行過一番嘗試，嘗試的結果讓他頗為滿意。」

第一個實用電話在費城的百年展覽會上陳列展覽，這是貝爾教授發明的第一個可以記錄的電話。上面播放著《哈姆雷特》（Hamlet）一書裡重要的一句話：「生存還是死亡，這是一個重要的問題。」這句話發送給了當時的巴西國王多姆·佩德羅（Pedro II of Brazil）。電話第一次出現在歐洲，是在英國的格拉斯哥展覽會上，時間是西元 1876 年 9 月。威廉·湯普森爵士[018]將之稱為與電報產生連繫的最偉大發明。

在西元 1883 年出版的《錢伯斯期刊》裡，下面一些內容就記錄了當時最早關於電話方面的事情。某位作家寫道：

---

[017] 愛德華·H·詹森（Edward H·Johnson，西元 1846～1917 年），美國發明家、愛迪生發明項目參與者、合夥人和代理人，曾任通electric公司副總裁，電子聖誕樹的發明者。

[018] 威廉·湯普森爵士（William Thomson, 1st Baron Kelvin，西元 1824～1907 年），即克耳文勳爵，英國數學家、物理學家、工程師，也是熱力學溫標（絕對溫標）的發明人，被稱為熱力學之父。

第七章　電話

　　電話的磁鼓是一個平板，上面有著屬於其自身的基本記號，在聽到人的聲音之後，更容易產生顫動。因此，聲音裡的基本音色能夠與之處於一種更好的顫動狀態，這是其他部件所無法做到的。因此，有時人說話的一個鼻音，都在很大程度上取決於這片平板的尺寸。因此，對於那些聲音低沉的人來說，電話裡的平板應該要足以記錄女性與孩子尖銳的聲音。西元 1881 年巴黎國家電力展覽會上，這樣特殊性的工具由 D · E · 休斯進行了有趣的闡述。

　　身為報告電報領域各項展品的科學陪審團成員，休斯教授與他的同事正在檢查一些著名電力學家的發明——其中一個電話工具是由維爾納·西門子[019]發明的，但這個工具卻無法發出聲音。其他一些專家對著電話的送話口發出聲音，也同樣無法收到任何回音。

　　休斯教授身為一名成就卓越的音樂家，走上前擊打電話裡的平板裝置。接著，他轉過身，微笑著對身邊的科學陪審團成員說，這部電話工具有其特殊之處：這是一個親英派的人發明的，因為這只會對法拉第的名字做出反應。陪審團成員想當然用略帶嘲諷的口氣地揶揄他。然而，當他們說出富蘭克林（Benjamin Franklin）、歐姆（Georg Ohm）、伏特（Alessandro Volta）、安培（André-Marie Ampère）以及其他科學家的名字時，電話同樣沒有反應。而當他們說出法拉第這個名字的每個字母時，電話卻有了反應，這讓他們感到無比吃驚。他說出法拉第這個名字的聲音，與電話平板上所適應的基本音調是差不多的。

　　人們經常說，太陽底下沒有新鮮事。讓一些讀者感到驚訝的是，按照巴哈博士的說法，住在亞馬遜山谷下的印第安人，在電流驅動發送器傳遞聲音吸引當代科學家的注意力之前，就已經世代使用屬於自己的一種溝通工具。幾年前，巴哈博士在一份美國地理雜誌上這樣寫道：

---

[019] 維爾納·西門子（Ernst Werner von Siemens，西元 1816～1892 年），德國發明家、企業家、物理學家、電報大王，鋪設、改進海底、地底電纜、電線，修建電氣化鐵路，提出平爐煉鋼法，革新煉鋼工藝，西門子公司創始人之一。國際單位制中導納的單位西門子，也是因紀念他而得名。

我發現，部落的每個居住地或小村莊，都配備有一種叫做「cam-barysu」的電報機，這能夠讓他們進行溝通。這個所謂的機器包括了一個空心的堅硬棕櫚木，裡面填著沙子、獸皮、樹脂以及橡膠。外面的部分則是用橡膠與獸皮進行包裹。在每個定居點都能發現這些隱藏起來的工具，而且每一個定居點距離另外一個定居點的距離，差不多都是一英里左右，所有的定居點都是按照這樣的距離南北排開。

　　所有的這些工具看上去都是一樣的，一旦用木棍敲擊這個工具，住在南北兩個方向的鄰居都能夠聽到，他們在收到這些訊號之後，往往也會用力敲擊，對此表示回應。印第安人就是透過敲擊這種工具的方法，去與相鄰的人溝通，而且每一次敲擊都會與第一次敲擊的方式完全一樣。每一個定居點的人，都有屬於他們自己的一套表達資訊的符號。每一個定居點的人都知道，如何辨別其中發出來的資訊。有時，如果站在外面的建築，我們就不容易聽到一些聲音，可是這些印第安人透過這樣的方式，就能夠清晰地聽到一英里之外的人想要傳遞的資訊。

　　杜桑遞給我一份這些人傳遞資訊時所使用的符號表。他用木棍兩次敲打了工具，中間間隔較長的一段時間。據我了解，這樣做是為了喚起別人的興趣，或者傳遞會議即將開始的一種訊號。這樣一種工具能夠對單一的敲擊做出回饋，即便是一英里之外的人，也能夠對此做出反應。接著，他們會透過這種工具進行長時間的交談，當然他們交談的內容是我無法理解的。在電話還沒有將每家每戶連接起來之前，住在南美洲遙遠地方的印第安人，已經知道了使用類似於電話的這種工具，以方便他們更好地溝通。

　　在這之前，有人採訪愛迪生，讓他談論一下電話是否能夠跨越大西洋這個問題。顯然，愛迪生認為這是不大可能的。愛迪生這樣說：「我不認為我們能夠將電話連通到大洋彼岸的歐洲，因為覆蓋著電纜的馬來膠（gutta-percha）會出現電化現象。每一種物質都會因此而呈現出某種電化的情況，因此要是我們放棄現有的技術基礎，這樣的技術障礙是難以克

第七章　電話

服的。在瓦倫西亞與歐洲大陸的中心，大部分電報都是用馬來膠去包裹的，這對於其正常的運用發揮了重要的功能。

「在單一的訊號發出來之前，任何一種物質都會出現電化的情況。當電流在瓦倫西亞這個地方被切斷之後，那麼之前流經歐洲大陸的電流，依然會繼續運轉一段時間。即使是在電報領域內，這樣的電流交換其實也沒有真正意義上的中斷，每一秒只能發出 10 ～ 12 個聲波。在電話領域內，同時可能會有 2,000 ～ 3,000 個聲波。克服這個技術障礙的唯一方法，就是運用其他一些不會影響到傳送這種電流的物質。」

人們經常會問到電話裡的聲音造成顫動的問題。就在不久前，新聞媒體還在大力報導這件事情。阿爾貝特・H・沃克[020]，這位美國著名的電力學家在被人問到這個問題時，是這樣回答的：「在貝爾一開始發明的電話裡，人類發出來的聲音確實引起了電力方面的顫動，雖然這並不是機械方面的原因導致的。不過，電話最多只能夠將這種電流造成的顫動，傳送到幾百里之外的地方。其實，我們之所以有今天所使用的電話，就是因為享受了愛迪生發明的可變電流的傳送器帶來的好處。

「在這個系統中，穿越電線的能量並非由聲音提供，而是由電池或發電機供應，透過線路傳送一股穩定的電流。人類的聲音只不過是對傳送器的隔膜造成顫動，這只是將傳送器裡的碳粉稍微移動了一下，使之或多或少地與另一種碳粉進行接觸。即便是讓其稍微發生移動，也會改變迴路中電流所遇到的阻力，從而造成電池裡傳送出來的電流出現大小不同的情況。人類的聲音並不會讓電話線路發生顫動，就好比火車引擎推動著火車不斷前進，這是因為燃燒出來的蒸汽不斷推動著活塞。」

關於電話聊天中使用的「你好」這句話的起源，人們已經有過相當多的討論了。美國電話公司的董事長 F・P・費奇，將這句話出現的功勞歸於

---

[020] 阿爾貝特・H・沃克（Albert H・Walker，西元 1844 ～ 1915 年），美國電力學家、專利法專家。

愛迪生。他說：「多年前，當電話第一次使用的時候，人們習慣性地搖鈴，然後鄭重其事地說：『你在嗎？』、『你現在是否準備好說話呢？』但是愛迪生沒有使用這樣一種不符合美國人交談的尷尬方式。一天，他拿起一個接收器，對著傳送器大聲說了一句話──這是一句讓人感到心滿意足的話──『你好！』現在，這句話已經傳遍了全世界。日本人在用，土耳其人在用，俄羅斯人在用，當然遠在巴塔哥尼亞[021]的人也在用。」

我們必須要闡明一點，那就是愛迪生還是第一個造出「燈絲」（filament）一詞的人，這個詞語是他在研究白熾燈的時候，首先提出來的。有一次，在英國有一些侵犯愛迪生電燈專利的人提起訴訟，倫敦的電學專家們說，沒有人知道「燈絲」一詞是什麼意思。他們表示：「即便愛迪生沒有其他足以流芳百世的功績──大多數人仍然相信他在這方面其實有相當多的貢獻──我們覺得，愛迪生應該得到發明出『燈絲』一詞的全部功勞。

「愛迪生在這麼年輕的時候，就展現出了如此遠大的目光，擁有如此強大的科學能力，很好地解決了這個無比困難的問題。可是，克頓法官在這一週用無比簡單的話語表示，我們似乎根本就不知道，燈絲一詞究竟代表著什麼意思？克頓法官更傾向於認為這是某種『在碳化作用之前存在的東西』，但這只能表明法律字眼上的狡辯，以及技術層面上的荒唐所能帶來的後果。要是我們能夠對燈絲一詞有更加深刻的理解，那麼我們對愛迪生這位偉大發明家的敬意，就會變得更加深沉。」

在愛迪生研究電話時，他逐漸完善了自己發明的傳送器。愛迪生經常被人叫去擔任電話方面的專家──世界各地的人都有這樣的需求。而愛迪生在派人幫忙解決這個問題的時候，已經找到了一個新的方法，去

---

[021] 巴塔哥尼亞（Patagonia），是指南美洲安第斯山脈以東，科羅拉多河以南（或以南緯40度為界）的地區；主要位在阿根廷境內，小部分則屬於智利。

第七章　電話

測驗自己的能力──這是一個檢查系統，若是能夠通過檢查，就會讓愛迪生與他的贊助商都感到無比滿意。

愛迪生在某個場合對《電力期刊》的記者表示：「首先，我們在商店裡擺放一些電話模型，然後用這些電話去做各式各樣的事情。我會堅持這樣一個觀點，那就是用大折刀割斷包裹著電線的絕緣層，然後用各種不同的方法，去製造這樣的『故障』（這是電學方面的說法，有時是很難從其他地方看到的）。接著，再派一些人去查看問題出在哪裡？假使對方能在十分鐘之內，發現各種不同的問題，他就能得到獎勵。大約有三分之一的人成功地通過了這樣的測驗。我認為，那些人都能在國外的工作中賺到大錢。」

我們在上文有談到，正是在愛迪生研發與展示電話的過程中，他第一次被人們稱為「門洛帕克的巫師」。也許，有關他的人生傳記以及各種描述的數量，要遠遠超過其他的社會名人。當時的公眾對發明家愛迪生的各種趣聞軼事都非常感興趣，想要了解愛迪生日常生活的一些事情。當然，大家從報紙中得到的、有關愛迪生的報導，有些是真實的，更多的則是誇張渲染。如果你隨便拿起那個時代的新聞期刊或者報紙，會看到有關愛迪生的許多報導，其中的一些新聞報導會讓你大吃一驚，要是愛迪生本人看到，也會覺得無比驚訝。比方說，一位名叫福克斯的雜誌撰稿人，在西元1879年連續寫了幾篇關於愛迪生的文章，這些文章完全是他個人臆想捏造出來的，沒有真憑實據。他是這樣寫的：

各個行業的勞動英雄，往往都會以各種不同的形式展現出來。現在，愛迪生可以說是科學界的隱士，他將自己關在紐澤西州的一個小村莊裡，與外界幾乎沒有任何的聯繫，就像是古代的煉金術師那樣，在深夜時分進行工作，他的實驗桌子上放著許多沾滿灰塵的書籍，還有一些讓人好奇的化學用品。他身邊的人都是跟他一樣古怪與神祕的人。除此

之外，他還是一個隨意與喜歡熱鬧的人。他在科學方面的確是有無限的天賦，在其他方面卻是一竅不通，可以說他就是一個科學怪咖。

值得一提的是，他對自然方面的研究有著一些開創性的觀點。一份西部期刊甚至預言，愛迪生將會徹底推翻人們之前對自然定下的法則：水將不再向低處流；地球即將在宇宙中承擔全新而驚人的職能；我們了解到的、關於大氣層情況的一切知識，都是錯誤的；太陽本身就是從黑暗中升起來的，我們所做的許多把戲其實都是毫無意義的。簡而言之，自然的法則就要被愛迪生所改變。

與此同時，另一個關於愛迪生較為合理的說法，出自畢夏普先生，他經常有機會拜訪愛迪生。但即使是他的描述，有時也不免染上一絲神祕的色彩，將愛迪生描繪成一名具有光環的人。而愛迪生本人則說，自己從來沒有權利能接受這光環。畢夏普寫到：

在實驗室裡的眾多人當中，你絕對想像不到，愛迪生對自身的形象是根本不在乎的。他的身材大約是五英尺八寸，在工作的時候稍微弓著背。他給人一種充滿活力的感覺，臉上卻露出充滿焦慮色彩的皺紋，看上去有點老。他一頭的黑髮也開始漸漸爬上了白髮，蓬鬆的頭髮在他的前額上飄著。他的雙手經常要沾上一些酸性物質，而他所穿的衣服也是普通人穿的。這就是真實的愛迪生。他給人一種機械師的感覺，或者更準確地說，他有一種夜間印刷工的感覺。

他的五官輪廓分明，雙眼是淺灰色的，鼻子長得不太筆挺，嘴巴會露出不是那麼整齊的牙齒。當他走上前的時候，專注力會慢慢地集中，這需要一個漫長的過程。但是，他能夠很快從原先的工作中抽離出來，這種情況可以從他的表情上看出來。不過我們可以看到，他是非常坦誠的，讓人心生好感。他臉上那愉悅的笑容，能夠趕走任何煩惱或者不安，不過這一般都是在他休息的時間才能看到。此時的愛迪生顯得不那麼老，就像是一個剛剛放學回家的粗心男生。

第七章　電話

　　從這樣的描述裡，我們可以感覺到此人是在描述一個年齡接近老年，至少是人過中年之後露出的疲態。可是，那時的愛迪生還不到30歲。根據愛迪生手下的員工說，愛迪生是一個非常有趣的人，喜歡一些幽默的故事，就像他小時候那樣。當時的文章已經形成了一種習慣，就是喜歡將愛迪生描繪成有點憂鬱的人，因為這樣的文章風格更加符合人們心目中愛迪生的形象。只是這些文章所描述的愛迪生，並非真實意義上的愛迪生。公眾認為愛迪生是真正意義上的巫師，而新聞報紙也根本沒有想辦法消除，公眾對愛迪生的這種神話般的印象。

　　在這裡，稍微說幾件有關電話方面的事，也是沒有什麼問題的。這些事都是費什先生在培根社團的一次演說裡提到的。對於不懂得這些行業的人來說，他們可能會對這些事感到好奇。比方說，一顆白熾電燈所需要的能量，是將電話訊息發送到一千英里所需能量的500萬倍，而這樣的能量足以將13盎司重的物體提升起來。這樣的能量還可以讓電話連續工作24萬年之久。西元1905年，整個美國的電話使用者數量，要比之前24年所有使用者都還要多。

　　費什表示，人們每天撥打的電話次數，很快就會超過郵件的數量。為了滿足這些服務的需求，每年需要砍掉一百萬棵樹去做電線桿，而每一條訊息的成本在2.2美分左右，這與郵件的成本相比還不算太高。在西元1902年的美國，每100人當中使用電話的人只有12人，這已經是當時所能夠供應的極限了。現在，每100人使用電話的數量，已經提升到了20人。貝爾電話公司上一次釋出的報告聲稱，目前他們建造了4,080座交換機，而分支辦公室也連線了超過3萬個城市、城鎮以及鄉村，這需要超過355萬英里長的線路。透過這些線路，每年將會有超過35億個電話撥打出去，將需要超過兩萬名接線員。

　　在紐約的科特蘭大街，可以看到世界上最大的電話線路總機（telephone - wire switchboard）。這個總機有 256 英尺長，其形狀與馬蹄鐵相似，耗費的成本是兩萬美元。這一龐大的機器是在一年前安裝的，替換了之前老舊的工具。雖然更換過程涉及連接和斷開九千多條線路，但是這樣的工作還是在兩個小時之內完成了。這是第一個配備小型白熾燈的總機，用戶通話時燈泡會發光，當話筒掛上後燈光則熄滅。藉此方式，線路是否正在使用，便能自動且靜默地顯示出來。該機上共裝有 14,000 個這樣的電燈泡。共有 246 位接線員負責服務 9,300 名用戶，整個系統可以進行 470,000 次連線，並擁有 1,000 條入線幹線和 840 條出線幹線。

電話甚至普及到了一些森林地區。當代的伐木工人能透過電話與外面的世界溝通，要是沒有電話，數以百里的森林路程可能會嚴重阻擋他們與外界溝通。在新世界與舊世界之間，還橫亙著一條長長的森林地帶。在過去幾年，這些地區也開始安裝電話。現在，人們的興趣主要集中在木材的交易上面。看來，在森林裡工作的每個人都能用上電話，這將是很快就能實現的事情。

就不同地區的人們進行溝通的事情來看，這些電話不僅可以節約大量的時間成本，而且還對於資訊的交流產生了難以估量的價值。據說，當第一條線路在溫哥華鋪設的時候，那裡的三個人中有兩個因為事故而遭受重傷。那個沒有受傷的人雖然想盡一切辦法去解救自己的同伴，卻因為無法與附近的人聯繫，最終導致了慘痛的後果。

在蒙大拿州的森林裡，有許多電話被固定在樹木上。電話的數量正在迅速增加，很快每一位伐木工都能夠在一天的任何時候，與工廠的人進行溝通，還能夠與那些負責在運河上運輸木材的人溝通。除此之外，現在的電話線路都是沿著航道的沿岸鋪設的。透過這些迅速簡單的溝通方式，人們認為之前普遍存在的不法經營行為將會大大減少。

在加拿大與美國交界的森林地區裝上電話之前，每一家伐木公司都

第七章　電話

得僱傭一大批人往返於各個營區，將工廠的資訊與指令傳遞出去。雖然他們有時一天能走 30 英里（考慮到森林裡崎嶇的道路，這已經是相當快的速度了），但還是浪費了許多寶貴的時間。現在，有了電話線路的幫助，相同的效果可以在幾分鐘之內實現，大大縮減了成本。在蒙大拿州以及其他州絕大多數的伐木工廠，現在都會在預備好的時間點打電話，領班可以透過電話接到上面給予的指令，進行資訊方面的交流，而伐木工人也可以不時地打電話給家裡，不會像之前那樣感到與世隔絕。

許多伐木工人在森林待的時間有時長達一年之久，而且他們所搭設的營房，一般都是距離文明世界超過 100 或者 150 多英里。在這一年的時間裡，他們從來沒有見過自己的家人，也幾乎無法與他們交流或溝通。在一年時間裡，他們所在的地方可能又有半年的時間都是下雪的，要想走出邊境地區幾乎是不可能的事情。因此，電話的出現讓這些人倍感興奮。他們可以透過電話的方式，經常接收到來自妻子的消息，因為一些較大的伐木工廠老闆，讓這些工人的妻子可以將信件送到總部，然後透過電話將信的內容發送到她丈夫駐紮的營地。

電話普及之後，醫生們也能夠在不需要離開診間的情況下，就能替病人診斷。失聰之人也不必再以體弱多病為藉口不去教堂，因為很多教堂的長凳上，都放置了解說器以及傳送器，能夠讓他們直接與講臺上的人溝通。電話的普及能夠有效地防止盜賊與小偷的出現，這與電燈的出現一樣，對於防止犯罪都是極有幫助的。

在英國乃至整個歐洲，電話的發展依然處於比較落後的狀況，而在美國則可以說已經是非常普及了。為了說明美國電話系統運作的便捷程度，下面介紹最近出來的一篇報導，說的就是華盛頓大學的校友們，分別在紐約、芝加哥、聖路易斯以及波特蘭等地，透過電話進行即時的聯誼。要是他們用乘坐火車的方式去聚會的話，需要耗費 28 個小時。但

是，透過電話的方式溝通，他們能在四個不同的城市同時舉杯慶祝，並且還可以清晰地聽到碰杯的聲音，聽到一個房間裡每個人說話的聲音。在每個宴會廳上都安排有 80 部接收器與傳送器，在四個地方第一個提出祝酒的人，分別是聖路易斯的威廉·柯帝士先生，來自芝加哥的格蘭特·畢比先生。他們進行了多輪的敬酒，一直喝到深夜，最後透過接收器說了晚安之後，這樣別開生面的聚會才算是結束。

第七章　電話

第八章　電燈

　　愛迪生用最簡單的語言，展望了電燈「創世紀」即將來臨的情景。他說：

　　西元1878年，我到費城去探望貝克教授，他向我展示了一個弧光燈──這是我第一次看到弧光燈。之後，我看到了另外一個發光的東西，當時我覺得這是布魯斯製造出來的──這是一套完整的設備，有引擎、發動機以及一、兩個電燈，並用線路連著整個村莊。在那個時候，沃拉斯與莫斯·G·法爾瑪[022]已經成功地讓電燈連續發光持續10～15分鐘左右了，這在當時被認為是相當了不起。

　　在那個時候，我碰巧比較有空，因為我剛剛完成碳粉按鍵電話的研究。這個電燈的思想就牢牢占據著我的腦海。想要發明出實用的電燈，需要的東西其實很簡單：那就是電流需要被分流。那時候的電燈光線太亮，而且整個裝置也太大。我們想要的是那種輕便好用的電燈，只有這樣才能像煤氣燈那樣容易生產與銷售，才能讓電燈走進千家萬戶。當時的格羅夫納·P·勞里[023]認為，我應該能夠成功地解決這個問題，他籌措到一筆資金，建立了愛迪生電燈有限公司。我們運轉的方式，就是我每週能夠得到一筆錢，僱傭一批研究人員，然後再看看我們能夠做到什麼程度。

　　很快，我們就發現，除非每一個電燈都代表著一個獨立的系統，否則要想做到電流分流是不可能的。當時我們明白了一點，那就是電流不大可能將所有的電燈都燒掉，因此，必須要以並聯的方式連接。正是抱著這樣的想法，我開始了研究電燈的過程。而弧光燈的出現，讓我突然想起了

---

[022] 莫斯·G·法爾瑪（Moses G·Farmer，西元1820～1893年），美國電氣工程師、發明家，電氣電子工程師學會會員。最早獲得「電燈」一詞的專利擁有者。當時，他採用的是金屬鉑作為燈絲。

[023] 格羅夫納·P·勞里（Grosvenor P·Lowrey，西元1831～1893年），美國著名企業和個人法律顧問，曾經是湯瑪斯·愛迪生、西聯匯款公司、紐約大都會鐵路公司的法律顧問。愛迪生電燈公司的創辦人之一。

第八章　電燈

有必要製造出白熾燈。於是，我就投入到工作中，採用一些質地優良的鉑絲。可是我在用這種材料實驗的時候，卻怎麼樣都無法獲得成功。接著，我們嘗試著將其加上百分之十的鉑金材料，卻無法避免高溫下熔化的結果。我們又做了大量實驗，包括用上各種物質，最終都失敗了。

接著，我想出了一個不錯的辦法。我用上二氧化鋯這種材料，將100多英尺長的鉑金線路熔化掉，使之變成一種類似於糖漿醋酸的物質。我想要尋找的是耐高溫的電燈。我做出了一個能夠在40歐姆電流下正常工作的電燈。但是這種情況下，往往會產生一些現在許多電力學家們都熟悉的氧化物，而且電燈本身也會出現短路的情況。在這時候，我們就像大海撈針一樣，嘗試了各式各樣的材料，想要找到一種能夠耐高溫的燈絲。我們嘗試過矽、硼以及其他許多我現在已經忘記名字的材料。有趣的是，在那個時候，我從未想過要用碳燈絲去做，畢竟碳元素對於氧化是非常敏感的。最後，我之所以還想要繼續嘗試，是因為我們已經能夠得到一個相當高純度的真空條件，這為我們提供了良好的條件。

於是，我們就派人出去尋找這種材料，並且購買了一些棉線，然後使這些棉線碳化，變成第一個燈絲。由於我們能夠製造出相當高純度的真空情況，於是就認為也許燈絲在這樣的情況下，能夠長時間地運轉。我們製造了一個電燈，並接通電流。電燈亮起來了。一開始的時候，我們都屏住呼吸，迅速地計算著電流的阻力，發現電阻數值是275歐姆——這正是我們想要的結果。接著，我們坐下來靜靜地觀察電燈的表現狀況。我們想要知道這個電燈會連續亮多長時間，要是燈絲燃亮的時間足夠長，那我們的所有問題就能夠迎刃而解。

讓我想想，這一天好像是西元1879年10月21日。我們就坐在那裡觀察著發出亮光的電燈，電燈發出亮光的時間越長，我們就越興奮。那一天，我們所有人都沒有上床睡覺，每個人大概都是連續40個小時沒有睡覺。我們就坐在那裡，內心的不安漸漸變成了一種喜悅。最後，這個電燈燃亮的時間持續了45個小時。然後，我就說：「如果它能燃亮這麼久，那我們就能讓電燈燃亮的時間超過100個小時。」於是，我又開始

嘗試其他類型的材料，最後從一位日本崇拜者給我的竹子那裡得到了靈感，我將這根竹子碳化之後，看看自己的想法是否正確。

我們很難找到這樣的竹子，便派一名校長前往蘇門答臘，另一名員工前往亞馬遜叢林的其他地方尋找這種材料。而我的另一位助手威廉·H·摩爾則前往日本，尋找我們想要的材料。我們與一位日本人達成了交易，他為我們提供適合的材料，並且負責培育這樣的竹子，直到竹子的品質符合我們的要求。我還派一人前往哈瓦那，但他剛到那裡的第一天，就因為患上了黃熱病，在那天下午的時候去世了。可是我為那些學徒們閱讀電報訊息時，他們十幾個人卻興奮地跳了起來，想要爭取這個職位。這些男孩都是非常聰明的人，有時想要選擇一個恰當的人也不是那麼容易。

愛迪生以極為謙卑的口吻，接受了《電力期刊》的採訪，闡述自己發明白熾燈的整個過程。他經過13個月極為艱苦與困難的實驗之後，測試過許多不同的金屬材料，以求找到一種可靠的燈絲——在這個過程中，他從未想過要使用含碳的材料。但是，愛迪生在這個時期感到的不安、焦慮、拒絕與希望，乃至最後的成功，都讓會讓一些讀者得出錯誤的結論，彷彿愛迪生發明白熾燈是一件相當輕鬆的事情。

愛迪生也希望我們懷著這樣的想法。要是其他人遇到如愛迪生這樣的困難——或者愛迪生所遇到的困難的一半——那麼我們現在可能依然還在點著蠟燭呢！從愛迪生下定決心要發明電燈的那一刻起，他就從來沒有動搖過自己一定能夠完成這項任務的決心。他這樣的決心，也許就是自己雖然面臨著諸多失望與自我懷疑，卻依然能夠堅持下來的原因。他是一位從來都不會被自我擊敗的人，永遠都不會感到絕望。

正如愛迪生所說，在那個時候，類似於電燈的產品剛剛出現時，他還是比較悠閒的，因為他剛剛完成了碳粉按鍵電話的發明。除此之外，他也剛從洛磯山脈度假回來，感覺自己的身心狀況都非常良好，隨時準

第八章　電燈

備著去解決任何科學上的難題。在觀察了布魯斯的電燈之後，他發現其中最重要的難題就在於：使用不方便。在思考該採用哪一種系統 —— 白熾燈還是電弧燈 —— 之前，他就已經進行了長時間的思考。最後，他認定白熾燈更加實用。

愛迪生在實驗室

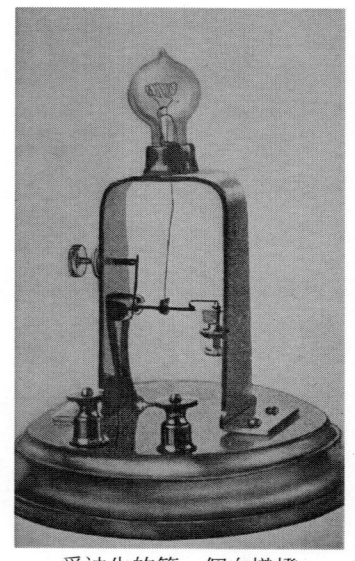

愛迪生的第一個白熾燈

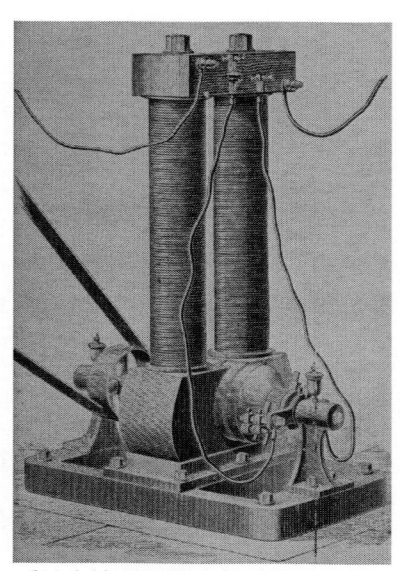

愛迪生於西元 1880 年發明的發電機

接下來，他就開始用鉑金線路進行了長達數月的艱苦研究 —— 在這幾個月裡，他一直想辦法找到一種能夠在最大電流的情況下，依然不會熔化的燈絲。他所做的一些實驗以及遇到的困難，都在愛迪生於西元1879年發表的一篇演說裡提到了。為了防止鉑金線路出現熔化的情況，他發明了許多裝置，其中就有能夠調節電流的自動槓桿，在鉑金線路的溫度接近熔點時，迅速調節電流。不過，鉑金這種材料很快就被愛迪生放棄了，還有隔膜裝置的想法也被他放棄了。

在愛迪生認真研究的這段時間裡，他公開宣告，說自己完全相信電燈能夠為大眾所使用，他將會讓電燈的價格低於煤氣燈的價格。他說：「對電流進行分流，並且在不同的部位上使用小規模的電流，這不存在什麼技術上的難題。問題就在於找到一根類似於蠟燭的東西，能夠讓發出來的光亮持續一段時間，並且這樣的光亮強度不能太大，並能像煤氣燈那樣可以輕鬆地開關。這樣所謂的蠟燭，不可能是用碳類物質做成的，因此我們只能放棄這些物質，透過不斷地研究，才能找到最為適合的材料。

「我們找到的一些物質在通電之後能夠發出光亮，不過這些物質容易熔化，我們必須要找到一些能夠發出持久明亮燈光的物質。鉑金電路在某種強度的電流下能夠發出光亮，但就是無法持久。倘若電流強度變大，那麼燈絲就會出現熔化的現象。我希望找到一種更好的材料去做。我有一位化學家專門幫忙尋找這樣的材質，能夠讓物質在通電之後，發出持久明亮的光線。我們很快就將找到這樣一種物質。」

愛迪生已經就他所說的全新鉑金燈絲電燈，申請了一項專利。當時的一家倫敦報紙，是世界上第一份拿到這份專利申請的報紙。不過，這份報紙所報導的內容，卻沒有得到英國其他媒體的認同。這家媒體這樣報導：

這份文件首次權威地披露，愛迪生先生在實驗過程中的一些細節。雖然沒有公布任何新的東西，卻能夠讓我們從側面了解到，愛迪生先生

第八章　電燈

在實驗過程中所掌握的各種重要事實。看來，愛迪生先生發明的電燈使用的金屬片，可能是鉑金、銠、鈦、鋨或者其他易燃的金屬物質，然後將這些物質做成線圈、螺旋狀、帶狀、片狀或者其他的形狀，從而做成白熾燈。他們採用一塊金屬板對電流進行控制。這塊金屬板在電流強度變大的時候會自然地延展，避免出現短路。或者說，這可以透過操作隔板進行調節，將管道裡的空氣或者其他進行拓展。

這就是愛迪生的發明最終想要達到的結果。就電燈所使用的工具來說，科學界的專家可以自行判斷，看看愛迪生想要發明的電燈，最後是否能夠取得成功。這個電燈的不足之處就在於，為了讓電燈發出持續的光亮，鉑金燈絲必須要加熱到它的熔點。要是電流的強度稍微大一些的話，那麼電燈就會在轉眼之間燒掉。在現實的操作中，操作人員經常會發現電路出現短路的情況，無法及時地避免這些情況的出現。這種缺陷是他們必須要克服的，但是他們真的能夠做到嗎？

英國一份科學雜誌評論了這份報紙所做的報導，並且附帶一個預言：

圍繞著愛迪生先生在發明電燈過程中感到的焦慮，都應該先放在一邊。可以肯定的是，電燈是無法取代煤氣燈的地位的。即便電燈被發明出來，人們還是會帶著觀望的態度去看待，因為在大西洋彼岸的歐洲，對於電燈的實際效能還是持一種懷疑態度的。在整整一篇報導裡，我們沒有看到一個有關電燈發明過程中出現全新裝置的介紹。

在這個時候，愛迪生正在認真研究著如何發明一種裝置，對電流的強度進行分流。當時很多人都在散播一些不切實際的謠言，說愛迪生在申請一項專利之前，就已經解決了這個問題。美國與歐洲的一些頂尖科學家們也在極力地宣稱，這是不可能的。英國議會指定一個委員會，去認真研究這個議題，他們將當時所有著名的科學家都叫去開會商討。除了廷得耳教授[024]對這個問題持不同的看法之外，其他的科學家都認為，

---

[024] 廷得耳教授（John Tyndall，西元 1820～1893 年），英國著名物理學家，在抗磁性研究領域取得突破性成就。

想要對電流進行分流，這是一項人類控制能力之外的事情。廷得耳教授則表示，他絕對不敢下這樣大膽的結論，他從來不覺得，人類是不可能對電流進行分流的，雖然他不敢確定人類最後是否能夠做到。

即便是在這個時候，至少還有一個人，始終都沒有對愛迪生能夠做出這項發明產生半點動搖。此人就是格羅夫納·P·勞里，他是第一個鼓勵愛迪生要去研究電燈的人，並且幫助愛迪生籌措到一筆必要的資金，以使他能夠繼續這樣的研究。勞里一直滿懷熱情地關注著，愛迪生在研究過程中取得的各種進步，並在門洛帕克的實驗室裡，與愛迪生一起待了很長一段時間。

當許多新聞報紙都無法找到愛迪生採訪的時候，他們就會找上勞里，希望能從他那裡得到有關愛迪生發明的進展情況。勞里總是隨時警惕著這些新聞媒體，時不時地修改美國一些報紙發出的、關於愛迪生的一些錯誤報導。勞里先生寫的一封有趣信件，就是給一份紐約報紙的。因為他覺得這份報紙當時有關愛迪生發明電燈的報導，是非常不真實的。勞里在信中這樣寫道：

親愛的先生：

你們今天早上發出的這些報導是不真實的，我想你們肯定會樂意對此進行修改：「據了解，愛迪生先生的身體健康情況並不好，並且已經放棄發明電燈的努力。」我與愛迪生在電燈的發明與研究方面的關係，讓我有機會了解這方面的一些事實。公眾對愛迪生先生的發明充滿了興趣，這是可以理解的。因此我有責任修改新聞媒體對此的一些錯誤報導。我以間接的方式——從愛迪生的私人醫生萊斯利·沃德那裡——得到消息，並從兩週前剛剛幫愛迪生做過體檢的凱耶斯醫生那裡，也得到直接的消息，他們都說愛迪生現在的身體狀況良好，沒有任何問題。

在過去兩個星期裡，愛迪生先生都如平常那樣，白天黑夜地在實驗室研究著電燈。就在幾天前，我還看著他在實驗室裡工作了幾個小時。

第八章　電燈

他的精神狀態看上去非常好，對於自己在發明電燈方面所做出的成果感到滿意。因為愛迪生先生在電燈方面的進展，總是吸引著公眾的注意，所以我必須要坦誠一點，那就是我不是電學方面的專家，更加詳細的內容我也不清楚。

愛迪生先生幾個月前就找到了方法，可以分流通往電燈的電流，換言之，愛迪生先生知道如何讓適中的電流經過電燈，從而讓電燈持久地發出光亮。比方說，單一的電燈燃亮時間，等於4,000根蠟燭燃亮的時間，但是電燈的耗電量，則與平時的煤氣燈相差無幾。接著，他發明出一種他想要的裝置，並且將這種裝置與其他裝置連繫起來，讓他能夠製造出相同的電流，讓分離的電燈能夠亮起來，而且每一個電燈發出來的光線所需要的能量，都是非常少的。

他的第一項發明，大家都已經非常清楚了，這卻還不足以說明，愛迪生做出的這項發明所具有的全新特點。根據愛迪生自己的觀點，他只是剛剛站在電力科學全新發展階段的門檻上。與此同時，要充分地展示已經發明出來東西，或者研究其中涉及相關的經濟問題，這都需要我們建造大型建築物、發動機等等。現在，這方面的工作都在穩步地進行著。愛迪生先生在研究的過程中，從未想過要放棄這樣的實驗，他一如既往地將自己全部的能量，投入到發明電燈的研究工作當中。

同時，不少新聞媒體都報導了，有關愛迪生發明電燈的一些錯誤內容，其中一篇文章最近廣泛流傳在許多城市。我希望這些報紙能夠自行修改。有一篇文章是說，英國專利局拒絕發給愛迪生專利權。這篇新聞報導應該更加嚴謹，知道專利申請遭到拒絕的一些發明條件。既然愛迪生尚未將電燈發明出來，又怎麼可能出現被拒絕的情況呢？

勞里這封信發表出去沒多久，愛迪生就得出了一個結論，那就是用鉑金做燈絲是不可行的——並且永遠都無法用鉑金做成真正成功的電燈。因此，需要採用另一種不具有導電性的物質與此融合。當電流流經這種物質的時候，就會使之處於白熾狀態，而另一種物質則會發出光

亮。愛迪生透過這樣的方式，得到了一種效能不錯卻無法持久的電燈。接著，愛迪生考慮到需要製造出一個更加輕便的燈泡表面，便用許多非導電性的物質，去包裹幾碼長的鉑金燈絲，然後將它們捆綁在一起，放在一個真空區域，然後接通電流，這個實驗最終慘敗了。

愛迪生為此發明了更多的監控設備，嘗試更多的材料，將更多的想法拿來實驗，卻得到更多失望的結果。當愛迪生遇到的失敗越多，在他的腦海裡想要放棄這場發明的念頭就越淡。他認為，在所有的材料都嘗試之後，如果都被證明不行的話，那麼最後必然會剩下一種材料是可行的。在這段艱難的時間裡，他一直鼓勵著自己手下的員工，總是那麼地幽默與充滿風趣，好像他們在第二天就能看到勝利的曙光。

13個月過去了。在經過13個月夜以繼日的研究之後，愛迪生終於明白，自己之前是走在一條錯誤的道路上。鉑金以及所有的金屬都應該全部放棄。但最後還剩下什麼呢？他正在努力地尋找一個可以指向正確道路的路標，卻都沒有找到。接著，一個念頭突然從他的心間冒出來，彷彿大自然想要給這位常年辛勤研究的人一份獎賞，獎勵他勇敢地堅持自己的想法。大自然啟迪愛迪生的方法非常有趣，這個故事也是值得我們闡述一遍的。

一個晚上，愛迪生獨自一人坐在實驗裡，他深刻地反思自己這一年多來各種失敗的嘗試。雖然這樣的失敗，絕對無法擊垮他想要發明電燈的高昂鬥志，可是他還是像往常那樣，將右手放在實驗桌上，揉捏起桌子上的一些黑炭與焦油物質，這是助手在他發明電話傳送器的時候剩下來的東西。愛迪生用手將少量的焦油放在手上，用拇指與食指揉捏，還在想著自己到底是忽略哪些關鍵的步驟，才無法發明出真正意義上的電燈。

也許，他就這樣思考了半個小時左右，在這個過程中，他一直用手指揉捏著這些物質。最後，他用一根與鐵線不一樣的細線，將這些物質

第八章　電燈

連起來。他無聊地看著這些物質，接著開始猜想它們是否能夠作為白熾燈的燈絲。當然，這些物質含有碳粉的成分，比鉑金更能抵抗高強度的電流。他決定要來著手實驗。於是，他立即行動起來，用手指加速地融合黑炭與焦油，為他的實驗做好準備。

在發明電燈的整個過程當中，直到這個時刻之前，愛迪生始終都沒有想過，要用含碳的物質去實驗。他用鉑金燈絲進行各種實驗時，都是在幾乎完美的真空狀態下完成的——也許，這種真空的狀態，還有百萬分之一的缺口，是可以讓空氣進入的。但是，真正意義上的真空狀態，是他們之前從來沒有想過的，因此想要找到研究含碳物質是否真的適合作為電燈的傳導，是不可能做到的。

在他的助手查理斯‧巴切勒的幫助下，一根糅雜著黑炭與焦油的細線被放在燈泡裡面，然後將裡面的空氣全部抽出來，接通電流。他們看到了電燈發出光亮，可是這樣的光並沒有持續多久——因為含碳物質很快就被燒完了。不過，這種燈絲發出來的光線強度，證明了愛迪生走在正確的道路上。

接著，愛迪生努力總結含碳物質在抵抗電流方面存在不足的原因。最後，他發現了一個事實，那就是要想完全將空氣從燈泡裡趕出去，是不可能做到的。還有一點就是，燈絲非常脆弱，在安裝的過程中只要稍微震動一下，就可能使其破裂。此時，愛迪生已經有一定把握了，他知道含碳的燈絲才是正確的材料，但這種物質不一定是以黑炭或者焦油作為成分的。

愛迪生想出了一個不錯的解決方法。他派人去買來一卷棉線。當此人將棉線帶到愛迪生面前的時候，愛迪生就說出自己的想法——希望看到碳化後的細線能夠完成目標。他解釋說，這是一根類似於纖維的東西，是具有高強度耐性的，並且裡面不含有任何空氣，因此這應該能

比鉑金或者黑炭承受更強的電流。他手下的同事都露出一臉懷疑的神色——他們覺得，如此纖細的東西怎麼能夠抵抗住電流呢？因為電流能夠將最堅硬的金屬物質都熔化掉。

儘管如此，這個實驗還是值得去嘗試的，所有的準備工作馬上就緒。他們將短細線彎曲成類似於髮夾的東西，然後放在一個鎳堆上，放置安穩後，再將其放到回熱爐裡5個小時，之後，他們將這根細線拿出來冷卻。接著，研究人員將鎳堆撥開，小心翼翼地將碳化後的細線拿出來，卻發現這根細線立即就斷了。另一條棉線被放在鎳堆裡碳化之後取出來，結果也再次斷裂。為了找到一條最好的燈絲，他們又連續奮戰了兩天兩夜。

讀者們試想一下，要想碳化一根細線，並且不能對其產生半點不良的影響，這是多麼困難的一件事？愛迪生與他的同事在整個過程中的神經是多麼地緊張。最後，他們成功地從鎳堆裡取出了一根完整的碳化細線，但是當他們想要將其放在傳導電線的線路上時，這根細線卻再次分離了。直到第三天晚上——此時他們已經連續工作了三天三夜——才最終取得了成功。他們成功地將燈絲放在燈泡上，然後將燈泡裡面的空氣全部抽乾，並接通電流。他們看到電燈發出柔和的光線，知道白熾燈的祕密已經被破解了。

多年之後，關於他與同事在將碳化的棉線放入第一個電燈泡裡面的情景，愛迪生是這樣描述的：「整個晚上，我的助手巴切勒都在我身邊工作。第二天早上與晚上，也是如此。在那個時候，我們用整卷棉線才做出一條碳化細線。後來，我們必須要將其放入燈泡裡面。巴切勒極為小心地將燈絲放入燈泡裡面，我跟在他身後，似乎在守護著一份極其寶貴的財富。

「讓我們感到驚恐的是，當我們想要將燈絲放入燈泡時，碳化後的細

第八章　電燈

線卻突然斷裂了。於是,他們又回到實驗室,重新開始工作。直到第二天下午,我們才做出了另一根完整的碳化細線,卻不小心被掉下來的螺絲刀弄斷了。不過,我們沒有放棄,又回到實驗室裡繼續做。在半夜之前,我們成功地將燈絲放置在電燈裡面。接著,我們將燈泡裡面的空氣全部抽走,進行密封。我們接通了電流,長久以來盼望的光亮,終於出現在我們的眼前。」

愛迪生與巴切勒連續觀察這個電燈好幾個小時。他們一開始將電流調得很小,擔心脆弱的燈絲會立即爆掉,幸好這條燈絲頑強地抵抗著熱量。於是,愛迪生就將電流慢慢調大,直到調到鉑金燈絲會立即熔化的電流強度。最終,棉線做成的燈絲連續燃亮了 45 個小時,接著光線突然之間就消失了。但這讓疲憊的愛迪生以及助手們都感到萬分欣喜,彼此祝賀對方,因為他們都知道,這是當時世界上最好的電燈了。

查理斯‧巴切勒是第一個將燈絲放入白熾燈裡面的人,多年來他也是愛迪生身邊最親密的同事。愛迪生一直都說,巴切勒是他最好的同事,簡直要比自己的手指更知道他想要去做什麼。在巴切勒長達數天將燈絲放入燈泡的過程中,都出現失誤的時候,他從來沒有露出半點的不耐煩。當他不小心讓燈絲斷裂,就會立即去做另一根燈絲,總是保持著樂觀愉悅的態度,似乎都不會感到疲倦。當他數天來第一次將燈絲成功地放在燈泡裡,並且使其發出燈光時,沒有誰比愛迪生更不吝嗇自己的讚美之情了。巴切勒在實驗室裡所做的工作,是其他人都無法做到的——甚至連愛迪生自己都無法做到——雖然他經常被人們稱為「愛迪生的左右手」。之後,巴切勒還獲得了另一項殊榮——他是第一個在新發明的電燈面前照相的人。

可是,理想的燈絲依然沒有找到,因為碳化後的棉線燃亮的時間,只能維持 45 個小時。因此,愛迪生有必要尋找另一種燈絲物質,讓電

燈燃亮的時間超過幾百個小時甚至是更長的時間，只有這樣，這種全新發明的電燈，才有可能取得商業上的成功。愛迪生在睡了一整天的覺之後，就像往常那樣急忙地開始工作，他想要將看到的一切物質進行碳化，然後看看實驗的結果。他在顯微鏡下發現了原先的碳化棉花是非常堅硬的，就像是鋼鐵那樣光滑。他認為如果自己能夠找到一種與碳化棉花類似的物質，那麼燈絲燃亮的時間就能延長 10 倍左右。

實驗室裡的工作人員，都開始著手碳化紙張、紙板、木屑以及數百種東西。事實上，在這一段碳化物質的日子裡，沒有什麼東西是安全的。倘若一個拄著拐杖的人在這段時間前去拜訪，他的拐杖很有可能都會被人拿去碳化。有趣的是，他們得到的最好結果，是透過碳化紙板獲得的，因為紙板耐電流的時間要比棉線更長。但在幾次實驗之後，這種紙板的東西，同樣不是他想要尋找的。接著，愛迪生就找到了竹扇，在碳化之後做成一根燈絲，發現這能夠得到最好的結果。因此，愛迪生得出一個結論，那就是竹子這種物質是最適合做燈絲的。雖然竹扇上的竹子也有不錯的表現，不過他認為一定有更優質的竹子或藤條，能夠製成完美的絲。

愛迪生立即開始學習所有關於竹子的知識。他想要了解關於不同種類的竹子所具有的特性。很快，他就發現，這個世界上已知的竹子種類大約在 1,200 種左右。愛迪生立即開始研究每一種竹子。他只思考了半分鐘，就決定派一個人到世界各地尋找不同種類的竹子，以找到最適合做燈絲的竹子。即便這樣做會讓他傾家蕩產，他也依然想要找到這樣的竹子。最後，他不止派出了一個人，而是派了多人去尋找最適合做燈絲的竹子，這花費了他超過兩萬美元。

在那些派去尋找竹子的人當中，除了威廉·摩爾之外，還有詹姆士·理查爾頓（James Ricalton），這位來自紐澤西州的老師，他到馬來西亞半島、緬甸與中國南部，行程超過三萬英里，並在艱苦尋找合適竹子的過

第八章　電燈

程中遇到了許多野獸。另一個人則被派往亞馬遜地區，還有人被派去了西印度群島、南美洲、不列顛蓋亞那地區、墨西哥、錫蘭以及印度。這些人都帶回來各個地方不同的竹子樣本，以及其他含有纖維的植物。

愛迪生一一實驗這些竹子與植物。世界各地的人們都聽說了愛迪生在尋找竹子，也紛紛加入尋找竹子的行列。每天都有許多竹子送到他的實驗室裡。他們一共碳化了大約6,000種不同的竹子，愛迪生發現三種竹子以及一種藤條的實驗效果是接近完美的。這些都生長在亞馬遜地區，要想大量取得這些原材料不容易，因為那個地區瘧疾橫行。有趣的是，在將植物學家們稱之為「矽質表皮」的物質去掉，只用竹子的表面部分，就可以做成良好的燈絲。

當愛迪生正在緊鑼密鼓地進行研究時，歐洲與美國都流傳著許多謠言，說電燈的發明代表著巨大的成功，但這最後必然要以失敗結束，因為這侵犯了別人的專利。而另一個說法則是，愛迪生本人無法承受這樣的壓力，現在的身體已經處於一種不健康的狀態。門洛帕克被很多想要採訪的記者包圍，他們都抱怨無法進入到實驗室裡面採訪，因為實驗室總是大門緊閉，並且有保安負責守衛，任何沒有得到允許的人都是無法進入的。許多為了推廣這項新型電燈而組成的股份公司成員來到了實驗室，並獲准入內。當他們出來之後，記者都想要採訪這些人，但他們都說自己需要履行保密的義務，不能對外界透露任何資訊。

愛迪生可憐外面守候的那些「新聞小子」，於是就叫人傳出去一條訊息，這條訊息是這樣說的：

他已經克服了重重障礙，繞開之前很多人發明過的專利，而且還有其他更為重要的發明，能讓所有人都用上真正實用的電燈。要是現在就向公眾公布一些資訊，會影響整個企業的成功。另外，由於專利涉及到一些在國內不易獲得的材料，因此申請專利可能會出現一些延誤。

這個時候，其實就是愛迪生準備公布已經解決白熾燈技術問題的前夕，因此，了解一些當時民眾對愛迪生以及其發明的感想，這是相當有趣的。《紐約時報》上刊登的這篇文章，就能很好地說明愛迪生在找到碳粉燈絲之前，在民眾心目中的地位。

愛迪生沒有分散自己的精力，他應該因此而得到公正的評價。任何關於愛迪生以及他發明的事情，都會迅速地發表在報紙上，人們也熱切地想要了解他的發明進展。據說，美國一些新聞媒體已經派人長期駐守在專利局，以便報導愛迪生申請電燈專利的第一手新聞。還有一些人對愛迪生遲遲沒來申請專利的行為感到失望。

就在上週，一份主流的期刊就用兩個版面的內容，講述愛迪生的發明故事。據說，愛迪生對這篇報導的內容還是表示認可的，而這篇文章的作者也是一名具有科學修養的人，他想要努力地預測愛迪生的發明，是否能夠排在科學界發明中的前列，想要知道愛迪生是否有足夠的能力，去解答科學層面上的許多神祕問題。事實上，再也沒有人會選擇假裝蔑視愛迪生，或者懷疑愛迪生的發明所展現出來的天才。除非是某個男爵，或者像勞倫斯・波爾克爵士這樣的人，才會將愛迪生稱為「鄉巴佬」，還認為那些手持著煤氣燈公司股票的人，應該繼續在床上安然睡覺。

可以說，沒有比那些煤氣燈公司的股票所有人以及公眾，給予愛迪生更高的聲譽了，因為他們願意花錢聆聽愛迪生宣布，他已成功地將流向電燈的電流進行分流的消息。若是任何人能做到這件事，那麼世人都將會翹首以待愛迪生公布發明的全新進展。但是，即使是那些持懷疑態度的人，當他們聽到愛迪生的名字時，也會打消掉他們的疑慮。

西元1879年10月21日，愛迪生終於發明了碳化棉線燈。在第二年的1月份，愛迪生發明的全新電燈得到了專利權。這份有關描述電燈製造方法的有趣文件，是由愛迪生手寫的。內容如下：

第八章　電燈

　　我，湯瑪斯‧A‧愛迪生，居住在美利堅合眾國紐澤西州門洛帕克，已經發明出一種改良版的電燈，其發明的方法將在下面具體說明：

　　這個發明的目標就是要製造出白熾燈，讓這種電燈具有強大的耐電流能力，讓電燈能夠在工作狀態下分流電流。電燈的發明需要我們使用炭絲製成的發光體，或者以這樣的方式使用一種耐電流的線路連接電燈。此外，本發明還包括：將這種具有高電阻的燈絲置於幾乎完全真空的環境中，以防止導體因空氣中的氧化作用而受損。進入真空電燈泡裡的電流必須要密封。這樣的發明方法包括製造出含碳元素且耐電流的傳導體，以便讓電燈發出白熾光。

　　因此，白熾燈的燈絲可以說就是從碳棒那裡得到的，這能夠耐得住 1～4 歐姆的電流，不過需要置身於一個密封的裝置內，讓空氣被氣體所取代，而不能將這兩者進行化學層面上的融合。主導的線路必須要非常大，因為線路的阻力應該要比燃燒器大幾倍。

　　我們的工人之前對此進行了嘗試，想要減少碳棒的阻力。遵循這種方法帶來的不良結果就是，一個只能耐得住 1～4 歐姆電流的電燈，是無法在眾多線路中運轉的。由於燈的電阻低，引線必須尺寸大且導體良好。而玻璃燈泡在導線進入並被密封的部位也難以保持氣密，碳絲會被消耗，因為只有在完全真空的狀態下，才能維持碳的穩定性，尤其當該碳絲質量小、電阻高時更是如此。

　　在正常大氣壓的狀態下，要是接收器使用煤氣的話，雖然這並不會對碳元素造成什麼影響，卻會漸漸因為空氣摩擦而造成損壞，而氣體的迅速流動也會帶來不良的影響。我在多次試驗當中已經了解到這點。我發現即使是一根棉線，在經過恰當的碳化程序之後，放在一個密封玻璃燈泡裡，都會因為燈泡裡僅存的百萬分之一的空氣消耗掉，這將會讓燈絲耐得住 100～500 歐姆的電流。在極高溫下，這絕對是非常穩定與可靠的。

　　倘若這樣的棉線被做成螺旋的線圈形狀，或者說任何纖維之類的物質，在加熱到一定程度後產生碳粉的物質，那麼這些物質能夠耐得住超

過 2,000 歐姆的電流，且其輻射面積不會超過一英寸的十六分之三。我已經採用了多種方法實驗棉、亞麻線、木屑、紙張等物體，然後以各種方式將它們與焦油混在一起，再將它們捲成不同的長度與直徑。

一般認為，上述內容是愛迪生首次以書面形式說明他所發明的白熾電燈。然而，在此之前，他已獲得了一些相關專利，內容包括一種新型發電機、改良斯普倫格爾（水銀）快速抽氣泵用以製造真空，以及其他工藝部件。自那以後，他又陸續取得了 169 項與電燈相關的專利。

在解決了合適的燈絲這個難題之後，愛迪生在一條電線上連著許多個電燈，然後將電線懸掛在門洛帕克的大樹上。整個門洛帕克吸引著全世界關注的目光。事實上，這些燈光連續發出亮光的時間超過了一個星期，讓成千上萬到此遊覽的人都感到不可思議。

當時的一位遊客這樣表示：「這些電燈大約 10 公分長，顯得小而精緻，完全適合於任何房間。這些電燈能夠從枝形吊燈上拿下來，隨時以相同的方式將其放在玻璃瓶裡。當電燈接通電流之後，只需要簡單地按一個按鍵，整個電路就接通了，電燈就會發亮，而且整個過程的耗電量也相當低。一些使用壽命最長的電燈發出的光亮，似乎要比剛使用的電燈發出的光亮要黯淡一些。可是，按照愛迪生的說法，只要稍微改變玻璃裡面的東西，就不會出現這種情況。」

在這一年 1 月的上旬，門洛帕克舉行了一次全面的照明展示，是特別為了讓紐約市議會的議員們觀摩。這些議員應愛迪生的邀請，搭乘專用列車前往他的實驗室參觀。發明家特意安排他們在天黑後抵達，於是當他們看到數百盞明亮的白熾燈，在光禿禿的樹林間閃耀時，場面格外壯觀。這些燈泡沿著兩條粗大的電線排列，且每盞燈都能單獨開關而不影響其他燈的運作，這一點讓市議員們感到格外驚奇。在訪客當中，海

第八章　電燈

勒姆・馬克沁[025]對這樣的情景記憶猶新。

這段時間，愛迪生一直在腦海裡想著，如何才能更好地提升白熾燈的表現。與此同時，他一直想著另一個目標，那就是建立一個中轉站，讓每一位購買電燈的客戶，都能像他們現在得到煤氣那麼簡單方便。這項工程一開始面臨的挑戰無比巨大。我們必須要記住一點，那就是在當時的歷史條件下，電燈絕對是代表著一種全新的東西。在愛迪生的實驗室之外，幾乎沒有幾個人知道電燈是什麼。當時根本沒有專門的工廠製造和生產電燈，也沒有任何熟練的操作工，知道如何去安裝電燈系統。事實上，當時除了愛迪生身邊最親密的幾個助手之外，幾乎沒有人懂得如何將含有碳粉的燈絲，裝在一個沒有空氣的玻璃燈泡裡。

但愛迪生早就下定了決心。他的雄心壯志就是要在紐約的某個地方，建立一座中轉站。愛迪生就是這樣的一個人，不達目的誓不甘休。有關第一座中轉站建立的故事，可以說是電燈發明歷史中最有趣的事情了。多年前，愛迪生在《美國電力評論》雜誌上，談到與此相關的情況。我相信，這是他第一次也是最後一次詳細談論與此相關的內容。我要感謝這本雜誌的編輯，允許我使用愛迪生當時接受採訪時所說的話。

我在努力發明電燈的過程中，產生了日後要建立中轉站的想法。我找到了紐約的一張保險圖，知道了每一個電梯豎井以及鍋爐的位置，知道哪裡安裝著防火牆，然後對此認真地研究。接著，我找出了一個地區，計算出這個中轉站所處的位置，需要滿足多少城鎮人們對電力的需求。最後，我選定的位置就在華爾街南部到百老匯東河邊附近。

我努力地研究一個可行的系統，很快就知道這個地區的每一個井道，知道煤氣管道所處的位置。我是怎麼知道的呢？這可以說是世界上最簡單的事情。我僱人在每天凌晨兩點鐘的時候，在這個地區漫步，留

---

[025] 海勒姆・馬克沁（Sir Hiram Stevens Maxim，西元 1840～1916 年），馬克沁機槍的發明者。出生於美國緬因州，後來移居英國。西元 1901 年被維多利亞女王（Queen Victoria）封為爵士。

意不同地區煤氣燈點亮的數量，接著此人在凌晨三點鐘的時候，繼續出去逛一圈做一番記號。在凌晨四點鐘的時候，此人要再出去觀察，接著每過一、兩個小時都要做一番紀錄，一直到早晨。透過這樣的方式，我可以輕易地了解，整個地區的人們使用煤氣燈的情況。當然，我還僱了其他人在其他地區進行類似的觀察。

在經過初期的諸多準備之後，我們都非常認真地投入電燈的專案當中，開始建造中轉站。你簡直無法想像，當時的情況是多麼艱難。我們買不到任何東西，也沒有人能夠為我們做些什麼。我們還是像以往那樣，靠自己的雙手去建造東西。在門洛帕克，我們建造了一間電燈工廠。克魯塞負責在華盛頓街那裡製造玻璃管。我們還在格爾克大街租用了一些不是那麼好的五金商店，然後開始製造發電機。

此時，柏格曼在東邊區域只有一個很小的地方，他在那裡做煤氣修理的工作。後來，他為我們做各種修修補補的工作，並且做得非常好。我們都是憑藉自己的金錢以及信譽去做的。在我們創辦了紐約愛迪生照明公司之後，很快就還清了建造中轉站所借貸的金錢。

我一直打算建造中轉站，也找到了真正合適的位置，但卻無法得到真正想要的理想位置。我們在大街那裡買下兩棟舊建築，花了3萬美元，我們決定先在這個地方落腳。每個人擁有的空間都非常小，我們希望能夠讓電燈得到更加廣泛的普及。我們只能在這裡建造高速的引擎，即便在那個時候根本就沒有什麼所謂的高速引擎。我想出了一個直接並聯的機器，希望能夠將發電機直接連接到引擎上，同時不需要用皮帶捆在一起。

如果火車頭能夠以那樣的速度前進，那麼我想像不出為什麼150匹馬力的引擎，就不能讓其在1分鐘轉動350次。當我找到引擎製造企業，他們總是攤開手，說這是不可能做到的。可是我始終都不這樣認為。我找上博爾特，對他說：「博爾特，我想要一個150匹馬力的引擎，能夠每分鐘轉動700次的。」他哼了一聲，想了一下，接著就同意了。不過他有一個條件，我必須要為此買單。我付給他840美元。他最終做到了，

第八章　電燈

並將這個引擎送到門洛帕克。

我們在之前的舊工廠裡安裝好機器，對接下來可能發生的事情也有了一定的預測。於是，我們用鎖鏈拴住節流閥，將其搬到一間木屋裡開始工作。現在，這間舊工廠位於紐澤西州一座頁岩山丘上。每當我們打開引擎的時候，它就會以每分300轉的速度運轉，它下面的整座山似乎都在顫動。我們將這個引擎關閉掉，重新固定其位置，再次進行了嘗試。在克服了一連串困難之後，我們終於將引擎的轉數提高到每分700轉。你們真應該看看當時它轉動的情形，因為每當連接桿轉動的時候，它似乎都在將整座山抬起來。

在我們完成了引擎的實驗之後，就開始將其轉數調整到每分350轉（這樣的轉數速度才是我想要的），然後每個人都說：「天啊，這個引擎的轉數真是太流暢了，這個引擎是多麼實用啊！」我們購買了6臺這樣的引擎，我前往格爾克大街那裡工作，為他們建造發動機。當然，我們也是摸索著去做的。我當時就覺得110伏特的電流應該夠了，卻又覺得這個數值可能不夠。我就是在不斷嘗試的過程中，找到了想要的電壓伏特數值。

我們在舊工廠裡進行一系列的研究時，在該地區挖了許多溝渠以及主幹道。我經常在這個中轉站的管道下面睡覺。我看到每一個箱子倒下來的情景，認真了解過每一個連接處的工作情況。因為除我之外，其他人都沒有足夠的能力去監管這項工程。最後，我們安裝好所有的回饋器後，就開始安裝引擎了。

在引擎安裝好之後，我們開始讓其運轉，想知道引擎會有怎樣的表現。當時，我的心似乎都堵在嗓子眼上了，但是所有事情都非常順利，我們擁有了能夠承受500歐姆電流的絕緣層。接著，我們開始試驗另一個引擎，將這兩個引擎平行地放置。可以說，這是從亞當出生以來，我們擁有的、最糟糕的線路。一個引擎會停止工作，另一個引擎的轉速則可能達到1,000轉。這兩個引擎就像是翹翹板一樣，出現了此消彼長的情況。

這到底是怎麼回事呢？為什麼會出現這樣的情況？問題就出在波特調速器上！當電路重新設置好之後，那些操作工人都小心謹慎地站在旁

邊，其中一些人站在一、兩個方磚之外的位置。我一手抓住引擎的節流閥，E·H·詹森是當時現場唯一一個依然保持理智的人，他抓住另一個節流閥，我們共同將引擎關掉了。當然，我後來發現之所以會出現這樣的情況，是因為一個引擎連接著另外一個馬達。

於是，我就連接起所有的調速器，認為這樣做肯定能夠解決這個問題，然而問題並沒有解決。傳動軸的扭力非常巨大，其中一個調速器勉強能夠控制自身。接著，我就前往格爾克大街，找到了一個傳動軸以及適合的管道。我將傳動軸朝著一邊扭曲，然後將它們連在一起。透過將整個部件以相反的方式放入其存在的極限位置，扭力幾乎就被消除了。之後，調速器便能夠正常地運轉。

就在這之後，我找到了加德納·C·西蒙斯，他當時正著手建造一個每分轉速達到350轉，並且能夠輸出175匹馬力的引擎。他重新回到了研究室，繼續自己的研究，最後將這樣的引擎帶了回來。這個引擎能夠正常工作，但正常工作的時間卻只持續了幾分鐘，然後就出現故障了。那個人就坐在自己的舊工廠旁邊，然後為了研究這個引擎連續工作了三個星期，直到最後完工，並且滿足我們對此的需求。

當他完成了第一臺引擎的建造之後，我下了不少訂單，希望他夜以繼日地趕工，幫助我們製造足夠多的引擎。當時好像是西元1882年9月4日，是星期六的一個晚上。這是我們第一次將電流轉移到骨幹上，進行常規的電流分配工作，電燈在連續8個小時裡都發出光亮，中間沒有任何的停頓。在西蒙斯建造的這些引擎當中，每一個引擎每天都能夠工作24小時，並且一年可以工作365天。

在那段日子裡，我們經常會使用到過去的化工儀表，這帶給了我們諸多不便。因為這些化工儀表往往包含兩罐溶液，在寒冷天氣下，這些溶液存在冰凍的可能。於是，我努力地去消除這樣的障礙，最終取得了成功。正如我所想的，將一盞白熾燈和其放在一起，再用自動調溫器去加以固定，就能夠在溫度降到4、5度的時候，使之與電燈產生接觸。

第八章　電燈

　　這樣的想法雖然簡單，卻替我們帶來了無盡的麻煩。天氣變得非常寒冷，此時辦公室裡的電話每隔5分鐘就響起來，電話那頭的人總是在問：「我們的化工儀表變得通紅了。這種情況正常嗎？」掛了這個電話之後，又會有人打電話進來問：「我們的化工儀表內部著火了，我們倒水進去滅了火，這是否會損害儀表的正常工作呢？」

　　我們當時根本就沒有什麼電壓計，也沒有僱傭數學家去做這方面的研究。因為我很快就發現，自己能夠估算出一個比數學家們研究出來的更加精確的數據。我們那時就是掛起一個牆面板，在其沿著支流管道的線路栓上線條，然後使用大功率的電流計。這樣做效果非常好。當牆面板接近支流器的時候，我們就撐緊變阻器的螺絲，透過這樣的方式讓電燈始終保持正常的工作狀態。

　　在市議員拜訪門洛帕克的時候，我剛剛發明出了保險絲。當時，我就已經想到了一點，那就是如果電路出現短路，這可能會造成嚴重的後果。於是，我就想到用銅絲線去做保險絲，並且對此進行了多種不同的實驗。當市議員過來參加聚會時，一個手裡提著沉重線路的人，成功地避免了電流線路短路的情況。他感到非常驚訝，因為只有三盞電燈熄滅了。真正讓我產生要發明保險絲的理由就是，我們在那個時候並沒有像現在有這麼多的發電機。我已經燒壞了兩至三臺發電機了，我知道我們需要防止類似的事情繼續發生。在經過這些慘痛的教訓之後，我決定發明這樣的保險絲。

　　已故的路德·斯特爾林傑先生，生前講述過愛迪生在那個時候研究電流的各種方法，下面我引用一番：

　　很多實驗都是利用機械、馬達、發條裝置、電磁工具、彈簧、熱能、電解作用、電解沉積等完成的。最後，愛迪生發明出了愛迪生電表（Edison meter），這種計量儀器能夠完美地解決這些問題。計量儀器是由一個較小的玻璃槽組成，這個槽裡面裝著一種溶液，其中還有兩個鋅板浸泡其中。進入建築物的電流中，一定比例會透過這個組合體分流，

在槽中產生電鍍作用，鋅會從一塊鋅板沉積到另一塊鋅板上。根據眾所周知的科學定律，一定強度下的電流將會在某個時候沉積出一定數量的鋅，並且這個數量是固定的。因此，只要定期測量這些鋅板，就可以精確計算出兩次稱重之間通入的電流量了。

愛迪生還發明了其他一些用於測量電流的工具，比如測量電壓表，其能在電流通過線圈一端的時候去進行測量。而指向角的偏向也能夠顯示出電流在經過線圈時的電流數值。在愛迪生發明的另一個工具裡，他將電流裡的壓力以及電力驅動的能量，都先透過一張紙，然後再透過發條裝置去完成。愛迪生發明的第三個工具就是所謂的「響亮的電壓測量表」，電流的活動能夠透過一系列玻璃裝置的擴展去感知。兩根鉑線浸泡在玻璃池裡的水中，而經過的電流會將水分解，造成較小的泡沫升騰到表面，然後爆炸。玻璃池關閉之後，只留下一條小小的細縫，透過漏斗裝置去增強這種聲音。

現在，愛迪生發明白熾燈快接近13年了，當我們回望之前第一幢被電燈照亮的建築時，依然覺得非常有趣。世界上第一幢被電燈所點亮的建築，是紐約先鋒報的大樓，整棟大樓都安裝了白熾燈。紐約先鋒報還派出一支探險隊前往北極，此行的主要目的就是要完整地安裝愛迪生發明的電燈系統。但是，這支船隊最後沉入了北極海，因此愛迪生最先發明的一批電燈裡，肯定有一些沉沒在冰冷的海水下面了。

現在，人們一般認為，第一座被電燈照亮的教堂，是倫敦的天普城教堂；而第一座被電燈點亮的戲院，是波士頓的比茹戲院，這是西元1882年12月12日，愛迪生的一座工廠負責安裝的。整個工程一共使用了650盞電燈，戲院在安裝電燈之後，第一次上演的劇碼是吉伯特和蘇利文（Gilbert and Sullivan）的輕歌劇《約蘭特》。舞臺上的弧頂用了192盞燈來裝飾，其中140盞是放在邊角位置的，60盞燈位於大廳上的枝形吊燈，一共用了392盞燈──整座戲院的電燈分布講求一種平衡性。當

第八章　電燈

時除此之外，沒有其他的電燈可以提供，也沒有現在所看到的那種舞臺腳燈。

第一座安裝電燈的酒店，位於愛迪隆達克的藍山酒店。西元1881年愛迪生電力工廠在此處安裝了電燈。這裡一共安裝了125盞電燈，每盞電燈的平均使用壽命在800小時左右。這間酒店也是第一座在升降機上安裝電燈的酒店，時間是在西元1882年7月2日。藍山酒店在海拔1,066.8公尺的地方，距離鐵路有40英里的路程，要安裝電線裝置並不是一件容易的事情。機械師必須用驢子將許多設備運送到山腳下，用木材來燃燒鍋爐，運用煤炭釋放出來的動力去搬運，否則單憑人力是無法做到的。電廠運作6小時，需要四分之一的木材每捆耗費25美分。對發動機的控制，也會受30.5公尺之外的分流中心辦公室裡的變阻器影響。

第一個吊燈架連接線路以及投入服務，是在西元1880年左右，地點就在法蘭西斯・R・厄普頓（Francis Robbins Upton）的住宅，位於愛迪生實驗室所在的門洛帕克附近。操作工必須要小心地分辨出每一根傳導體的極性，正線是紅色的，負線是藍色的。電燈一開始以倒立位置被放置，這對現在的人來說相當正常，但對當時的人來說卻非常新奇。這個吊燈架在西元1904年的聖路易斯展覽會上展出。第一間安裝有愛迪生發明白熾燈的私人住宅，是紐約的J・胡德・賴特；而第一架安裝有白熾燈的汽船則是哥倫比亞號，這艘汽船當時往返於舊金山與奧勒岡的波特蘭。

在電燈普及化的過程中，落後最久的國家應該要數英國了，這可能是因為英國議會在西元1880年通過了一項法案，宣布電力公司20年之後要被政府收購。這項法案帶來的結果是可想而知的。私人企業的發展空間受到了嚴重的制約，煤氣公司生產的煤氣燈，依然在英國市場上高奏凱歌。8年後，這項法案才被廢除，很快電燈就在英國的城市與村莊廣泛地應用了。

在愛迪生所有的發明當中,有關電燈的發明所引發的官司訴訟是最多的。正如愛迪生本人所說的:「我為電燈的發明與推廣奮鬥了 14 年時間。當我最終贏得了屬於自己的權利之後,只有 17 年專利期限的電燈只剩下 3 年了。現在,電燈可以說是任何人與任何機構共有的了。一位作家在為一份報紙撰稿,想要說明白熾燈在 13 世紀的時候就出現,並且透過引用西元 1852 年出版的《魔幻與魔術》一書裡的內容去佐證:

西元 13 世紀的時候,為了一般民眾能夠得到好處,維吉里斯在一根巨大的花崗岩柱子上,做出了一座直通宮殿的橋。這座宮殿與橋就坐落在羅馬城的中間位置。他在柱子上做了一個玻璃燈,這盞玻璃燈始終都在發出光亮,任何人都無法將其弄滅。玻璃燈將羅馬城的每個角落都照亮了,維吉里斯在宮殿的牆上,做出一個用鋼鐵做成的人類模型,這個模型舉著持續發出光亮的玻璃燈,照亮整座羅馬城。

有一次,一些羅馬自治城公民的女兒在宮殿裡玩耍,她們看著這個鋼鐵人,其中一個人用開玩笑的口吻說為什麼此人不會累,接著她就來到鋼鐵人的身邊,用手去觸碰鋼鐵人的腰部位置,接著電燈就從鋼鐵人的手中掉下來,玻璃燈打碎了。神奇的是,女子在巨大的恐懼之下並沒有驚慌失措,其他羅馬自治城公民的女兒都在她身邊。在維吉里斯去世 300 年之後的時間裡,這盞燈依然在發出光亮。

根據這個初始的資料記載,維吉里斯發明的電燈顯然就是一盞電燈,而報導這篇文章的報紙,直截了當地提出這樣的疑問:「為什麼專利局不對此進行一番研究呢?」當然,專利局不會去研究這些過去幾百年的事情,只會專注於當下還活著的人所做出的一系列發明。在 6 月份的時候,聲稱自己發明白熾燈的人,突然像雨後春筍般冒出來。

當愛迪生仍在門洛帕克進行實驗,並且剛剛展示他的第一盞電燈之後不久,一位幽默的報社記者散播了一則消息,引起相當大的轟動。這則消息稱,人們以為的「昏星」(即夜晚的金星),其實是一盞由愛迪生用

第八章　電燈

透明氣球升上天空的電燈。這讓人們感到無比興奮，雖然聽上去令人難以置信，但是許多人都信以為真。在很多個晚上，數百里之內的人們都抬起頭，仰望著神祕的星光。過了一段時間，來自其他州的人也表示，他們同樣看到這種神奇的燈光。媒體立即收到了潮水般的來信，要求他們報導這樣的電燈是如何懸掛上去的，想要知道愛迪生將電燈放置在如此高的位置上，到底有什麼目的。

當報紙一再向公眾保證，其實根本就沒有所謂懸在空中的電燈，一再肯定這不過就是夜晚的一顆星星時，大部分的人依然不相信。多年之後，這件事在當地的一間新聞報紙上重新進行報導。在西元 1895 年末的時候，天上那顆發出光亮的星星被命名為「愛迪生星」。愛迪生本人在聽到這則消息後，經常會咯咯大笑，說自己應該嘗試在天空中掛上這樣一個電燈。愛迪生本人也收到許多人就這方面寄來的信件，但他從來都沒有回覆過，只是希望這樣荒唐的事情，會順其自然地過去 —— 事實上，幾年之後，這件事的確再也沒有人提起了。

沒有比白熾燈的出現，造就的行業更加龐大的了。在愛迪生發明白熾燈 20 年之後，美國投入到電燈工廠的總投資額，就高達 1.5 億美元。據一位統計學家的估算：「這是一項非凡的成就，代表著一個全新的行業，與過去的煤氣燈行業的競爭已經結束，電燈的出現可以說讓煤氣燈失去了市場，當然這個過程也面臨著諸多的困難與失敗，不過我們現在可以看到，電燈行業已經成為一個時代發展的趨勢，是不可阻擋的潮流。

「毋庸置疑，就這個世紀或者歷史上任何其他世紀來說，在應用科學的領域內，電燈的發明都可以說是最神奇的。在人類文明史上，沒有哪一項創造可以與電燈的發明相媲美。現在很多對電學知識一竅不通的人，看著現代城市的街燈以及商店裡發出光亮的時候，很少會想到，電燈在推動人類進步上產生的巨大作用。」

第九章　鉑絲的實驗

　　愛迪生鮮少在公開場合發表演說。在他發表的演說當中，絕大多數演說都沒有保留下來，這實在讓人感到遺憾。好在，他最著名的一次演說保留了下來。這次演說的內容，表現出愛迪生在發明白熾燈過程中，所展現出來的堅韌意志力。當然，愛迪生還在演說中描繪了，真空狀態下電流通過電燈時，觀察到的一些有趣現象。在得到愛迪生的允許後，我們在這裡將他的這篇演說放上來。演說的時間是西元1879年9月2日，面對的是紐約的聽眾。此時正是愛迪生找到碳化竹子適用於做燈絲之前。

　　因為愛迪生本人抽不出時間，因此由F‧R‧厄普頓代替愛迪生唸出他的手稿：

　　在研究電燈的過程中，我發現了電流在加熱金屬時，會產生一些讓人驚訝的現象，在加熱鉑絲以及鉑銥合金時，這樣有趣的現象更加明顯。當然，我現在依然進行著這樣的實驗。我觀察到的第一個事實就是，在用氫氣火焰進行加熱的時候，鉑絲會失去重量，而金屬會讓火焰的顏色呈現出藍色。這兩個結果會，一直持續到整條與接觸火焰的鉑絲都完全消失。鉑絲的直徑為0.1公釐，重量為306毫克。我們的方法就是將這些鉑絲捆在一起，放在氫氣火焰上燃燒。鉑絲在被火焰燃燒的時候失去重量的速度，是每小時1毫克。當鉑絲在兩個夾持柱之間不斷進行延伸，然後放到氫氣火焰上燃燒，就會呈現出淺綠色的顏色。一旦鉑絲的溫度超過了火焰的溫度，那麼火焰就會呈現出深綠色。

　　在用電流加熱鉑絲的過程中，為了準確地知道鉑絲重量減少的數值，我在兩個夾持柱上放置一條直徑為0.127公釐的線，其重量為266毫克。這條金屬線在被放到通電20分鐘的白熾燈上時，會失去1毫克的重量。相同的金屬線則會漸漸融入到白熾燈裡。大約過了20分鐘的時

第九章　鉑絲的實驗

間，鉑絲的重量會減少 3 毫克。在這之後，我們繼續讓這條線放在白熾燈那裡的時間延長 70 分鐘，發現鉑絲的重量為 258 毫克，也就是說，一共失去了 8 毫克的重量。另一條重量為 243 毫克的鉑絲，則在亮度適中的白熾燈下放了 9 個小時，之後其重量為 201 毫克，這表明鉑絲一共丟失了 42 毫克的重量。

鉑絲的直徑是 0.5 公釐，能夠做成直徑為 3.175 公釐，長度為 12.7 公釐的螺旋形狀。螺旋的兩端都固定在夾持柱上，而整個工具則是用直徑為 63.5 公釐，高度為 76.2 公釐的玻璃罩所覆蓋。在將螺旋形狀的鉑絲放到白熾燈的時間超過 20 分鐘之後，螺旋每一邊的線段都會漸漸變黑。5 小時後出現的沉澱物質，就會變得非常厚，覆蓋住白熾燈裡的螺旋形狀，無法用肉眼看到。這層薄膜幾乎是完美的，它是由鉑金組成的。我相信，這樣一個較大的玻璃板，可以只透過覆蓋較大的一邊，從而達到節約成本的效果。

鉑絲重量的損失加上玻璃罩上的沉澱物，成為我們在解決如何讓白熾燈通電後發出光亮的巨大障礙，因為我們需要非常謹慎地選擇燈絲的材料。不過，在我們找到出現這種現象的原因之後，這個問題就被輕易地解決了。我用絕緣層包裹線路，讓氧化鎂與醋酸鹽以恰當的方式結合起來，同時讓熱量分解出來的鹽類物質與其結合。那麼這就只剩下殘餘的氧化物。這個螺旋形狀的物體被一個玻璃罩著，然後再被放到白熾燈下幾分鐘，而不需要將鉑絲的沉澱物放到玻璃罩上，因為這些物質代表著氧化鎂的沉澱物。

根據這個實驗以及其他的實驗結果，我開始認為之所以會出現這樣的結果，就是因為螺旋形狀的物質接觸到了空氣。而失去重量以及顏色發生變化等情況，都是因為氫氣火焰在不斷地去掉鉑絲表面的顏色，其過程就是透過氣體燃燒產生的熱量，作用於白熾燈的表面，但產生的物質又無法得到揮發，從而造成了這樣的結果。這是非常容易理解的。我斗膽說一句，雖然還沒有進行這方面的實驗，可是我知道金屬鈉在真空情況下，是不可能被鉑絲做的白熾燈燈絲發出的熱量所熔化的。事實

上，這個過程產生的物質，可能就是燈泡內殘餘空氣中的氧氣所產生的結果。

在完成上面描述的實驗之後，我將一個螺旋形狀的鉑金放到一個普通氣泵的接收器裡，然後進行恰當的安排，在接收器處於停頓的時候，讓電流依然能夠通過。在兩公釐的壓力之下，螺旋形狀的鉑絲能夠繼續留在白熾燈下兩個小時，直到沉澱物消失不見。在另一次實驗裡，則需要 5 個小時才能出現用肉眼可以見到的沉澱物。

在一個密封的玻璃燈泡裡，斯普倫格爾氣泵會在某個點上，將裡面的空氣全部抽走，然後從 6.35 公釐的位置放入感應線圈，讓這兩者之間的距離在 1 公釐左右，從而讓連接的線能夠穿過玻璃燈泡。螺旋形狀的鉑絲可以長時間地發出白熾燈光，同時不會出現明顯的沉澱物。

現在來描述一下，我在實驗當中見到的、一個更加重要的現象。倘若一根直徑為 0.0254 公釐的鉑絲，被放在煤氣噴燈的火焰下燃燒，那麼鉑絲的某些部分就會熔化，一整條鉑絲就能夠按照某個角度去彎曲，變成一個球體。在某些情形下，在這個過程中還會自己形成一些球體。鉑絲最後會出現 Z 字形。當鉑絲的直徑為 0.1 公釐的時候，這樣的效果就不是那麼明顯。當溫度無法上升到相同的情況下，發射出光亮的表面就會逐漸擴散開來。

在加熱後，如果我們在顯微鏡下認真細緻地觀察，就會發現表面的一部分都覆蓋著難以計數的裂縫。要是鉑絲可以放在夾持柱之間，並在通電的白熾燈下加熱 20 分鐘，這些裂縫就會更加明顯，用肉眼幾乎就能看到。在顯微鏡下，我們可以看到鉑絲在不斷縮小，並且裡面到處都是深深的細縫。要是電流持續好幾個小時，這樣的效果會更加明顯，鉑絲也會熔化掉。

約翰·W·德雷珀教授[026]已經注意到，在燃燒時鉑金會出現分解

---

[026] 約翰·W·德雷珀教授（John William Draper，西元 1811～1882 年），美籍英裔科學家、哲學家、化學家、醫師、歷史學家及攝影師。美國化學協會首任主席，紐約大學醫學院的創辦人。史上第一張清晰月亮的拍攝者。

第九章　鉑絲的實驗

的情況。法國化學家莫塔在發明電燈的過程中失敗了，但他指出鉑金片可以透過氫氣火焰的加熱，達到白熾燈發光的狀態，之所以會產生這樣的現象，就是因為金屬的迅速分解。我可以肯定出現這一現象的原因，我現在已經可以成功避免這一結果出現。這樣做的時候，會讓金屬處於一種我們現在暫時無法認知的狀態。在幾乎所有的物質都要熔化或者消失的時候，這種物質依然能夠保持穩定的屬性。這些原本柔軟且具有韌性的金屬，會變成與玻璃一樣的同類物質，同時也像鋼鐵那般堅硬。要是我們將其做成螺旋的形狀，就會展現出彈性與延展性。即便在冷卻之後，也不可能以我們常見的過程去進行消解。

　　造成金屬線出現縮小以及破裂的原因，完全是存在於鉑金氣孔裡的空氣膨脹，所造成的一種機械問題，導致這些物體出現收縮，造成空氣無法排出去。在過去的商業貿易裡，鉑金就被比作是砂岩，是由許多顆粒組成的，裡面還有許多空氣。這些砂岩在接近熔化的時候，就會產生同質性的物質，那麼裡面就不會存在任何空氣。當鉑金或者其他金屬裡面的空氣空間都被消除之後，金屬就可以透過這樣一個簡單的過程，變成同質性的物質。下面，我將簡單地介紹一下這個過程。

　　我做出許多大小一樣的螺旋形狀鉑金，這些鉑金的材質都是完全一樣的。每一個螺旋都有一個長達4.7625公釐的閃光表面，其中5個螺旋鉑金在接通電流之後會達到熔點，而電燈發出來的光線，則可以透過光度計去測算。普通電燈發出的光線，等於4根標準蠟燭發出來的光線，而且每一個螺旋鉑金都幾乎處於一種熔點的狀態。同一種類的螺旋會放在空氣泵的接收器裡，那麼空氣就能壓縮到兩公釐左右。當較弱的電流經過電線的時候，這有助於將金屬氣孔裡面的空氣全部趕出去，達到一個相對真空的狀態。在金屬處於一種紅熱的狀態時，電線的溫度每隔10分鐘就會升高。這種緩慢升高溫度的做法，就是為了讓空氣能夠逐漸地排出去，而不是以一種爆炸性的方式將空氣趕走。

　　之後，電流每隔15分鐘會逐漸增強。電流每一次增強的時候，電路都有足夠的時間進行冷卻。較高溫度也會導致電線出現收縮與延伸的情

況，最後將之前還包含著空氣的電線連起來。在1小時40分鐘之後，螺旋鉑金就會達到一種還未熔化的溫度，其發出來的光亮相當於25根標準蠟燭發出來的光亮。毋庸置疑的是，要是沒有上面提到的這些過程，鉑金燈絲會在發出相當於5根蠟燭光亮的時候就燒掉了。我們接下來對更多的材料進行類似的實驗，都得到了相同的結果。一個螺旋鉑金則是以更加緩慢的速度升到較高的溫度，發出了相當於30根標準蠟燭的光線。在開放的空氣裡，這個螺旋鉑金也能夠發出差不多的光亮，雖然這需要足夠的電流使其保持相同的溫度。

在檢查這些經過真空過程處理之後的螺旋鉑金，我們就可以透過顯微鏡發現，裡面出現細縫的情況並不明顯。電線也如銀那樣雪白，並且有一個光滑的表面，這是其他時候都不曾出現的。在進行處理之前，這條電線的直徑要比之前更小一些。要想使用氫氣火焰去燃燒使其熔化，這是極其困難的。與尚未經過處理的鉑金進行對比的時候，我們可以知道，這與我們在鋼琴上使用的鋼絲一樣堅硬，並且在任何溫度下都無法退火。

我使用這種方式對很多金屬進行類似的實驗，實驗的結果都讓我感到相當滿意。我可以毫不猶豫地說，對金屬進行退火的過程，可以讓金屬變得柔軟與具有延展性，並且在裡面也找不到裂縫。

上面我所談到的這些實驗，都是在斯普倫格爾（Sprengel）水銀泵的幫助下完成的，因為這種水銀泵能夠將空氣抽得更加徹底，在燃燒5小時的過程中，將線路裡的所有空氣都趕出去，然後多次中斷電流。透過這種方式，我們成功產生了等同於八根標準蠟燭的光線效果，並且讓其發光表面的長度變成0.8公釐，或者說這樣的表面與一粒蕎麥的大小相差無幾。在這麼小的螺旋形狀下，每當電流經過的時候，光線就能夠發射出來，這個過程必須要在螺旋鉑金熔化之前。因此，我可以透過增強鉑金抵抗高溫的能力，讓其發光的表面更短，降低電燈發出光亮所需要的電能。

現在，我得到了8個分離的噴嘴，每一個噴嘴都能夠發射出持續的光線。每一個噴嘴發出來的光線，都相等於16根標準蠟燭發出來的光

第九章　鉑絲的實驗

線，或者需要消耗三萬英尺磅的能量，才能燃燒起來的128根蠟燭，或者說少於1匹馬力的能量。

為了滿足我的好奇心，我將其他金屬做成螺旋形狀，按照上面提到的方法，將金屬裡面的空氣全部排出去。一般的鐵線在不是充分加熱的情況，下能夠發出比鉑金燈絲更為明亮的光線。這些鐵線會變得像鋼鐵那樣堅硬與柔軟。鎳在這方面要比鐵類物質更加耐火。在製造鋼琴中使用的鐵線，都需要經過脫碳的過程，但即使如此，這些鐵線依然非常堅硬，表面上有一層銀色。鋁這種金屬，只需要加熱到白熱的狀態就會熔化。

在對此進行總結的時候，有趣的是，不少氧化物的熔點都取決於我們加熱的方式。比方說，鋯的氧化物在氫氧混合氣吹風管的火焰下燃燒，是不會熔化的，可是在蠟狀物的燃燒下卻很快就熔化掉，在鉑金燈絲的燃燒下甚至還可以導電，並且只需要較低的溫度即可。另一方面，鋁的氧化物容易在氫氧混合器火焰下熔化，但在螺旋鉑金的燃燒下，卻會呈現玻璃花的形狀。

第十章　留聲機

　　留聲機的發明可以說是基於一次有趣的靈感，然後經過純粹理智思考的結果。早在愛迪生研究高速自動電報機的時候，他在實驗過程中也見到過壓花帶在迅速移動的過程中，鐵筆隨著機械的顫動留下的連接號印記。他們經過實驗的研究，發現這些鐵筆在顫動的過程中能夠發出聲音來。一般人對這些事情可能不會那麼在意，可是對愛迪生這樣一個觀察認真，且具有高度分析能力的人來說，他是絕對不會忽視這樣的細節的。

　　此時，愛迪生正在努力進行著電話實驗，因此他的大部分精力都投入到與聲學有關的內容上。愛迪生突然冒出了一個想法，那就是機器也是可以說話的。他還記得自己在做自動電報機實驗的時候發生的事情。他總結出了一點，那就是壓花帶上的波動，若能夠以恰當的方式去做，那麼隔膜就會按照這樣的方式重新反彈回來，得到想要的聲音。

　　接下來就是要在壓花帶上找到恰當的波動。愛迪生的腦海裡產生了這樣的想法：這些波動是由聲音本身產生的，那麼這些聲音也可以被重新複製回來。當這樣一個完整的概念實現之後，留聲機也就出現了。顯然，一種物質的壓花帶會因為發出來的聲音而產生波動，然後這樣的波動就會保存下來，最後在透過機械層面上的設計，去將這樣的聲音還原。因此，一個有趣的事實就是，留聲機的原理就是將之前錄製下來的聲音進行重播。

　　在愛迪生發明留聲機 10 年之後，他在《北美評論》──這本他情有獨鍾的期刊上發表文章，講述早年發明留聲機的時候，差一點讓自己喪命的事。我們可以從這篇有趣的文章中，節選下面一些段落：

　　在研究留聲機的過程中，我們發現了一個事實，那就是人們說的話是受到數字、和聲以及節奏控制的。在遵守這些法則的基礎上，我們能

第十章　留聲機

夠錄製所有的聲音，以及將人們說出來的每一句話——即便是最小的聲音以及聲音的變調——這些線與點都與我們嘴唇說出來的話語絕對相關。因此，我們可以透過這樣一個裝置，將這些線與點重新恢復到原先的狀態，從而將之前錄製下來的聲音播放出來。這些聲音可以是人說話的聲音，也可以是音樂或者其他錄製下來的聲音。

這其中包含著一個驚人的事實，那就是我們的耳朵所能聽到最深沉的音調，能在一秒鐘顫動 16 次。而留聲機能夠記錄 10 次或者更少的次數，然後才能提升音調，直到我們能夠聽到這些聲音的重放。與此相似的是，在最高音調下讓這些顫動發出聲音，留聲機就能夠將這些聲音錄製下來，直到我們真的能夠透過留聲機錄製一些聽不見的顫動。

還是讓我談論一下，如何讓留聲機記錄的聲音更加清晰。我們都會對海浪在經過沙灘表面時的路徑感到驚訝，這是一條迂迴的路線，海浪都是被後面的大浪推著向前的。幾乎同樣為人所知的是，在鋼琴上或鋼琴附近的光滑玻璃或木頭表面上撒上沙粒，沙粒會根據鋼琴鍵上彈奏的旋律振動，形成各種線條和曲線。這些情形都清楚地表明一點，那就是固體的微粒容易接受外界傳送過來的動能，或者說海浪、空氣波浪或者聲音波，同樣也會出現這樣的情況。然而，儘管這些現象早已廣為人知，人們卻直到近幾年才想到，或許人聲所激起的聲波也能被引導，在某種固體物質上留下痕跡，其精細程度可與潮水在沙灘上留下的印記相媲美。

我這個發明，基本是在忙於另一個與此沒有多大關聯的實驗時進行的。我當時忙於研究一臺能夠重複摩斯字母的機器，這臺機器能夠透過壓痕在紙上留下字跡，然後透過另一個迴路自然地將原先的位置發送給對方。在操作這臺機器時，我發現當載有壓痕紙張的圓筒快速轉動時，壓痕會發出嗡嗡聲——這是一種類似人類談話的、富有節奏感的、模糊不清的聲音。

這讓我想著如何在機器上安裝一個隔膜，它可以接收我說話時發出的聲音產生的振動或聲波。然後這些振動就會將有形的物質傳送到氣缸上。我們所選擇即時使用的物質，都是浸泡過石蠟油的紙張，最後得到

的結果讓人非常滿意。氣缸所傳送的有壓痕的紙張，很快就被傳送過去，讓最原始的振動發出的聲音，能夠傳到記錄者的耳朵裡，就像這些機器本身就能夠說話一樣。我立即發現了這個問題，只要進一步改裝這樣的裝置，那麼這個機器就能夠發出與人類一樣的聲音。

製造出人類第一臺留聲機的約翰·克魯奇[027]在1899年去世了，但是他的聲音依然收錄在奧蘭奇實驗室裡數以百計的錄音檔案中。愛迪生經常說，克魯奇是為他工作過、最聰明的機械師。要是沒有他的幫助，留聲機是絕對不可能這麼迅速被發明出來的。克魯奇總是能夠迅速地明白，任何一項全新發明內在的原理，並且能夠迅速做出相關的模型，總是不辜負我們的期望。

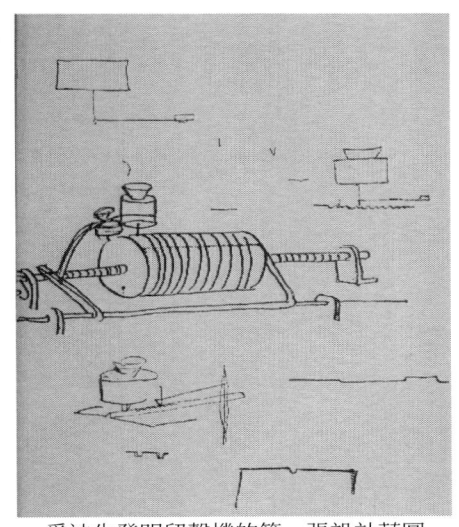

愛迪生在聽留聲機唱片　　愛迪生發明留聲機的第一張設計草圖

---

[027] 約翰·克魯奇（John Kruesi，西元1843～1899年），瑞士出生的機械師、發明家。後移居美國，受聘於愛迪生公司，成為愛迪生身旁優秀的助手。

第十章　留聲機

最初的錫箔留聲機

當愛迪生冒出了要發明留聲機的念頭時，他找到了克魯奇，向他展示之前提到過的、那臺機器發出來的聲音，要求他迅速製造出一個類似的模型。在那段時間裡，幫助愛迪生建造模型的人，都是用手去一塊塊拼湊的，因此，將每個模型的價格都標注出來，這是常見的做法。在這個例子裡，每個模型的價格是 8 美元。愛迪生詢問克魯奇需要多長時間，才能完成這樣一個模型，克魯奇回答說自己也說不清楚，但他承諾一定會盡快完成。

這個時候屬於輝煌的門洛帕克時代，當時的人們將愛迪生視為一個永不休息的神話。愛迪生總是習慣讓助手跟他一起連續兩、三天不休息，全部投入到工作當中。在這些人中，沒有人比克魯奇展現出更加旺盛的精力。與愛迪生一樣，克魯奇幾乎也是從來都不休息的，而且全心全意地投入到自己要從事的工作，甚至忘記了疲憊與時間。他迅速地了解留聲機運轉原理，耗費了 30 個小時將模型建造出來。他一完成模型建造，就立即交給愛迪生。現在，這個具有歷史意義的模型，保存在南肯辛頓博物館裡。這是一個體積龐大且笨拙的模型，使用了錫箔作為材質，透過在紙上留下刻痕，然後以手動的方式讓氣缸完成這項工作。

在拿到第一個有關留聲機的模型時，要說愛迪生是否感到興奮，我們只能說他沒有表現出來。當時在愛迪生身邊的人表示，愛迪生只是當

這個模型是一個古怪的玩具，而不像是真正能夠引發什麼轟動的發明。當克魯奇將第一個模型遞給愛迪生的時候，在場有一位名叫卡爾曼的人，此人是機械商店的領班。這個人無法相信自己被告知的事實，於是他拿愛迪生的一盒雪茄菸去打賭，賭這個模型無法達到效果。

愛迪生非常大度地接受了這次打賭。接著他臉上露出微笑，深信著自己內心的信念，緩緩地將機器模型遞回去，然後就聽到了「瑪麗有一隻小棉羊」這句話。接著，氣缸就回到了原來的始點。此時，一個微弱卻清晰的聲音發出來，重複著愛迪生所說的話，說話人的聲音像是一名青少年。那些在場的人都感到萬分驚訝。這樣有趣的場面直到卡爾曼出來圓場才打破僵局。卡爾曼用假裝失望的口氣說話，臉上露出假裝的厭惡表情，大聲地說：「我想我這次賭輸了。」

留聲機在美國的第一個專利，是在西元 1877 年 12 月 24 日申請的，並在西元 1878 年 2 月 19 日得到批准，專利號是 200521。在這之前，他們在英國申請專利的時間，是西元 1877 年 7 月 30 日，專利號是 2909。愛迪生不僅公開了圓筒留聲機的發明方法，還講述了自己對壓花帶原始的一些構想。在這樣的情況下，英國現在擁有的是克魯奇的原始模型，也就可以理解了，雖然其中的損失，是美國人在日後幾年都會感到無比痛心的。

人們將留聲機稱為有史以來最簡單的機械發明——留聲機在其內部部件的結構上，沒有任何複雜的機械裝置。但接下來出現的很多全新的留聲機發明，卻都被以侵犯專利權的名義告上了法庭，這實在是有點讓人難以理解。一份文件描述了「這個會說話的機器」，能夠讓其發明者笑出聲來。文件上說：

留聲機是一臺能夠記錄與重放聲音的機器。從商業的角度看，這包括了兩個方面，一個就是大家都熟悉的留聲部分，另一個就是記錄部

第十章　留聲機

分。而留聲部分的功能，是有人之前就發明出來的。這只需要一個簡單的車床加工就好了，讓回轉軸能夠連接著錐形軸柄，之後再連接齒輪，便能夠以縱向的方向去移動回轉軸。這樣的結構可以放在兩個機器前面，分別被稱為記錄器與播放機。每一個機器都包括一個玻璃隔膜，讓這個機械能夠連接到一個切割點以及重新播放的點。那個有切割點的機器就被稱為記錄器，而擁有播放點的機器就被稱為播放機。

上面提到的那個記錄器包括一個管狀平板，或者說一個金屬記錄器，圓筒則是在外面，有一個適合放在錐形軸柄的錐形鑽孔。當平板被放在軸柄上，那麼記錄器就會與之處於一種共同運轉的狀態，聲音會直接作用於記錄器的隔膜上，軸柄就會開始旋轉，聲波傳送到平板上，以螺旋槽的形式在聲波槽底部留下刻痕。這個能夠記錄聲音的平板能夠為個人所用，也能為公眾所用。當這樣的聲音記錄下來了，那麼按照相同的方式，就能將這些聲音重新播放出來，除非播放機取代了記錄器的位置。

愛迪生在讀到這篇流暢且有趣的描述文章之後，說這讓自己的大腦處於一種擴散性思考的境地。他之前從未想過留聲機的發明，竟是如此偉大與不可思議。上面這份文件被放在留聲機愛好者的檔案裡。

在留聲機第一個模型建造出來的時候，大約還有 50 多個其他機器都已經開始建造了，可是在接下來的實驗裡，這些機器都被毀掉了。在愛迪生完善發明工作的初始階段，他就發現了錫箔作為錄音機，可以說是一個毫無價值的記錄器——因為錫箔這種材質無法精確地將聽到的聲音完整地說出來，並在使用一、兩次之後就會失去價值。

於是，愛迪生開始去尋找更好的全新材質去記錄聲波。他立即想到了蠟狀物，不過在經過多次試驗之後，他發現這並不是自己想要的。他學習了有關動物油脂以及植物油方面的知識，得到了幾乎每一種動物的油脂樣本。接著，他派六個人負責去熔化這些油脂，將這些油脂混在一起，然後用 100 多種不同的方式去做，最終得到了一種含有蠟油成分的

物質，找到了自己想要的材質。但是，這樣的材質成本太高了，為了節約成本，他將圓筒裡的紙張都用蠟狀物覆蓋，其厚度有 3.175 公釐。他得到了良好的結果，圓筒卻因此變得非常脆弱，在操作的過程中必須要異常小心才行。

愛迪生對此並沒有感到滿意。他站在一個實用的角度去看待留聲機。要想得到廣泛應用的話，就必須要使其錄音的功能讓人們自由使用，這也讓他相信一點，那就是組成圓筒的材料，才是他真正想要尋找的。於是，他放棄了蠟狀物，嘗試用蘇打硬脂酸鹽（stearate of soda）。最後的結果正是他想要尋找的。正如我們今天所知道的，愛迪生發明的記錄器，是由各種類似於皂類物質組成的。比如，硬脂這種物質按照韋伯斯特詞典的說法，是指「動物油脂，比如豬油以及牛脂相似的物質所組成的」。各種動物的油脂基本上都包含著兩種物質，一種是硬脂酸甘油（stearin），一種則是油酸酯（elain）。前者是固態的，後者是液態的。在某些特殊情況下，動物脂肪中還可以發現其他幾種不同且獨立的近似成分。讀者朋友們下一次聆聽愛迪生發明的記錄器時，或許會很高興地記住這一點。

在發明留聲機幾個月之後，人們就要求愛迪生預測一下留聲機的用處。現在，將愛迪生在 30 年前所說的話複述出來，還是相當有意思的。愛迪生表示，自己認為留聲機最大的用處，就是運用到辦公室裡，因為這能夠保留所有的電話通訊紀錄，以方便文員複印。他認為，不少作家都會更多地使用留聲機，而不是他們現在使用的筆，日後的印表機也將會直接連接到留聲機上。在法庭上，目擊證人將面對這臺「能夠說話的機器」作證，同時法官與法庭上每個人所說的話，都會被記錄下來。對公開演說家來說，留聲機同樣是極有價值的，因為這能夠讓不同地方的人同時聽到他的聲音。留聲機會在世人所遺忘的精神病院、醫院等地方

第十章　留聲機

　　得到試用，許多演說老師或者小學老師，都會充分認可留聲機所具有的重要價值。

　　愛迪生繼續表達自己的看法，他說：「毋庸置疑，留聲機肯定會在相當程度上用於音樂方面——無論是歌唱還是樂器演奏方面——並有可能取代音樂老師的位置。留聲機發出的聲音會讓孩子們安靜睡覺，告訴我們現在是幾點鐘了，告訴我們是時候去吃晚飯了，告訴戀人們是時候離開前廊了。至於家庭的一些紀錄，則會成為寶貴的記憶，因為這能夠保留我們心愛之人的話語，還能記錄人臨終前所說的話語。這將會讓孩子們擁有那些真正會說話、發笑、哭泣、唱歌的玩具，會模仿狗發出吠聲，模仿貓發出喵聲，模仿獅子發出吼聲，模仿公雞發出啼叫聲。留聲機將會留存我們這個時代那些偉人的聲音，讓後人能夠聽到諸如林肯（Abraham Lincoln）或者格萊斯頓（William Ewart Gladstone）等人的偉大演說。最後，我要說，留聲機將會進一步提升電話的功能，徹底改變現在的電報系統。」

　　愛迪生的這種預測能否成為現實，相信讀者們都已經十分清楚了——當然，這足以讓愛迪生成為一名優秀的預言家了。就目前來看，留聲機與電話的組合尚且稱不上是成功的，不過我們還有足夠的時間去改良。愛迪生依然希望自己在西元1878年所作的預測能夠成真。幾年前，舊金山就進行過這方面的嘗試，一個紐約人在從西部旅行回來之後，主動做了一些將自動留聲機連接電話交換機的工作，取代接線生的位置。此人說：

　　結果對電話公司來說是令人滿意的，但對某些用戶來說，肯定是令人心碎的。當用戶打來電話的時候，留聲機會回答說：「現在很忙，請稍後再撥。」每當電話忙線時，總會出現一成不變的回答，並且回答的聲音也是十分單調的。

我極為佩服這種聰明的應用，直到經理對我說：「你知道我們的一些用戶是不信神的，也許你也想知道他們的一些看法吧！這位客戶名叫布蘭科，他已經連續5分鐘都在打電話，你去聽聽他怎麼說。」布蘭科所打的電話被轉移到一個接收器，我將耳朵湊過去，聽到了這樣的話語：「你這個該死的傻瓜。」他說，「難道除了『現在很忙，請稍後再撥』這句話之外，你就不能說點其他的嗎？就是這樣，你這個該死的傻瓜。我馬上就要到中央辦公室，立即殺掉你這個蠢豬。」經理對我說：「這就是留聲機這項發明的弊端之一。這可能會讓一些不信神的人過於興奮，導致一些暴力活動的出現。」我聽到了舊金山其他一些人的想法，他們經常都會打電話，每次打電話都會聽到這個單調的回覆。我認為這項發明確實存在嚴重的問題。

有兩名作家在這之前，已經預測到留聲機的出現。在西元1839年，一位不知名的作家——現在我們一般認為是詩人胡德——這樣寫道：

在這個發明國度，當一個自動繪圖紙被發明出來，用於複製一些無形的東西時，誰知道未來不會出現一個類似於涅浦斯[028]、達蓋爾[029]、赫雪爾[030]以及福克斯·塔爾伯特[031]等人的機器呢？

第二位預測留聲機的是一位女性——她就是瓊·英格羅女士[032]。在留聲機發明前5年，她就預測到了留聲機的出現。她在西元1872年創作的《1972》（*Nineteen Hundred and Seventy-two*）故事裡，描述了自己預測百年之後發生的事情，其中就清晰地提到留聲機。英格羅女士顯然擁有

---

[028] 涅浦斯（Nicéphore Niépce，西元1765～1833年），法國發明家。現存最早的照片，是由法國人涅浦斯在西元1826年拍攝的。
[029] 達蓋爾（Louis Daguerre，西元1787～1851年），法國發明家、藝術家和化學家。原為舞臺背景畫家，後發明達蓋爾銀版法，又稱達蓋爾攝影法。西元1839年8月19日，法國科學與藝術學院購買了其攝影法專利，並公布於世，宣告攝影的誕生。
[030] 赫雪爾（John Herschel，西元1792～1871年），英國著名天文學家、數學家、化學家及攝影師。首創以儒略紀日法來記錄天象日期，也在攝影發展方面作出了重大貢獻。他發現硫代硫酸鈉能作為溴化銀的定影劑。
[031] 福克斯·塔爾伯特（Henry Fox Talbot，西元1800～1877年），英國科學家、發明家，攝影技術先驅者。
[032] 瓊·英格羅（Jean Ingelow，西元1820～1897年），英國詩人、小說家。

第十章　留聲機

這種機器的概念，如果她天生具備像愛迪生那樣的發明天才，也許就能搶在他之前發明出來。以下是她在文中提到現代「會說話的機器」的那一段引述：

他開始描述一些在聲學方面的偉大發明。他說（他將自己所處的時代，與我所處的時代混在一起了）：「你知道攝影的開始嗎？」我回答說知道。「攝影。」我說，「代表著一種有形的影像，難道你想像不出某些類似於圖片的東西，能夠發出聲音嗎？」

「這兩者的區別就在於，圖片能被我們的眼睛所看到，而聲音只能以一種連續的片段傳送出去。歌曲需要唱出來才能被人聽到，我們首先要演奏交響樂才能進行錄製，這都是需要在一種同時發生的情況下進行的。當我們有機會將這些基本的科學，成功地研究透澈之後，就有機會去描述一些影像──現在我們能夠按照自己心中所願自由地去延長。」「這實在是太奇怪了。」我回答說，「你是想告訴我，這些影像與聲音都只是鬼魂的聲音嗎？」「絕對不是的。」他回答說，「絕對不是這樣的，你可以將之視為看得見的鬼魂。」

一位作家多年前在《紐約先鋒報》這樣寫道：

當愛迪生的實驗室開始研究留聲機，到最後留聲機發明的這段時間，足以讓一個嬰兒說出「咕咕」的話語了。為了將嬰兒的聲音保留起來，愛迪生甚至做出一些讓人反感的行為。然而他想盡了一切辦法去做，卻依然沒有奏效。

但是，這還遠遠不夠。最有趣的是，嬰兒發出來的聲音幾乎都是哭聲。他想要將孩子的聲音錄製下來，等到他晚年的時候再聽。在研究留聲機期間，他的第一個孩子剛好出生。於是，在一天下午，愛迪生暫時遠離了工作，走上自己在高山上的房子。他想要迅速錄製下這樣的聲音，因為他實在不願意將時間浪費在工作以外的事情上。一名助手跟在他後面，手裡提著留聲機。在那個時候，這足以保證他能取得良好的結果。

回到家之後，愛迪生就打開留聲機，然後將嬰兒抱在懷裡，可是嬰兒並沒有哭出來。於是，愛迪生將嬰兒翻過來，撫弄嬰兒的頭髮，做出各種可能會讓嬰兒哭的事情，結果嬰兒就是沒有哭出來。最終，愛迪生露出了可惡的表情，但嬰兒卻認為這非常有趣，反而哈哈笑了起來。愛迪生回到實驗室的時候感到非常不爽，因為嬰兒天生的幽默，讓他失去了一個小時的工作時間。留聲機也被帶了回來。

　　然而，他並沒有放棄。第二天下午，他再次回到家，依然帶著留聲機回來。如果說嬰兒昨天心情不錯的話，那麼他今天就可以說是極為可愛。身為父親的愛迪生無論怎麼做，都只能讓嬰兒發出笑聲。甚至連留聲機轉動的輪子，都被嬰兒認為是某種有趣的東西，繼而發出了愉悅的笑聲。愛迪生無奈地再次回到實驗室，他此時感到異常煩惱。在接下來的幾天裡，他接連進行嘗試，也一樣沒有達到目的。嬰兒甚至在從睡眠中突然醒過來後，也不會哭泣。

　　越讓愛迪生氣惱，越堅定他繼續這樣做的決心，這在愛迪生之前的一些發明中就可以看出來，這也是他取得成功的一個原因。愛迪生在經過多番思考之後，終於下定了決心。他鼓起勇氣，準備去做一件可怕的事情。一天早上，他知道妻子去城鎮了，於是他帶著留聲機安靜地回到家裡，走進了嬰兒房，此時嬰兒還是一如既往地用笑臉迎接他。

　　打開留聲機之後，愛迪生要求保母離開房間。接著，他將嬰兒抱在膝蓋上，然後將嬰兒圓胖的小腿露出來。他用拇指與食指輕輕捏著嬰兒的肉，然後一咬牙，閉上眼睛，想要用力捏一下嬰兒的腿。但就在這個緊要關頭，保母從大門口處的縫隙，看到了這可怕的一幕，急忙衝進來拯救嬰兒。愛迪生將留聲機收起來，回到實驗室後，他鬆了一口氣，因為他決定放棄錄製嬰兒哭泣的聲音。

　　不料，沒過多久他就實現了自己的目的，這一切都來得那麼突然。當嬰兒足夠大的時候，他的母親在陽光明媚的一天帶他到實驗室，當巨大的機器開始轉動，發出轟鳴聲時，嬰兒板著臉，然後張開嘴，哇哇地哭了起來。愛迪生此時立即跳了起來，大聲說：「將機器停掉，立即打開

第十章　留聲機

留聲機。」最後，他想要錄製嬰兒哭泣的目的終於達成了。

　　在愛迪生所有的發明當中，留聲機可能是造成最大轟動的一個發明。留聲機能夠將人的聲音錄製下來，並且一直保存下來的功能，讓這項發明具有某種不可言喻的神奇之處。此時，愛迪生已經不單純被世人稱為「巫師」了。每個人都想要去聽聽留聲機發出來的聲音。只要他們在技術上能夠做到，就會想著將一些留聲機送到世界各地。無論是在英國還是整個歐洲大陸，留聲機的發明都成為人們一時的談資，成為各國名流與老百姓們談論的焦點。

　　大家對留聲機的關注程度，幾乎超過了其他所有事情。每個人都在談論著愛迪生。要是愛迪生在當時拜訪法國，那麼他受到的歡迎，肯定不亞於拿破崙（Napoléon Bonaparte）當年從厄爾巴島逃出來，重新回到法國所受到的歡迎程度。不過愛迪生在那個時候，並不願意親自去拜訪這些「舊世界」的國家（他討厭巴結名流），便派出了手下幾位最好的機械師，其中一個人就是他的忠實同事，名叫溫格曼——他是當時留聲機試驗部門的經理——前往柏林。此時已經是西元1888年了，年輕的德國皇帝對留聲機這項發明，表達出濃烈的興趣。當愛迪生的代表帶著留聲機抵達柏林，立刻引起一陣轟動。當時的報紙或多或少都大量誇張渲染這種神奇的工具。在柏林這座城市裡，幾乎沒有幾個人不知道這件事。

　　這個留聲機首先要呈給德國皇帝威廉看。在威廉的特別要求下，某天早上溫格曼帶著留聲機前往王宮。在威廉的房間裡，溫格曼向威廉解釋了這臺機器運轉的理由。他將機器拆開，然後又將其重新組裝起來，解釋留聲機運作的原理，如何錄音以及播放錄音等方面的內容，直到年輕的威廉對留聲機的了解程度，與愛迪生本人都相差無幾。不過，威廉皇帝對單純理解理論上的知識還不滿意，他想要像溫格曼那樣嫻熟地講述留聲機運轉的原理。接著，他希望溫格曼能夠在晚上將留聲機帶到王

功，好讓他在宮廷的人面前論述一番留聲機的運轉原理，出一下風頭。

當然，溫格曼同意了威廉這個要求。當晚，一場盛大的聚會在王宮舉行，眾人齊聚一堂，想要見識一下愛迪生新發明的這個神奇機器。當德皇威廉表示願意自己當講解員，闡述機器運轉的原理時，大家都感到非常震驚。威廉講得頭頭是道，似乎他將一生的精力，都投入研究留聲機的工作之中。

眾人滿懷著敬畏之情，認真聆聽著威廉談論聲學、聲波、振動等方面的內容。當威廉插入一張唱片，然後調整一番機器之後，電動馬達就開始運轉，透過留聲機對聽眾說話，當時大家感到的興奮之情是難以抑制的。德皇威廉在那裡講述了好幾個小時，反覆地解釋著留聲機工作的細節，以及如何播放唱片。在這之後，他就離開了，留下大家繼續回味，似乎留聲機這麼偉大的發明，就是德皇發明的一樣。

溫格曼在柏林逗留期間，德皇再次邀他入宮，希望他能夠錄製宮廷交響樂團演奏的聲音。為此，宮廷樂隊在音樂廳裡集合，參與演奏的人都是按照之前表演的座位就坐。溫格曼對指揮家解釋說，他希望樂隊能夠調換表演的座位，讓演奏某些樂器的人能夠坐在後面，而讓演奏另一些樂器的人坐在前面。

只是這位指揮家是一位脾氣火爆的德國人，他斷然拒絕了這個要求，說他們一向都是這樣的，即便是留聲機的發明者愛迪生過來跟他說，也不會動搖他的想法。溫格曼表示，為了能夠讓錄製的唱片達到最好的效果，必須要改變一下座位，讓那些演奏樂器會發出響亮聲音的人坐在後面，讓那些演奏樂器發出柔和聲音的人坐在前面。最終，溫格曼的要求仍遭到拒絕。指揮家還是我行我素，按照之前自己的想法要求樂隊演奏。

溫格曼於是將這件事報告給德皇威廉，說明因這位指揮家堅持己見，不肯改變演奏的座位，導致錄製的唱片極差。德皇威廉帶著懷疑的

第十章　留聲機

態度聆聽留聲機發出來的聲音，卻只聽到一連串嘈雜的聲音進入自己的耳朵。這就是他那一支舉世無雙的交響樂團嗎？不可能的。於是，他命令指揮家按照溫格曼的要求去做，指揮家最後不得不聽從德皇的旨意。於是，溫格曼重新設定留聲機，最終錄製完一張唱片。

這一次出來的結果與之前完全不同。交響樂團奏出來的美好音色，這一次都能夠從留聲機裡清晰地聽到。德皇威廉對此感到非常高興。指揮家最後對自己之前的行為表達了歉意，認同了溫格曼的說法，並且命令交響樂團以後在面對留聲機錄製唱片的時候，都要按照這個座位排序。但在日後的宮廷宴會上，他們還是會依照之前已經排定的座位去坐。這樣的結果讓指揮家與觀眾都鬆了一口氣。

在那個時候，德皇對留聲機所取得的進步充滿了興趣。就在幾年前，他的聲音就被錄製下來，存入了哈佛大學的留聲機檔案館裡，當時他對這個要求欣然接受。耶魯大學心理學家愛德華·斯克里普丘[033]，透過美國駐柏林大使館的管道，完成了這一壯舉。在一封寫給德國官員馬歇爾的信件裡，斯克里普丘這樣寫道：「留聲機檔案館裡存放的錄音，都是那些讓美國人民充滿興趣之人的聲音。這項任務是十分重要的，要是我們現在能夠將古代的狄摩西尼（Demosthenes）、莎士比亞（William Shakespeare）、腓特烈大帝（Frederick the Great）等人的聲音都錄製下來，這將會是多麼具有歷史意義的一件事情啊！我希望能夠將德皇威廉的聲音錄製下來，這將是我們的檔案館首次收錄歐洲國王的聲音。」

在一個週六，德皇離開教堂後，就談到了溫格曼多年前第一次來到柏林時的情景。在錄製德皇聲音的時候，他是一個人面對著留聲機。他對著留聲機說了兩次話。第一個圓筒留聲機是特別為哈佛大學準備的，

---

[033] 愛德華·斯克里普丘（Edward Wheeler Scripture，西元 1864～1945 年），美國心理學家、教育家、醫生。耶魯大學心理實驗室的創辦者。

裡面記錄著很多人對腓特烈大帝的看法，而其他的留聲機檔案，則將存放於國會圖書館以及位於華盛頓的國家博物館。德皇對著留聲機說的是一篇較短的文章，這篇文章的題目就是〈痛苦中的堅毅〉。之後，德皇認真聆聽了斯克里普丘帶來的專門錄製的唱片，裡面還有一些其他人的錄音樣本。

在留聲機發明的早期階段，出現了不少關於愛迪生實驗室的有趣笑話。那個「男孩」在探尋矩陣的時候速度非常快，在完成了一段對話或者一首詩歌的錄製之後，還會允許另一個人以有趣的方式說一段話，從而讓錄製的唱片顯得有趣。有一次，〈萊茵河畔的賓根〉（*Bingen on the Rhine*）這首詩第一節中那感人的詞句，竟然被播出成這樣：

一名士兵躺在阿爾及爾奄奄一息，

「喔，閉上你的嘴，包裹住你的頭。」

這裡沒有女人的照料，

「喔，讓我們清靜一下吧！」

也沒有女人流下的眼淚，

「閉上你的嘴。」

但是，在他垂死的時候，

一位同袍站在他身旁，

「喔，你這是在說什麼鬼東西？」

他用憐憫的神色聆聽著他可能說出的遺言──

「喔，你根本不會唸詩。」

「讓開吧！」

垂死的士兵聲音顫抖，

他握住那位同袍的手，

第十章　留聲機

「員警，員警，該死的員警！」

接著他說：「我再也見不到自己的……」

「喔，把他趕出去！」

「故鄉了。」

愛迪生非常喜歡留聲機發出來的這些有趣對話，經常像一個小孩那樣哈哈大笑。

愛迪生也知道該怎樣用留聲機去開別人的玩笑。一次，他將留聲機藏在一間客房。當他的朋友準備在這間客房睡覺時，突然間傳出一陣陰森的聲音：「現在是11點了，你還有一個小時！」這位來訪者在床上坐了好一會，保持著平和的心態。在沒有出現更多情況的時候，他的神經漸漸平靜下來，準備睡覺。但他不敢閉上眼睛，他想要知道一個小時之後會發生什麼事情。

當12點的鐘聲敲響之後，他又聽到了一個聲音，這個聲音比第一個聲音顯得更加陰沉與恐怖，「現在是12點了，你準備迎接死亡吧！」對這位原本就有點擔驚受怕的客人來說，這實在讓他無法承受。他迅速下床，打開大門，跑到門前的一片空地，他見到了愛迪生，只見愛迪生忍不住哈哈大笑起來。愛迪生向他解釋了事情的前因後果，這名客人內心才如釋重負，重新回到床上睡覺。當然，客人也覺得有點尷尬，因為這一切都是留聲機造成的。

人們用留聲機做了許多有趣的實驗，很快就發現透過留聲機，可以將最好的聲音錄製下來。一位作家曾就這個話題表示：「要想將人們所說的話進行人工作業，然後重新聆聽，這可以說是不可能做到的。即便是最簡單的一個字母『A』的發音，人們在每次唸到的時候都是不同的。可是留聲機的出現證明了人們的這個想法是錯誤的。當我們說話的時候，一些音調上面的細小變化，是不容易去注意到的，留聲機卻能夠將我們

說話的整個過程錄製下來，這對於聲學來說極為重要。這就好比留聲機在努力說出『耳朵』一詞，卻無法說出來一樣。

「最簡單的聲音，比如詞彙表或者從 1 數到 10，這些都會像古希臘語那樣讓人感到困惑。要想將一個完整的句子按照之前的說法重新說一次，這是無法做到的。音樂唱片發出來的聲音也是同樣的道理，班卓琴的聲調會讓整個工具聽上去就像一個教堂風琴；而鋼琴發出來的音樂，則被認為是某種來自腳踏式風琴的聲音。這些相似的片段，就好像是『家，甜蜜的家』、『上帝拯救國王』等話語，類似的話語都會完全失去其原先的身分認同。在某些情形下，那種完全屬於全新甜美的音樂，是由一個相反的過程去實現的。這也為作曲家提供了全新的領域，他們可以從留聲機重新發出來的聲音得到一些靈感，同時不會被人說成是剽竊。」

留聲機的第一次公開展示，是在西元 1888 年英國的水晶宮[034]。不過在這之前，一次「私人展覽」已經在諾伍德進行了，當時來了許多著名的人物，其中就包括格萊斯頓[035]、莫雷爾·麥肯齊[036]、亞伯丁的伯爵、羅頓公爵[037]、約翰·福勒爵士[038]、威廉·亨特爵士[039] 以及其他著名人士。這場娛樂活動有精心挑選的各種樂器，展現出留聲機所具有的強大功能。愛迪生發出去一條訊息，透過在倫敦的留聲機就能夠收到，還能藉由這個「會說話的機器」去表達自己的協議。愛迪生的信件是以私人電報信件的形式發送出來的。相比於留聲機播放出來的音樂，在場的人對

---

[034] 水晶宮（The Crystal Palace），位於英國倫敦的海德公園，西元 1851 年由園藝師約瑟夫·帕克斯頓（Joseph Paxton）設計，一個以鋼鐵為骨架、玻璃為主要建材的建築，是十九世紀的英國建築奇觀之一，也是工業革命時代的重要象徵物。它原先是世界博覽會首次於西元 1851 年在倫敦舉行時的展示館，這場世界博覽會的正式名稱為萬國工業博覽會。
[035] 格萊斯頓（William Ewart Gladstone，西元 1809～1898 年），英國自由黨政治家，曾四度出任首相，以善於理財著稱。
[036] 莫雷爾·麥肯齊（Morell Mackenzie，西元 1837～1892 年），英國著名醫生、英國喉科學的先鋒。
[037] 羅頓公爵（Montagu Corry, 1st Baron Rowton，西元 1838～1903 年），英國政治家、慈善家。
[038] 約翰·福勒爵士（Sir John Fowler, 1st Baronet，西元 1817～1898 年），英國著名土木工程師，尤其擅長鐵路建設，是人類第一條地下鐵路系統─倫敦大都會鐵路系統的總設計師和建造師。
[039] 威廉·亨特爵士（Sir William Hunter，西元 1840～1900 年），蘇格蘭歷史學家、統計學家、作家。

第十章　留聲機

此更加感興趣。因為，這是愛迪生第一次透過留聲機發出來的訊息。下面就是其完整的內容：

你們好！我在紐澤西州奧蘭奇的實驗室裡！時間是西元1888年6月16日，凌晨三點鐘。

我的朋友高洛德——你好，這是我發送出去的第一封留聲機信件，它將從紐約經由南安普頓，搭乘德國北部的勞埃德公司郵輪「艾德號」，由美國正規郵政寄送給你。我委託漢密爾頓先生寄給你一臺全新的留聲機，這是我手中剛完成的新型號中的第一臺。

這臺留聲機組裝得非常匆忙，我還送去一些實驗性的空白錄音製品，這樣你就可以和我對話了。從這裡發出的每封郵件中，我都會寄送談話和音樂的錄音製品給你，直到我們找到最適合郵寄的東西為止。

愛迪生夫人與寶貝都很好。我的孩子現在能夠說出響亮的話語了，雖然有點不清楚，還有改進的餘地，不過對於第一次實驗的結果來說還不錯。

祝好

忠實於你們的愛迪生

下面這個留言是愛迪生錄製給倫敦報界的：

先生們：

以愛迪生的名義，上天賦予他無與倫比的才華，加上他無可比擬的耐心與不知疲倦的勤奮，我謹代他向大家表達問候，感謝你們今天能夠蒞臨。我唯一的遺憾就是愛迪生本人今天無法親自出席這場活動。但是我也絕對不會失職。希望能藉著這個機會感謝你們以及倫敦市的所有報社，感謝你們給予我們的大力支持與積極的宣傳。

而接下來的這份「留聲機的致謝」，是由哈德遜皮爾蒙德地區的牧師賀雷修斯・尼爾遜・波瓦斯宣讀的。下面這首詩，據說是格萊斯頓本人發來的：

留聲機的致謝

我抓住跳動的空氣，收藏著音樂與演說

所有說出的話都是我說的

我用最隨和的語言去說

宣告留聲機的誕生與象徵

我代表著墳墓、天堂與神廟

我代表著天使、預言家、奴隸與一位永恆的朋友

我用他們本地的口音去記錄

宣布那些流氓與喜歡爭辯的人到此為止

我的靈魂會對此銘記在心。我代表著一隻耳朵

相信著毫無瑕疵的真理，我要按照真理的口吻去說話

我代表著一種復活，人們會聽到迅速且低沉的話語

但我要說

嘿，古爾戈，你將會取得勝利

祝願友好、光明與兄弟情義在兩國之間不斷增強

我是剛剛誕生的愛迪生。

愛迪生在助手出發前往英國之前，特意給予了明確的交代，希望他用留聲機將格萊斯頓的聲音錄製下來。愛迪生發電報給格萊斯頓，後者立即表示同意。於是，助手們調整好留聲機後，格萊斯頓就對著錄音口對愛迪生說：「我非常感激你，不僅是因為你發明這樣一個具有娛樂性質的工具，還因為你發明了這個能夠帶來神奇的工具，讓我有幸能夠一睹其風采。貴國在發明創造的道路上不斷前進。我們衷心祝願你們越來越好。至於你──這位世界上最著名的人物，請允許我獻上最衷心的祝福，希望你過上長壽的人生，發明出更多造福於人類的工具──格萊斯頓。」

第十章　留聲機

　　愛迪生在得到格萊斯頓這份錄音之後的興奮之情，是大家都知道的。這個國家幾乎每一份報紙都在談論著愛迪生的選擇。絕大多數人都表示，愛迪生依然擁有近乎神奇的判斷能力，因為他選擇了「錄製大英帝國最偉大人物的聲音」。這件事還激發了一些人創造了不少詩歌，其中最好的一首詩歌，也許就是出現在《倫敦環球報》上這首，還是值得複述一下的：

為我帶來格萊斯頓的聲音

送來一個祕密，快點將其送到華盛頓來

在其他人尚未得到利益之前

即便是用欺騙的手段，也要送來

無論使用了多少把戲，都要做到

如何按照六種方式去整理頭髮

如何去彌補一個漏洞百出的謊言

忘記過去的事實，否認過去做過的行為

快點派一個人去

錄製格萊斯頓的聲音

他說話時的口音

勝過了美國人最好的銅管樂器

他說的話簡單平實

卻有著如布拉尼山丘那樣的堅定

有著如曼德維爾那樣的幽靈

有著無比的高貴，且不論其中的謬誤與正確

有著人性的光輝

讓我感到無比的愉悅

快去錄製格萊斯頓的聲音。

格萊斯頓錄製的這張錄音片，只是整個「名人聲音」系列的開始，現在這些內容已經被珍藏到盧埃林帕克裡。這個「名人聲音」系列包括俾斯麥（Otto von Bismarck）、丁尼生（Alfred, Lord Tennyson）、比徹（Henry Ward Beecher）、白朗寧（John Moses Browning）以及其他當時還在世的名人。多年以後，正如愛迪生所說的，格萊斯頓還能夠「繼續說話」。

之後，探險家史坦利[040]與他的妻子參觀了愛迪生位於奧蘭奇的實驗室，在聆聽留聲機發出來的聲音時，史坦利夫人對愛迪生說：「在過去所有的名人當中，你最想要聽哪一個人的聲音呢？」之前從來沒有人問過愛迪生這個問題，他思考了好一陣子，接著肯定地說：「拿破崙！」史坦利夫婦對此感到驚訝，並且表示在過去一個世紀當中，還有不少人比拿破崙更加偉大。但是，愛迪生就是想要聆聽拿破崙的聲音，他寧願拿自己之前錄製的所有名人聲音，去交換拿破崙的聲音。

留聲機就這樣進入了世界各地。現在幾乎每個地方都能聽到留聲機發出來的聲音。一位作家就曾說：

西元 1897 年，西藏的拉薩——這處佛教聖地——第一次出現留聲機的影子。對歐洲人以及其他人來說，這座古老的城市似乎是他們無法進入的。實際上，一些歐洲人之前到過西藏，最後又平安歸來了。很多信仰佛教的教徒，要是在沒有被查出其實是基督教傳教士的話，都是可以進入的。在這些旅行者當中，有一些來自緬甸的商人對當地的文化比較熟悉，於是就帶他們去見當時的達賴喇嘛——或者說是佛教的精神領袖——與此同時，他們帶來了愛迪生發明的留聲機。對來自緬甸的商人來說，這是一個不錯的想法，因為在佛教的世界裡，很多時候都是常年機械化重複地祈禱。祈禱的轉經綸能夠將文字寫下來。讓商人感興趣的是，如果他們能將這樣的祈禱聲音錄製下來，也許能藉由供應這種裝置賺上一筆。

---

[040] 史坦利（Sir Henry Morton Stanley，西元 1841～1904 年），英裔美國記者、探險家。他曾遠征中非，尋找英國傳教士大衛・李文斯頓（David Livingstone）。此外，他也曾探索、開發過剛果地區。

第十章　留聲機

　　他成功地見到了達賴喇嘛以及其他高僧，他們都在認真觀察著這臺留聲機。當他們說完一次祈禱的話語之後，留聲機就能夠大聲地朗讀出來，讓當時的達賴喇嘛大感吃驚，因為他們都覺得這簡直就是一個奇蹟。於是，商人就懇求達賴喇嘛對著留聲機說話，他也照做了，說了一句帶有美好意味的祈禱話語「唵嘛呢叭咪吽」，就是「蓮花上的珠寶」之意。接著，圓筒就放在留聲機上，不斷重複達賴喇嘛發出來的聲音，讓在場的高僧們都聽得如痴如醉，接受教誨。之後的幾天裡，留聲機一直處於開機狀態，其他一些佛教徒也會對著留聲機祈禱。可以說，現在留聲機成為拉薩最受歡迎的「祈禱工具」了。

　　在俄羅斯，留聲機並沒有像在其他國家那樣，受到那麼熱烈的歡迎，有時這看上去就是俄羅斯政府對民眾的一種恩惠。即便在今天這個時代，俄國所有的唱片都要先經過政府新聞審查之後，才能夠被公眾所聆聽。要是擁有尚未經過審查的唱片，就是犯了一種嚴重的罪行。十年前，俄羅斯的塔甘羅格市公共公園的大帳篷首次展示了留聲機，吸引許多人前來觀看。這臺留聲機能夠唱歌，還能夠發出笑聲，人群都在靜靜地聽，直到一位員警聽到這臺留聲機唸出了克里洛夫著名的寓言故事──雖然這個故事與原著有些出入──這名員警對此產生了疑問，因為他也不是很相信自己的記憶。

　　他立即跑去翻看克里洛夫的書籍，然後再次回來聆聽留聲機放出來的版本。讓他感到無比驚訝的是，留聲機的版本是沒有經過審查的版本，這個版本是半個世紀前的。他立即產生了警覺，於是就向上級彙報這個情況，上級立即要求活動的舉辦者對此進行解釋。可憐的經理只能展示這個「犯了罪」的機器內部給他們看，並且將它交給當局。因為當局說這些不良的東西會對整個社會造成負面影響。但是，單憑這樣的行為又不構成犯罪，因此也沒有必要拘留他們。最後，這件事鬧上了法庭，法庭將這位可憐的經理判刑三個月，並且罰了一大筆錢，還沒收他的留

聲機。據說，一些敏感的官員立即將這臺留聲機砸爛了。

人們會用留聲機去達成一些奇怪的目的。也許在這些奇怪的事情當中，最奇怪的，要數一位美國教授利用留聲機去研究貓所說的語言。這位教授多年前就對這件事充滿興趣——當然他還對猴子說出來的語言感興趣，不過最終還是放棄了想解讀猴子說話的念頭，轉向研究夜晚時，貓在後籬笆發出的一陣陣恐怖哭聲，所想要表達的意思，因為貓發出來的這些聲音，往往會讓附近的人感到一陣戰慄。

這位教授對一位作家說：

要想將貓發出來的聲音錄製下來，並不是一件容易的事情。事實上，我每天晚上都在後院那裡等待，可是每次都失望而歸。當然，我必須要將留聲機放在距離貓平時所待的位置不遠的地方，才能更好地錄製牠們的聲音。貓這種動物很少會沉浸於自己發出來的聲音，從而忘記所處的環境。要想錄製貓發出來的聲音，我需要耗費幾個晚上的時間。我最後之所以能夠成功，可以說是因為一場意外。這些不同品種的貓在方圓一英里之內都能夠找到，我不會假設還有其他人會來到這個後院，只是為了打擾貓自娛自樂時發出來的聲音。

但是，貓這種動物似乎都過著非常豐富的生活，牠們在發出聲音的時候，似乎會躲在一些物體後面。在我下定決心去錄製牠們的聲音後，便悄悄地來到自家後院的一個陰暗角落，等待著貓出現。連續四個晚上，貓都沒有發出聲音，我就在躲在那裡，旁邊放著留聲機，感覺自己似乎在白費功夫。而且，這些貓整晚都沒有露面，我卻會在半路上聽到，牠們在屋角那裡唱著第十九號小夜曲。

在等待了3小時之後，我感到非常寒冷，便準備收拾機器，上床睡覺。就在此時，我聽到了一隻貓似乎懷著沉重的心情在發出哀嚎的哭聲。我立即穿上褲子，一把抓過留聲機，打開後門，悄悄地爬進去。這些貓正在一個大水桶上面，而我則是安靜地朝著牠們那邊前進，直到我

第十章　留聲機

來到印第安人的一個橡膠工廠，只聽到這些貓發出震耳欲聾的喊叫，還未等我來得及準備錄製，牠們就逃跑了。第二天晚上以及接下來的一天晚上，我都沒有碰上好運氣。就在我幾乎要感到絕望的時候，一位朋友建議我將留聲機放在後院，然後用一根電線連接著放在房間裡的馬達，我就可以躺在床上舒適地等待著貓的到來。

就在那個晚上，我嘗試進行這樣的實驗。我將留聲機放在一個絕佳的錄音位置，調整了喇叭的位置後，又安排好對線路，我只需要按下一個按鍵就能啟動馬達，然後繼續回到床上。當這些貓來到後院的時候，我已經覺得睏意十足了。沒過多久，牠們就開始了「唱歌練習」。這些貓肯定是非常安靜地來到留聲機前。牠們發出來的吼叫聲變得越來越低沉。我很擔心牠們搗鼓的物體會落到留聲機上，不過幸運的是，這樣的情況並沒有發生。

當我想到自己已經錄製了足夠多的貓的聲音之後，就穿上衣服，出去將留聲機拿回來。當我播放錄製的聲音時，發現效果非常好。我在這方面總是有異乎常人的運氣，因為就在錄製好之後的幾個晚上，這些貓就神祕地消失得無影無蹤了。我很擔心牠們成為自己創造的藝術的受害者，因為我們可能再也無法聽到牠們發出的那種聲音了，當然留聲機除外。

我就是藉助愛迪生發明的留聲機，錄製了貓發出的咕嚕咕嚕聲、貓在感到痛苦時發出的聲音（這是貓在受傷或者生病的時候發出的一種特殊聲音，這與貓在正常狀態下發出的聲音是不一樣的），當然還有貓在吐口水時發出的聲音。要想錄製貓在憤怒時候發出的聲音是比較容易的，因為你要做的就是將貓的嘴巴放在離留聲機較近的地方，然後用力地拉扯一下貓的尾巴，貓自然會發出憤怒的聲音。那會製造出許多噪音，可是我絕對不允許自己採取這樣的方式，因為我想要錄製自然的聲音。

我一共錄製了25份貓的聲音，這些都是在不同狀況下，貓發出來的聲音。我認為，當一隻貓在半夜喊叫的時候，肯定是想要表達一些深層次的東西，而不是單純地想要讓附近的鄰居感到不滿。雖然我知道絕大

多數人並不認同我這樣的說法。不過我深信一點，那就是這個世界上的確存在著一種所謂貓的聲音，就像這個世界真的存在猴子的語言一樣。倘若我活得夠久，就會想辦法了解這些聲音背後所要表達的意思。我覺得自己面臨著一個艱巨的任務，但是在這臺「會說話的機器」的幫助下，我能夠取得成功。

有時，我會將留聲機放在自家養的貓附近（這是一間很安靜的客廳，貓在晚上不會隨便外出）。之後，我會打開留聲機，靜靜地等待著貓發出各式各樣的聲音。當這隻貓聽到其他貓發出來的呻吟聲後，就會迅速地跑過去，在窗戶上向外面張望。很明顯，這隻貓知道其他貓發出的聲音是什麼意思。要是這隻貓不是以這麼明智的方式去做的話，我對此肯定是無法理解的。可是，我從來沒有對此失望。

我已經下定決心，要在留聲機的幫助下，錄製貓在不同情感狀態下發出來的聲音，這能夠準確地告訴人們，貓在恐懼時發出來的哭聲，知道貓在喜悅時發出來的聲音，知道牠們在感覺自己被遺棄時發出來的聲音，以及貓在身心狀態愉悅的時候發出來的聲音。我還能準確地知道，貓在吸引朋友或者同伴時，其發出的聲音所要表達的意思。我也知道貓在警告敵人要遠離的時候，所要發出來的聲音。在很短的時間內，我能夠清晰地判斷，錄製在留聲機裡的貓的聲音。當然，不少人對我這樣的說法嗤之以鼻，但我認為這些人最後都會認同我的想法，那就是即便貓這樣的動物，也有一種屬於自身的語言。要是我們能夠充分認真地研究，終有一天可以明白這些語言背後的意思。

事實上，人們在使用留聲機去做一些奇怪事情的奇怪程度，遠遠超乎了愛迪生的想像。當愛迪生聽到這下面這件事的時候，就曾哈哈大笑起來。大約兩年前，在倫敦一個最繁華的商業區，整條大路上都全是叫賣小販推著手推車，而愛迪生發明的留聲機在整個過程中，扮演著重要的角色，因為這讓許多叫賣小販知道，在哪個地方擺攤更好一些。

一群興高采烈的買家以及一些遊手好閒的人，都聚集在一臺裝飾精

第十章　留聲機

美的手推車前,其中一個「人」清楚地發出叫賣小販發出來的聲音,當然這是留聲機發出來的。在一般情況下,叫賣小販喊叫自己商品時發出來的聲音,是不會吸引什麼人關注的,但是因為留聲機發出來的聲音非常有趣,因而吸引了不少人圍觀。最後,圍觀的人也都在這個小販這裡購買商品。這個小販在整個售賣過程中,幾乎沒說什麼話,只是伸手將顧客遞來的錢放在口袋,然後將商品遞給客戶。

當有人詢問這位小販,為什麼會想出這樣有趣的銷售方式時,這位小販說,自己在幾個月前一次因為發燒,說不出話來。這讓他處於一種可能失去經商能力的危險境地,因為他再也無法開口說話,與顧客就商品的品質與價格進行溝通了。後來一位朋友過來跟他說,可以藉助留聲機的幫助,提前錄製好需要售賣的商品價格與種類,這樣的話,留聲機就能彌補他不能開口說話的不足了。

這是一個不錯的想法,這名小販立即接受了這個方法,並且取得意想不到的結果。留聲機這種「會說話的機器」能夠幫助他將所有的商品都銷售出去,而他的競爭對手則依然需要喊破嗓子去吸引顧客的注意。留聲機幫助他成為整個「手推車」小販中的驕傲,贏得了大家的尊重。

法蘭西斯・D・米萊特[041]以及其他的藝術家,他們在描繪圖畫的時候,幾乎都會利用留聲機。按照他們的說法,留聲機可以幫助他們將有關主題不好的一面都消除掉,讓他們能夠在長時間的思考過程中,將自己的一些零碎想法表達出來。特別是對小孩子來說,要是讓他們呆坐一陣子的話,他們肯定會覺得無比厭煩,要是有留聲機發出來的悅耳聲音作為陪伴,他們就能靜坐相當長的一段時間,也不會感到那麼煩躁與疲憊。孩子們會露出自然純樸的微笑,他們會對留聲機發出來的聲音充滿

---

[041] 法蘭西斯・D・米萊特(Frank D・Millet,西元 1848～1912 年),美國畫家、雕塑家、作家。不幸死於鐵達尼號沉船。

興趣──在留聲機出現之前，這樣的情況有時是無法實現的。

其他與留聲機相關的有趣事情還有很多。但是，我也知道單純地列舉這些事例，是一件讓人感到枯燥的事情，因為我們現在都已經完全適應了留聲機的存在。正所謂過分的熟悉會滋生一種厭煩感。現在的人們很難想像在二十多年前，留聲機剛剛問世的時候所產生的騷動。現在年輕一代人不會將留聲機視為一種劃時代的發明，因為他們十分熟悉這種事物的存在。不過，即便在可以預見的未來，留聲機依然可以說是19世紀人類最偉大的發明。

第十章　留聲機

第十一章
活動電影放映機、磁石分離器

在西元 1887 年間，愛迪生發明了「活動電影放映機」(Kinetoscope) 也就是電影放映機。當然，這樣的想法在當時也不是全新的，也不是愛迪生本人一開始想出來的。但是愛迪生卻想出來了一點，那就是可以發明一種名叫西洋鏡的有趣工具。愛迪生多年前就知道這種玩具。在他發明出留聲機之後，就認為自己可以製造出一種「滿足視覺需求的工具，正如留聲機滿足我們聽覺的需求」。後來，當活動電影放映機被改良完成後，愛迪生表示這兩種發明結合起來是相對容易的。藉由它們的配合，便能在劇院的舞臺上完整呈現一齣歌劇——包括演出以及歌唱，都可以透過活動電影放映機以及留聲機來完成。西元 1907 年的春天，我向愛迪生提出了這個問題，愛迪生是這樣回答的：

當移動的圖片與留聲機結合在一起的時機成熟時，那麼這兩者的結合就極為自然。我們將會看到一位吹鼓手或者其他的音樂人，都能夠呈現在人們的面前，但是人們卻無法說出這個人是否就是真實意義上的人，因為你所看到的可能只是影像中的他。我希望有一天，我們都能夠舉辦一場大型的舞臺表演，讓所有的評論家都被他們眼前見到的一切所欺騙。現在，我們正在朝這個目標努力，雖然目前還面臨著許多困難，不過我們會逐一克服的。

發明活動電影放映機的努力，讓愛迪生進入一個之前從未進入過的科學領域——攝影。當他第一次浮現要發明活動電影放映機的念頭時，還從未拍過一張照片，也沒有沖洗過底片。事實上，當時的愛迪生根本就沒有碰過照相機。但是，他很快就知道，自己要想在這項發明中取得成功，就必須要學習與攝影相關的所有知識，徹底掌握這一項技能。他

第十一章　活動電影放映機、磁石分離器

意識到，這些圖片能夠很好地將自然的活動記錄下來——要是能夠以較快的速度去播放的話，就會變成一個流暢的畫面——這種播放的速度大約是每秒 40～60 幀。當我們以這樣的方式去播放這些圖片的時候，眼睛幾乎是無法察覺到，影像中的人是由每一張圖片組成的。

愛迪生想要找到能夠達到這種速度的底片，卻始終都沒有找到。於是他開設了一間攝影實驗室。在經過無數次實驗之後，終於成功地發明出一種能夠滿足這個速度的底片。愛迪生掌握了拍照、沖洗底片、印刷等方面的技能，很快就發現這一發明對完善活動電影放映機，具有無與倫比的重要價值。愛迪生在研發的過程中，得到了 W·K·L·迪克森（William Kennedy Dickson）的幫助，迪金遜每天都與愛迪生馬不停蹄地研究著這種機器。他們兩人夙興夜寐，進行了數千次的實驗之後，才得到了讓他們滿意的結果。

當然，照片從一開始就必須用膠卷拍攝，這需要很長的感光材料，才能做出活動電影放映機所需要的效果。他們為此進行大量的攝影，實驗室裡的許多助手都需要去處理各種特效，讓活動電影放映機裡的內容變得具有價值。弗雷德·奧特[042]是一位經常發出震耳欲聾噴嚏聲的人，他需要在活動電影放映機面前進行這樣的表演。他一開始對此表示反對，但最後還是服從這樣的要求。他表現出豐富的表情，做出打噴嚏的真實動作。在他表演的時候，活動電影放映機則以每秒拍攝 50 張圖片的速度進行。

實驗室裡的學徒都需要翻跟頭，或者倒立，玩一些跳背遊戲，或者表演其他一些年輕人喜歡做的動作。愛迪生身邊的許多員工都參與了這樣的實驗。當這些圖片出現在螢幕上，他們都對此充滿了好奇。愛迪生

---

[042] 弗雷德·奧特（Fred Ott，西元 1860～1936 年），美國愛迪生實驗室雇員，西元 1894 年，因被拍攝出人類第一組動態圖片——「奧特的噴嚏」膠卷而聞名。

本人也曾被要求坐在一張椅子上，不過被他拒絕了。隨著這臺機器的功能不斷改善，愛迪生在奧蘭奇實驗室裡搭建了一個舞臺，並且邀請紐約一些著名舞蹈演員過來合作跳舞——在這些人當中，就有洛伊·富勒[043]女士——她們在活動電影放映機面前重新排演了一遍舞蹈。當然，這樣做需要花費許多金錢。許多人猜測，這項發明要想在商業上真正取得成功，可能還需要投入10萬美元的鉅款。

之後，迪克森獲得特殊的允許，可以拍攝教宗良十三世（Leo PP. XIII）。迪克森拍攝的照片數量不少於1.7萬張。他後來說：

正是透過不懈的外交努力，我們才能獲得這樣的特許。這在相當程度上要歸功於教宗的姪子佩奇伯爵，我才能取得成功。在我進入梵蒂岡，開始「工作」的時候，我很擔心教宗會說出身體抱恙無法出現的話。事實上，教宗的確跟我約好了時間，但我總是想像著他身體抱恙或者因為天氣的原因，以及許多無法預料的事情出現，導致這次拍攝推遲。幸好我的想法是錯誤的。

教宗將拍攝日期定在4月的某一天，並且遵守了這一約定。我在接下來的幾天時間裡，一共拍攝了超過1.7萬張照片。在拍攝的過程中，教宗始終都保持著善意的態度。我與助手都必須穿著黑色衣服，之後才能拍攝教宗。我們擔心這可能會觸犯一些宗教禮節，因此也表現得格外小心謹慎。教宗本人對所有的新鮮事物都充滿了興趣，我不得不向他解釋活動電影放映機的工作原理。

第一組系列照片是在教宗前往西斯汀教堂的路上拍攝的，那時教宗乘坐著交通工具前往那裡。我對教宗說，為了能夠得到更好的拍攝效果，他需要將頭巾放下來，教宗愉快地同意了這個要求。他撐著一把雨傘，因為當時的太陽光線非常猛烈。在我準備開始拍攝的時候，教宗就將雨傘收了起來。另一組系列照片展現的，則是教宗舉起雙手，對著想

---

[043] 洛伊·富勒（Loie Fuller，西元1862～1928年），美國舞蹈家，是將現代舞蹈和舞臺燈光技術融合的先鋒藝術家。

第十一章　活動電影放映機、磁石分離器

像中的教眾發表祈禱的話語。第三組系列照片則是拍攝教宗在梵蒂岡這片領地上散步的情景。教宗之後也親眼看到了許多張移動的照片，展現出無限的興趣，對於這種工具能夠將事物的景象重新呈現出來，感到非常驚訝。教宗在某個場合下對紅衣主教藍博拉說：「我知道當我祝福教眾的時候，我的表情是什麼樣子的。」

在此期間，很多人都在散播謠言，說活動電影放映機具有各種華而不實的功能，這樣的報導可以在美國許多報紙上看到。報導上說，愛迪生允許他的工作人員在實驗室裡舉行拳擊比賽，然後用活動電影放映機進行拍攝。而進行比賽的拳擊手正是當時著名的吉姆・科比特（Jim Corbett）與一位來自紐澤西州的男子。他們使用的28.35克重的拳擊手套，據說比賽的獎金是5,000美元。接下來的這段報導就出現在紐約一份報紙上，這則報導得到了廣泛的傳播，讓愛迪生與他的員工都大感吃驚：

在美國最偉大的電力學家湯瑪斯・阿爾瓦・愛迪生的實驗室裡，舉辦了一場獎金高達5,000美元的拳擊比賽！這就是在光天化日之下，發生在紐澤西州的事情。看來，此時的法律已經被晾在大樹上了。據說，這一切都是為活動電影放映機拍攝所準備的。順便說一下，活動電影放映機據說是一種能夠將物體的運動曲線拍攝出來的工具，然後還能將這些影像重播。科比特是一位職業拳擊手，他的對手則是一位來自紐澤西州的普通人。愛迪生與他的助手打開活動電影放映機，在放映機機發出嗡嗡聲之後就讓他們進行比賽。

參賽選手吉姆的上臂在一秒鐘裡做出的動作，在活動電影放映機的幫助下，堪比過去100年來所有照相機拍攝出來的動作。這種全新的科學方法真的是太厲害了。我們祝賀愛迪生的發明，或者感謝任何嘗試用這種快如閃電的東西連接照相機器的人。我們並不是只看到了這場比賽的獎金為什麼會高達5,000美元，因為我們都不是科學家。但是，舉辦這樣一場精采的比賽，卻只讓15個人去看，這肯定是天大的罪過！

這封帶有幽默性質的報導，遭到了一位了解詳情之人的否定，此人在第二天的紐約媒體上發表文章。下面，我引述一下此人的文章：

先生，我是一名記者，任職於紐澤西州兩份日報，並且與兩位專門報導電力方面的記者非常熟悉，這讓我對有關這場在紐澤西州奧蘭奇實驗室裡發生的拳擊比賽有所了解。據我所知，當科比特與那位名叫特倫頓的選手進行拳擊比賽的時候，愛迪生並沒有在現場，在場的只是一些負責控制活動電影放映機的人。愛迪生是一名具有人文情懷的紳士，他是絕對不會去觀看拳擊比賽的，也絕對不會允許自己的家人以及朋友，整天在實驗室裡觀看這樣的比賽。

我所知道的情形是這樣的：愛迪生先生將大量寶貴的時間，都投入到科學的研究當中，不斷追求著科學上的創新，努力成為許多發生爭執的工人的調解者。無論在任何情況下，那些率先動粗的人都會遭到解僱。愛迪生先生極熱愛活動，他甚至還選擇了一些懂得唱歌與會吹口哨的人去工作。多年前，在陳舊的紐華克工廠，他就僱傭一位能夠唱出讓人覺得有趣歌曲的領班，因為此人在工作的時候都會吹著口哨，唱的歌曲則是〈聆聽一隻知更鳥〉。

直到在某個不幸的一天，當一位鄰居因為他每天都是這樣吹口哨而感到憤怒時，便一拳朝著這個人的下巴打去。但這只是讓此人的口哨吹得更加響亮，並且他的下巴似乎出現了一點點變形。愛迪生過去曾讓教堂的風琴吹奏這首歌曲，讓工廠裡工作的人能夠從中得到一些樂趣。愛迪生發現那些黑人是這方面的高手，就專門派人坐船將人帶到工廠，唱歌讓工人得到一些樂趣。之後，這些懂得唱歌的黑人跟著愛迪生也漸漸獲得了財富。

科比特也並沒有因為在實驗室參加拳擊比賽，而得到任何金錢上的報酬。他並沒有在拳擊臺上做出任何不良的行為，他們倆只是做了最為友善的較量。實驗室的工作人員也只是將 25 美元遞給了特倫頓。此人是有被擊倒，不過，這是發生在紐華克一間咖啡館裡的事情，是由當時的

第十一章　活動電影放映機、磁石分離器

世界拳擊冠軍約翰・巴樂科將他擊倒的。

不少拳擊選手都會避免在紐澤西州舉辦比賽，因為自從美國的山姆・科利爾向英國菲德爾・尼爾發出拳擊挑戰、爭奪世界拳王的稱號時，漢米爾頓與布林才只能剛好打一個平手。在哈德遜區的治安官帶領著6名員警前去搜查之前，他們依然享受這種違抗法律所帶來的快感。不過，在員警到來之後，這場比賽取消了。這些拳擊選手被逮捕，最後被判了有罪。科利爾因為在戰爭中有良好的表現，只輕判了10年。而那位大膽的菲德爾・尼爾利則被重判了20年。

這就是紐澤西州拳擊比賽事件落下帷幕的時候。因為紐澤西州是一個講求法律與秩序的地方。在這裡，愛國主義、追求科學的精神、勤奮努力等品格，就像是甜瓜、桃子與紅莓那樣不斷出現，這肯定要比數百年前來這裡的祖輩們種植的東西要好許多。因為要是他們乘坐五月花號，口袋裡有60美元的話，他們就會沿著加登河前進，最後前往新布藍茲維，而不會到普利茅斯。我們這些紐澤西州人忍受太多的東西了，比如我們忍受了紐約人的高傲，以及波士頓人的過分敏感，這些都是我們能夠忍受的，但我們絕對不能忍受，在紐澤西州出現拳擊比賽這類事情。

威爾弗雷德・皮爾斯

自那個時代以來，活動電影放映機曾被指控，能夠重現比拳擊賽還要強烈的感官刺激，例如呈現一名黑人被火刑處死時痛苦扭曲的畫面。不過，這些都只不過是一些純粹的「新聞故事」而已，都是某些自以為是的文章作者杜撰出來的。在愛迪生實驗室裡製造的數千張可活動的照片當中，根本就沒有任何一張照片產生這樣「轟動」的效果。同樣的情況也出現在愛迪生發明的留聲機唱片上。

在愛迪生完成了活動電影放映機的發明之後，他的另一項發明也誕生了，就是磁石分離器（Magnetic Ore Separator）——透過這樣一種分離器，可以將含有磁鐵的物質與不含磁性的物質分離開來。這項發明的起

源是非常有趣的。據說，愛迪生某天沿著海岸線走路的時候，看到了一塊黑色的沙地。他想知道這塊黑色沙地裡的東西到底是什麼，就將這些東西放入了自己的口袋。

在回到實驗室之後，他將這些東西倒在凳子上。當他這樣做的時候，一位助手不小心絆到桌子，讓一塊大磁石掉了下來。當愛迪生拿起來再次檢查的時候，發現上面覆蓋著一些細小的黑色顆粒，這證明了這些沙子所含的主要成分就是金屬顆粒。愛迪生將這塊磁鐵放在手上，坐在那裡陷入了沉思。他的心靈似乎總是被一些全新的思想占據，即便是不小心將磁石碰落在地這樣的小事，也會激發他的想法。他想，為什麼不去利用磁石的吸引力，從而將一些低等級的礦石分離出來呢？最終誕生了我們現在所熟知的磁石分離器。

多年來，愛迪生一直努力研究這個問題，最終得到了一個完整的結果。透過他所發明的系統，一塊幾噸重的磁石被壓碎成粉末，然後透過電磁作用將其中的物質分離出來。這種方法是極其簡單的，被壓碎的物質會沿著一個漏斗不斷地前進，讓這些物質不斷分離，最終落入下面的箱子裡。這些非磁性的物質絲毫不會受到磁石的影響，就會直接落入另一個箱子裡面，而這些箱子也是直接放在漏斗下面的。

愛迪生充分利用磁性吸引的原理將礦石分開，發明出一個龐大的機械。這個機械裝置包括破碎機、粉碎機、傳送機、壓縮機等等，從而達到了最終的目的。接著，愛迪生在蘇塞克斯地區購入一大片土地，然後開始操作。這個小城鎮很快就發展起來，小鎮的名字便以愛迪生的名字命名。這個小鎮大約建起了200多棟房子。在這裡的挖掘與壓碎岩石的工作持續了好幾年，據說愛迪生也投入超過60萬美元的資金。不過這裡的航運設施十分糟糕。10年前，這裡的工程停掉了，人們也逐漸離開這裡，直到現在，愛迪生鎮已被遺棄了。

第十一章　活動電影放映機、磁石分離器

　　如今，要將鐵礦石從低等級的岩石中分離出來，磁石分離器依然被視為是最簡單有效的方法。這項發明在世界許多地方都得到了應用。雖然發明非常成功，愛迪生對此進行的投資卻並不算成功。在愛迪生關閉這座礦場的時候，他應該是損失了一筆錢。之後，愛迪生便將注意力轉移到其他回報率更高的專案上。現在已經沒有人生活在愛迪生鎮了，這裡就像一座鬼城，極為孤單和安靜。許多建築依然在那裡聳立著，但都漸漸變成廢墟。那些礦工與操作工住過的房子，都裝有當時被認為是最先進的電燈，現在似乎在控訴著自己正遭到遺棄的命運。

　　在一段時間裡，愛迪生鎮被視為是當時全美最先進的礦石鎮。很多人不遠萬里過來，想目睹這個磁石分離器。可是，當這裡的工程量無法支援整個社區的發展時，人們就逐漸離開了。還有極少數人依然心存希望，認為還能在這裡謀生。只是這樣的生活實在是太艱苦了，幾個月後，這些人也跑了。愛迪生之後就從未到過這個以他名字命名的小鎮。如今已有 10 年的時間了。

　　愛迪生另一項更具有「錢景」的發明，就是找到了將岩石與石灰岩變成水泥的方法。他實現這個目標的工廠，就坐落在紐澤西州的斯特瓦爾特斯維爾，這個地方的占地面積將近 800 畝。下面簡單地介紹一下愛迪生的這個方法，應該不會讓讀者們失去興趣。岩石在用碎之後，會被 90 噸重的沃爾坎蒸汽鏟車剷起，這種鏟車可以說是當時世界上功能最強大的鏟車了。這些動力強大的鏟車，一次能夠將重達 6 噸的岩石剷起，彷彿這些岩石就像胡桃一樣輕，就像是小孩子們抱著一顆橡皮球一樣。

　　這些巨大的石頭被裝在倒卸車上，然後用蒸汽火車運到一里外的壓碎機那裡。在專門的壓碎廠房裡，這些看上去醜陋的機器，能夠輕易地將重達 5 噸的岩石弄開，就像是堅果破殼器那樣弄碎堅果殼。這些滾轉

機長達 1.5 公尺，活動範圍達 4.6 公尺左右，每一個滾轉機的重量都有 25 噸。這些滾轉機都是用淬火冷卻的鋼片製成，然後按照相反的方向轉動。馬達安裝在滾轉機上一個防塵的箱子裡，否則這些馬達容易被灰塵堵塞，無法正常運轉。這些岩石從倒卸車上直接倒到壓碎機上。這些機器每 4 分鐘就能夠消化 15 噸重的岩石。

實驗室中的愛迪生　　　　　　　　　磁石分離器

岩石經過這些巨大的滾轉機之後，就進入到一個漏斗中，這個漏斗有 11 公尺的旋轉位置——之所以對此有這樣的稱謂，就是因為其長度為 11 公尺，並且其直徑為 11 公尺。這些滾轉機能夠將岩石打成碎片，再鏟到壓碎機上，最終將其壓縮成類似於方糖那樣的形狀。完成這個步驟之後，岩石就要被送到乾燥房裡。這裡有氣體加熱的壁爐，直到這些岩石完全乾燥。接著，這些岩石就被搬運到倉庫裡——這是一個龐大的建築，有 152 公尺長，裡面有 10 個大箱子，每個箱子能夠裝下 1,500 噸的岩石。其中 6 個箱子是用來裝水泥岩的，其他 3 個是用來裝石灰石的，最後一個箱子則是裝混雜的岩石。設置最後一個箱子是絕對有必要的，因為岩石並沒有含有相同成分的石灰，為了能夠達到滿意的結果，這樣的比例必須要剛剛好。

第十一章　活動電影放映機、磁石分離器

接下來，就要將水泥岩與石灰石搬運到倉庫裡，倉庫裡的兩個箱子，每個都能夠裝下六十噸重的貨物。就是在這裡，按照化學家的配方，按照各種混合的比例進行調節。要想做出水泥，就要將大量的岩石成分去掉。整個過程對於參觀者來說，可能是非常有趣的。其中一個箱子是石灰石以及其他的岩石，然後用電動的方式去測量這些箱子的重量，重量超標，電路就會自動切斷。

隨後石灰岩會經過一條斜槽，透過滾轉機將這兩種物質混在一起。在經過滑石粉壓碎轉動機之後，這兩種混合的物質就會達到機房的頂點，然後在這個位置上經過網格，被吹送到一個房間裡，之後慢慢在底部累積成一座小山。較粗的物質會被重新運送到上面的壓碎機，進行再次壓碎的工作。這些滾轉機的壓力大約在每平方英寸 14,000 ～ 18,000 磅左右。這些水泥最終會經過一道有 200 個網眼的過濾篩子，機器接著就會將其打包，然後快速搬運到前面的貨物倉庫裡。

烘烤器長達 45.7 公尺，由生鐵連接著耐火磚，形狀是一個巨大的筒殼。其外直徑為 2.74 公尺，內直徑為 1.83 公尺。每一個烘烤器在一天的時間裡，都能夠生產出 900 桶水泥。一般來說，這些工作無論在白天還是黑夜，都是可以做的。巨大的壓碎機也是長年運轉的。絕大多數用於製造水泥的機器，可以說都是愛迪生創造性思維的結晶。還有數百個其他有趣的事實，也與波特蘭的水泥製造相關。要是沒有愛迪生做出的反應，這一切都將不會出現。

最近，他們在這些機器上新增了一個傳信工具，坐在辦公室裡的經理，能夠透過電話與來自不同部門的人進行交流。領班在白天或者黑夜的時候，也可以與其他人進行交流。愛迪生還發明了一個潤滑系統，能夠讓機器進行自動潤滑。這些潤滑油會持續地流過機器內部的結構，然後聚集在油箱裡，過濾，接著再次使用。在過濾與再次過濾之後，這些

潤滑油會被抽到每一幢建築配有的油箱裡，然後從機器的不同部位滴落下來，這是透過針閥來控制的。

愛迪生還是用堅硬混凝土建造房子的發明人。他花費多年研究這一計畫的細節，直到達到滿意的結果。就在一年前，他完成了實驗，如今已能在大約四天內，建造一棟十個房間的房屋。這一簡單的方法如下：製作鋼模，將混凝土灌入其中，待其硬化後，再拆除模具。目前，還沒有一整棟房屋能夠被建造成一體式結構。房子的地基、牆壁、地板以及天花板，都是透過將混凝土澆注到不同的模具中，然後再將它們拼合在一起而製成的。即便是窗戶結構，也是用混凝土事先做好。當這些模具移除之後，就會留下一個堅硬的窗戶結構，能夠抵擋數百年的風雨。據說，愛迪生想出這個方法，就是為了避免使用石磚與木材所產生的高昂成本。

雖然現在房屋的各個部分仍需分別澆築，不過未來肯定會有那麼一天，整棟房屋能夠一次成型、整體打造出來。這些房子可以根據房主的要求，設計有華麗或者簡樸的裝飾。這只需要一個聰明的建築師畫出設計圖紙，然後透過一般的機械手段將這些房子建好，之後將混凝土灌進去。在水泥堅硬之後，就可以將各個部分組裝起來。混凝土在幾個小時之內就會變硬，但我們最好還是要在 4 天後才將模具移走。因為經過幾天之後，建造出來的房子幾乎能夠抵抗炸彈產生的衝擊力。

建造 10 個房間的房子，大約需要重達 2.27 噸的鋼製模具，可是這些模具可以使用 500 次，這種節約成本的方法能夠讓施工方獲益匪淺。這種用模具建造房子的方式是相當簡單又靈活的。讓人奇怪的是，之前從來沒有人想到這一點。在今天的美國，許多人建造的房子，都是根據愛迪生當年提出來的方案執行的，並且也得到了他們想要的結果。

第十一章　活動電影放映機、磁石分離器

第十二章　其他一些發明

　　身為發明家，愛迪生的研究工作延伸到多個領域。他最著名的一些專利，都是與電燈、留聲機、電話、礦石加工機器、蓄電池等方面相關的。當然，他也還有另外一些發明，比如打字機、電筆、發聲器、問答機器、水果保存法、鑄鐵生產、抽絲機器、電動引擎、活動電影放映機、平板玻璃的製造方法、壓縮空氣機以及其他的一些發明。

　　要是想詳細地描述每一種發明的過程與方法，整本書都難以呈現。不過簡短地講述其中一些發明還是有必要的，因為這能夠讓讀者對愛迪生發明的範圍，有一個大致的了解。到目前為止，愛迪生可以說是人類歷史上擁有專利數量最多的人，光是在美國，他申請的專利就超過1,200多項，已經有超過800項的專利申請得到了批准。在其他國家，他申請的專利數目超過2,000項。這樣一個紀錄是非常獨特的，這是因為大眾都傾向於將愛迪生視為上帝特別恩寵的人，彷彿自然界會在他的耳邊傾訴一些祕密。可以說，愛迪生所獲得的成就，與他收穫的名聲是遠遠不相符的。

　　人們一般認為，愛迪生都是在靈感迸發的時候，將大腦裡的一些想法付諸實現，或者說，他的運氣特別好，可以去發明一些工具，將自己的發明運用到現實生活中。可是，這兩樣說法都不準確。愛迪生在「發明」與「發現」兩者之間，劃了一條非常寬的界線。按照他的說法，所謂一項發現就是指「從無到有」的過程──就是指某個人率先發現了某個原理或者準則，這些人應該得到無上的榮譽與尊重。

　　另一方面，發明則是運用某種特殊的功能，將其中一些現象或者行為應用到全新的發明中。因此，身為發明家，愛迪生擁有這兩種極強的能力。首先，愛迪生具有強大的發明能力，或者說一種強大的本能直

第十二章　其他一些發明

覺，知道如何才能更好地改造事物，得到自己想要的結果。其次，愛迪生具有良好的體格與無比堅韌的耐心，這也是非常重要的。

愛迪生具有非凡的天才，他的頭腦極擅長分析性的思考。當冒出來的一個問題吸引了他的注意力，我們就會假定，愛迪生已經開始尋找多種解決的方法，然後他會從這些方法當中，找出最適合的一種。愛迪生具有強大的抗壓性，他的成功在相當程度取決於他的體格，因為他的神經系統極為強大，即便是日復一日地工作，每天只睡很短的時間，也依然能夠堅持下來。他可以充滿熱情地研究某個單一的問題，而其中的單調枯燥，簡直會讓絕大多數人出現神經衰弱的症狀。

最近有關愛迪生的專利權發生了爭論，不少人都表示，愛迪生更多的只是一名發明家，而不是一位發現者。當然，這些話語對愛迪生其實更多是一種褒獎。一位博學的人說：「如果你讓愛迪生前往一片草地，那麼愛迪生也能為你找來一片最鋒利的刀刃！」很多人都認可一種觀點，那就是愛迪生是一個能在瞬間激發靈感、做出發明的人。其實，真實的愛迪生是一個勤奮不懈的人，他能夠透過耐心的努力加上自身的智慧，去實現自己的目標。

在「發現」這方面，愛迪生做出的發現的確不多。在他早年進行的一次自動電報實驗裡，電流在用各種物質推動紙帶的時候產生了一些物質。在進行這些實驗的時候，愛迪生手上拿著一支筆，然後在電流經過的時候，按下這個點。最後愛迪生發現，一些化學物質會在電流經過的時候，增強筆與紙帶之間的摩擦力，從而將筆輕輕地向上拉。之後，當愛迪生在實驗電話時，就發明了「電動圖片」或者說「滑石粉電話接收器」。因為這兩種現象是同時發生的。雖然愛迪生的這項發明被視為一種全新的發現，卻少有人能夠預測到，這種具有開創性的發現，竟然能夠運用到電話的發明上。

在西元1889年舉辦的巴黎展覽會上，吸引最多人目光的，就是愛迪生的最新發明，這在當時造成了巨大的轟動。

第二年，這些發明在美國展覽，成千上萬的人都對這些發明充滿了興趣。每一次展覽都有一張卡片，上面簡單描述著這些發明。同時還出版了一本小型說明目錄或小冊子，由愛迪生的朋友和同事、已故的盧瑟·斯特爾林傑編寫。不過，我們現在已經無法拿到這些小冊子的複印本了。因此，我下面就簡單地描述一下，愛迪生一些不那麼為世人所知的發明。

盧瑟·斯特爾林傑在早期的門洛帕克時期，就是愛迪生的同事，與愛迪生一樣，他也是一位不知疲倦、精力充沛的人。他最終因為發明了電路系統而在電學領域聲名鵲起。在電燈的發明還不完善的時候，他就與愛迪生在白熾燈方面取得了突破性的進展，這讓他的名字被永遠地載入電學歷史的史冊。

奧馬哈展覽會的電燈布置，就是斯特爾林傑充分發揮自身天才的結果。他所布置的電燈產生的效果讓人震驚。當時的電力協會還特意製造了一塊獎牌，用來表彰他的貢獻，這算是對他取得成功的一種認可。位於芝加哥的世界博覽會也是他一手布置的，他再次展現了自己在這方面無與倫比的天才。斯特爾林傑發明了第一個支形電燈架。這項發明陳列在西元1904年聖路易斯舉辦的展覽會上，與愛迪生的發明作品一同展覽。

盧瑟·斯特爾林傑是愛迪生最堅定的支持者，愛迪生所具有的發明天才總是激勵著他。他甚至在某個場合表示，要是愛迪生能夠選擇自己的出生地點，那麼他肯定會希望自己能夠生活在火星上，因為這能夠讓愛迪生每天多出40分鐘的時間。關於斯特爾林傑準備的這些關於描述各種發明的小冊子，我們已經在上文講述過。當然，其中的一些發明我們都相當熟悉的了，但其中一些發明，則處於一個不斷改良的過程。

第十二章　其他一些發明

　　斯特爾林傑一般都被視為擁有愛迪生授予的「自由調查權」(roving commission)。可以研究任何他認為可能有價值的發明。科學的大門上，任何寫著「無法入內」字眼的東西，都會立即吸引斯特爾林傑的注意，他會夜以繼日地工作，直到能夠進入這扇科學大門。在那個時代，許多聚集在愛迪生身邊的人都開始意識到，斯特爾林傑是一個地位極高的人，他的去世是科學以及電力領域的一個巨大損失。

　　我們已經提到了，在愛迪生實驗自動電報機的時候，電動圖片已經發明出來了。在同一時期，另一項發明則是電筆，這是他最實用的文書裝置之一，其巨大的成功，很快便從隨後大量湧入市場的仿製品中得到了證明。

　　按照愛迪生初始的想法，這個工具是非常簡單的，因為它只包括一個空心的木管，並裝有一根鋼軸。筆頭上安裝著一個與鋼軸相連的微型馬達，一根針從儀器的書寫端伸出，具備筆尖的作用。為了讓電筆能夠正常工作，小型的馬達需要連接到線路靈活的電池上。啟動之後，鋼軸就會劇烈震動起來，從而沿著紙張的表面移動，然後進行穿孔。有了電筆，可以製作出圖紙或字母的模板。接著利用複寫印刷機和上墨滾筒，便能印出所需數量的副本。

　　電筆問世沒多久，就有不少所謂的發明家嘗試去改良這項發明，讓其價格變得更低。在這些所謂的改良發明當中，有一個新奧爾良人按照相同的原理製造出一支充氣筆，只是有一點區別，這是由空氣驅動運轉的。此人的發明並沒有利用鋼軸，而是利用一根較小的管子。裡面的空氣能夠讓位於電筆頂端的鼓膜發生振動，從而移動這支針。馬達是透過發出細小轟鳴聲的發條裝置完成運轉的。

　　幾年後，這位缺乏運氣的發明家說：「這是一種非常簡單且具有美感的發明，而且能夠以電筆的一半價格售賣出去。我認為自己當時正處於

一項重大發明的前夜。可是,愛迪生真的是一位天才,他只是透過簡單地在筆端上新增一個齒輪,就將我徹底擊敗了。當這枝筆在紙上移動的時候,輪子會自然地旋轉,而齒輪則會在模具上留下痕跡。這樣做的成本大約是1美元,能夠一下子將電筆與充氣筆兩種功能集中起來。當我聽到愛迪生對此進行了改良,我不知道自己為什麼之前沒想到呢?不過發明創造就是這麼奇怪的事情。」

每一座城市的職員都非常熟悉油印機,這項發明是在電筆之後出現的。這項發明更加節約成本,不需要任何電力,但複印文稿卻同樣奏效。這個工具是由一塊鋼板、一張敏感紙以及一根鐵筆組成的。這些紙就被放在平鋼板上,鐵筆則在上面輕鬆地在敏感紙上穿孔。油印機就是以這樣的方式在磨具上留下許多痕跡。透過將模具紙放在恰當的位置上,就能夠將絲帶移開,結果與複印出來的文字是完全一樣的。在油印機發明之後,就立即被人們視為不可或缺的辦公用品。在今天這個時代,已經可以在成千上萬的企業機構裡看到了。

早在西元1885年,愛迪生就申請了一項與無線電報相關的專利,並在西元1891年得到批准。但他卻沒有像往常那樣懷著巨大的熱情,繼續沿著這個方向去研究。他很樂意將這項發明留給馬可尼去做,因為他對馬可尼抱著真誠的敬意。愛迪生發明的「蚱蜢電報」,是一項能夠讓電報站之間進行聯繫的發明。這個系統的特點,就是在兩站之間不需要任何特殊的線路,也不需要任何傳送媒介去傳送資訊。這些電線傳送的電流,並不會影響到正常的生活生產。火車或車站沿途的電池,都是用普通的電池去完成。他們使用的是帶有顫動器的感應線圈,上面還有一個摩斯按鍵與一對電話接收器。

有了感應線圈之後,電流就從電池迅速轉變成為交流電,這能夠在附近的線路或者電力工具中,轉變成相似的電流。它會產生持續的嗡嗡

第十二章　其他一些發明

聲，能夠在語音接收器上聽到，透過按鍵的方式轉變成摩斯系統的點與破折號。車的頂部都安裝著這樣的工具，這些都是透過車輪與鐵軌以及地面進行接觸的。透過這種簡單廉價的系統，資訊能夠透過空氣傳送到170公尺的距離，不會影響到線路與火車本身。在那個時候，「蚱蜢電報」經常被應用在美國的長途列車上，這也許是很少人覺得有必要在火車上發送訊息的一個原因吧！在改良這項發明的時候，愛迪生與W‧魏里‧史密斯（W. Wiley Smith）進行合作，後者也與愛迪生一道成為了這項獨特電報的發明者。

當時愛迪生正進行與電話相關的聲學研究，就已經想到發明一個能夠讓兩個距離甚遠的人進行溝通的工具，是不會太困難的。今天，這個工具依然在相當程度上，被運用到將聲音傳送到較遠的地方，雖然其現在的結構與一開始發明的時候是有些出入的。在那個時候，人們運用的是「雙重」漏斗，每個漏斗用的是金屬或者木質的材料，每一個漏斗的長度在1.8～2.4公尺之間，其漏斗口的寬度在9.1～11公尺之間。

這些巨大的漏斗最後在一個極小的孔裡封閉起來。愛迪生在這裡安裝了管道，操作工將耳朵放在這裡就能夠聽到聲音。在漏斗之間是一個巨大的揚聲器，整個工具需要放在一個牢固的鋼製三腳架上。使用這些大型電話能夠得到良好的結果，擁有這種工具的兩個人，能夠在距離超過3.2公里的地方進行通話，用正常說話的音量就可以了，不需要特別大聲。後來，電話的出現讓這種巨型裝置漸漸失去作用，但是這些巨型電話依然存在。這可以說是愛迪生在聲學方面做出的最重要貢獻。

另一項發明——與其說這項發明更加有用，不如說這項發明更加有趣——在發明電話的過程中，進行的許多實驗性工作，愛迪生將之稱為「聲動機」或者「聲音引擎」。這個機器是由一個送話口與一個隔膜組成的，在其中間的位置有一個帶著鋼棘爪的棘輪，上面的軸心還有一個飛

輪，透過腰帶或者繩索驅動彩色的圓盤。在對著這個工具唱歌或者說話時，聲音發出的振動——愛迪生發現這能產生巨大的能量——可以引起制轉桿衝擊棘輪，讓飛輪與彩色平板飛速旋轉。持續的聲音能夠讓飛輪獲得巨大的動能，要想使其停止發出聲音，這需要耗費巨大的能量。

與天文學以及水文學相關的兩個驚人發明，都是愛迪生做出來的，分別是微壓計（tasimeter）與氣壓錶。前者是一項充滿天才智慧的發明，充分利用了碳元素所具有的電阻作用，這在愛迪生的其他許多發明中也能看到。「微壓計」這個名字是源於「延伸」與「測量」這兩個單字，因為這個工具最重要的功能，就是測量任何事物的延伸程度。這樣的工具有一條橡膠組成的頂端，與鉑金的平板處於垂直的位置，下面就是一個碳鍵。這兩個平板以及碳鍵形成了電流線路的一部分，其中就包含著電池與一個電流計。

堅硬的橡膠對於熱量是極其敏感的，即便是其感受到了最輕微的熱量，都能讓其處於一種膨脹的狀態，從而增強其對碳鍵的壓力，讓電流的阻力產生變化。當然，這樣的情況會直接在電流計上有所反應。電流計是非常敏感的，即便一個人在9公尺外產生的熱量都能夠感覺得到。在天文學觀察上，這同樣得到了非常成功的應用。在某個場合下，大角星產生的熱量射線可以透過這個工具，獲得非常滿意的測量結果。

氣壓錶的原理其實與微壓計非常類似，一條明膠果凍取代了堅硬橡膠的地位。除了會受到熱量的影響，其對溼度也非常敏感。落在地板上的幾滴水，都足以對線路中電流計產生明顯的影響。氣壓計、溫度計以及另外一些同樣精密的儀器，都是按照相同的原理去製造的，這可以用來測量氣體以及蒸汽所感受到的壓力。

愛迪生其他的一些發明——也是非常具有技術含量的，很難一一闡述——其中就包括了碳粉變阻器，這是一種改變線路電流的工具，還有

第十二章　其他一些發明

就是繼電器，繼電器能夠將線路的各種可變電流，進行訊號上的轉變。愛迪生還發明了聲學電報系統、化學電報系統、私人線路印表機、印刷機、電磁工具、電流繼電器，以及迴路指引器、電報呼叫和訊號工具，等等。

愛迪生是第一個看到發電機與巨大的電磁場之間，可以產生重要影響的人。他發明的第一個大型蒸汽發電機，就是在門洛帕克完成的，發電量能夠供應 700 盞電燈使用。西元 1881 年，他建造了一臺大型發電機，震驚了當時電力領域的所有人。這臺發電機重達 27 噸，電樞是由銅桿做成的，而不是像之前那樣用銅線做成的，這些銅桿就重達 6 噸。這臺發電機在巴黎、倫敦、米蘭、紐約等地進行展覽，在當時造成了巨大的轟動。

愛迪生發明了回轉磁馬達、磁性發動機、麥克風、磁橋（用於檢測鐵的磁性屬性），還有電動圖片、碳粉電池、真空水果保存法、真空泵、電話語音機以及電流計（這個發明具有特殊之處，它是沒有電線與磁針的）。愛迪生還有更多的發明也同樣獲得了專利權。

在這裡，我們還要提到，某種單一的發明往往需要申請多項專利，這在愛迪生的概念中也是如此。比方說，在發明留聲機的過程中，愛迪生就申請了 101 項專利。在發明蓄電池的過程中，他申請了 20 項專利，在發明電表的過程中，他申請了 20 項專利，在發明電報的過程中，獲得了 147 項專利。在發明電話的過程中，需要申請 32 項專利。在發明電燈的過程中，獲得了 169 項專利。我們都還記得當愛迪生在發明白熾燈的時候，它一共申請了 169 項不同的改裝專利申請，這實在是讓人驚嘆不已。

還有一些奇怪的發明，同樣歸於愛迪生的名下。當然，愛迪生這位偉大的發明家，讓許多美國的媒體都充分發揮自身的想像力，想盡一切辦法去為愛迪生捏造出一些「引人入勝」的故事。沒有良知的報業人士，會將自己想當然的事情當成一種事實，甚至將一些不切實際的想法安在愛迪生頭上。這些記者可能是在做了幾個晚上的噩夢之後，才想到了這

些精采絕倫的故事,然後就將這些內容寫下來,準備刊登在一份週六的報紙上。

於是,有位記者立即開始工作,發表了一篇讓世人感到震驚的文章。但是,我們有必要提出這樣一個疑問:難道一位對愛迪生一無所知的記者,要比科學界的一些名人更加了解愛迪生嗎?因此,這些恬不知恥的記者,將完全是自己憑空想出來的內容安在愛迪生頭上,然後還理所當然地認為,愛迪生能夠承擔這樣的名聲,因為愛迪生展現出來的天才,可以說足以堪當任何類型的發明。

愛迪生本人也實在是太忙碌了,根本沒有時間理會這些事情。比方說,就在不久前,一份美國報紙就發表一則讓人無比震驚的故事,這則故事講述愛迪生是如何構思出一種方法,讓魚雷船在戰爭的時候變得毫無用處。這一份煽動情感的報紙這樣說:

這一個工具是類似於碳化鈣的濾毒罐,上面還混合著少量的磷化鈣。之後,我們將這些物質放到偵察船上,或者透過迫擊炮發射出去,讓砲彈在水中前進一段距離,擊中對方的船隻。這些濾毒罐上安裝有浮力室、排水孔,會釋放出乙炔,還能同時產生一種可燃的磷化氫氣體,這將會同時引爆乙炔。最後的爆炸會燃起一陣亮光。這種炸彈的成本較低廉,但其爆炸的影響力卻很大,任何在一里之內的船隻都能看到火光的影子。這種炸彈要比普通的魚雷炸彈強大至少50倍。這就是愛迪生發明出來的。這個發明能夠讓海軍戰艦失去魚雷船這一重要的戰力。

很多其他奇怪的發明,同樣歸於愛迪生的名下。在某段時間,一份有進取心的報紙持續發表橙黃色的專欄,幾個月以來都在發表「採訪」愛迪生的欄目,將許多奇怪但有用的發明都歸功於愛迪生,這樣的事情最終讓愛迪生感到非常驚慌,因為他擔心會有人將他抓到精神病院,看看他的神智是否清醒。

第十二章　其他一些發明

於是，愛迪生決定對此做些事情，這份報紙的編輯接到了一封信，愛迪生在信裡表示，除非這個所謂採訪的專欄立即停掉，否則就會對此採取法律手段。這位編輯也是一位非常聰明的人，他並不想與愛迪生在法庭上見，於是這一場荒唐的「採訪」系列就這樣結束了。這份報紙將其他古怪的發明都安到了愛迪生身上，其中有一項是用來迅速融化降雪的發明。這項發明需要利用電力以及光線反射器。這份報紙指出：

以後城市的男孩再也不需要在人行道鏟雪了，他們將會感到非常高興。但是這樣一項發明也會讓貧窮的男孩失去一門生計，因為他們再也無法透過從事鏟雪的工作而賺錢了。這項發明在解決跨越大陸的鐵路建設方面，具有極大的用處。

這份報紙所謂的「採訪」系列報導，招來了愛迪生送來一封充滿憤怒情緒的信，這封信件是發給《紐約日報》的，下面就是這封信的影本。

先生：

我要向你們這份報紙提出抗議，你們發表的多篇報導，都宣稱我做出了神奇的發明，並且說針對許多神奇的發明向我採訪。但是，這些報導沒有一篇是真實的，這些所謂由我發出來的宣告也是捏造的，本人從來沒有接受過這樣的採訪。這些報導會讓公眾對此產生錯誤的判斷，而他們根據報導所得出的判斷，與現實恰恰是相反的。我這一生從來都沒有想過，要將時間浪費在毫無實際用處的發明上。我特別要說明一點，那就是我與你們提到的一篇、有關生在火星的報導毫無關係。

湯瑪斯・阿爾瓦・愛迪生

這些讓愛迪生當時甚感惱火的報導，發生在6年前左右。愛迪生說：

我現在能夠對此一笑了之，但在那個時候，我不覺得這是一件有趣的事情。其中一些「小男孩」（這是愛迪生對那些記者的稱呼）來過這裡，卻一直沒有見到我，也沒有從我的同事那裡得到任何真正有用的資訊。

於是，記者回家之後，也許內心會感到些許失落，便寫出一篇自己臆想出來的文章。他用極為流暢與描述性的語言去講述，我在很短的時間內，可以發明出一件能夠讓普通人穿上 12 個月的襯衫，並說這一類的襯衫十分廉價。他繼續編造說，這件襯衫有 365 層，每一層都是由不同的布料做成的 —— 具體的想法只有愛迪生本人才知道。每個早上，穿上這樣的衣服，保持前面衣服的平整與乾靜，第二天撕下前面的這一層，就能夠獲得一件全新的襯衫了。

　　這位記者聲稱我也穿著這樣的襯衫，而我也認為，要是能夠發明這樣的襯衫，那麼這將是我到目前為止最偉大的發明之一。糟糕的是，刊登這則新聞報導的美國報紙超過了 500 家。有趣的是，不少讀者都認為這則新聞報導是真實的，每個人都似乎在尋找著這樣一種襯衫。我開始收到來自美國不同地區的人寫來的信，他們都希望我能夠供應這樣的商品。一開始，我要求手下員工寫信，告訴這些來信者說報導不是真的，表示自己根本沒有嘗試任何與衣服相關的專利權。但還是有許多來信，信的數量越來越多，最後導致根本無法一一回覆。

　　之後，這個故事還流傳到其他國家的報紙上，從中國到南非的人們似乎都希望得到這樣一件襯衫。很多記者都懇求我說，如果我不能將這樣的襯衫賣給他們，至少也要告訴他們在哪裡可以買到。當然，他們這樣的想法是不錯的，要是他們能夠得到幾件這樣的襯衫，肯定會非常高興。我想讓經紀人去銷售這些商品嗎？肯定想。在過去一年的時間裡，要求生產「愛迪生襯衫」的訂單不斷湧入，直到公眾覺得自己被愚弄了，於是他們的熱情就轉向到其他事情上。可這是一個非常愚蠢的故事。要是我能夠抓到那位編造故事的記者，我想他不會想要一件襯衫或者其他任何的東西。

　　愛迪生曾被問到，他是否想要發明一些能夠預防人變老的東西。愛迪生聽到這個問題後哈哈大笑，然後說自己想不出在未來一段時間裡，有誰能夠找到這樣的方法。他提到了動物生命的犧牲，在損傷的皮膚組

第十二章　其他一些發明

織裡注入血清。記者將這段愛迪生的採訪非常詳細地記錄下來，當然其中還有一些加油添醋，甚至宣稱愛迪生認為，人類之所以變老，只是因為身體的分子生理結構，沿著某個方向出現了變化。

換言之，當我們能夠改變這些分子的活動方向，就能讓自己每過一年就變得更加年輕，讓時間倒流。這種「全新」的思想，可能更多的是源於採訪記者本身的想法。這篇報導引來了許多有趣且歡樂的信，其中有不少詩人開始用詩歌去描述，「扭轉分子活動方向」的可能性。下面一首相關的詩歌，是由喬伊・本頓創作的，出現在《判斷》這份報紙上。

愛迪生與通向年輕的全新道路

哦，摩斯或者愛迪生在哪裡呢？

現在還有誰能夠像愛迪生這樣，願意耗費自己的智慧，阻擋我們變老的步伐？

如果分子這個小小的東西，被推到某些軌道

那麼每過一年，你就會變得越來越年輕

再也不會有人到藥房那裡去買藥了

我們將能夠改變分子的移動方向，讓空白的地方填滿

我們的皺紋將會離開，在中年或者老年的時候

我們的頭髮也不會那麼灰白

老人再也不會感到恐懼了，任何年老的單身漢也不需要感到悲傷

因為他們會漸漸變得年輕起來，再也不會為衰老感到痛苦

情侶們可以將求愛的步伐放慢點

即便是等待漫長的時間，也要等待最好的女生出現

那些深陷一大堆債務的人，再也不會眉頭緊鎖了

不會像幾個世紀前那樣無法生活了

當然，如果時間能夠放緩前進的步伐，那麼世界將會人滿為患

因為每個人的生命都將變得無限長

但是，我想要看到這樣的運動——因為我有足夠多的事情要做

要是我的人生能夠延續一、兩個世紀

如果我們無比聰明的愛迪生能夠改變分子移動的方向

那麼我準備讓汽車迅速將我帶回去

帶回去那個夏天游泳的時間，我的童年時光是非常愉悅的

或者在冬天的時候，我要在山丘上漫遊

或者在綠色的青草上，安靜地閱讀一本書

或者在遙遠的馬德里，我的第一次心動才剛剛成熟

分子的活動要是能夠暫停或者放緩腳步

倘若這是真的，而不是一個玩笑

那麼我希望能夠追求自己喜歡的女生

據說，現在的藥店都要將發明治療痛風的某種藥物，歸功於愛迪生。這個發明的故事是這樣闡述的：

某天，愛迪生遇到了一位朋友，聽這位朋友說他患上了痛風疾病，忍受著手指關節腫脹帶來的痛苦，就用好奇的心態問道：「你怎麼了？」「痛風。」此人回答說。「什麼是痛風？」愛迪生問。「就是關節裡累積了太多的尿酸物質。」此人說。「為什麼醫生治不好你呢？」愛迪生又問。「因為尿酸是無法溶解的。」「我不相信。」愛迪生說。接著他立即走向自己的實驗室，取出了大玻璃杯，然後加入一些化學物質。在每一次實驗裡，他都會滴進一些尿酸，然後等待結果。在進行了 48 個小時的實驗之後，愛迪生終於發現了尿酸可以在兩種物質中溶解。其中一種物質已經被運用到治療痛風了。

第十二章　其他一些發明

第十三章　戰爭機器

　　10 年或者 12 年前，當委內瑞拉事件演變成一場危機的時候，很多美國人都在討論，我們是否有足夠的能力去應對這場戰爭危機。新聞報紙上充斥著各類人提出的自我防禦方法 —— 有來自軍事方面的專家，也有來自其他行業、從未見過槍的人。許多科學家與電力學家的觀點，都是人們非常重視的。在這些人當中，愛迪生的意見自然受到高度重視。一位記者一天早上前往奧蘭奇實驗室拜訪愛迪生，向他提出了一大堆問題，而愛迪生則提出了一大堆電力方面的設備裝置，堅信美國可以透過這些設備去抵抗侵略者。愛迪生有數百種原創的想法，他就像是一位分發著小冊子的傳教士那樣，自由地表達著自己的看法。

　　幾年前，愛迪生就與 W・史考特・斯姆斯[044] —— 這位潛水艇艇長 —— 進行合作，發明了一艘可以透過電力進行操控的魚雷潛水艇。愛迪生第一次提出一種具有極強殺傷力的武器，能夠解決許多戰爭方面的問題。按照愛迪生的設想，魚雷懸掛在一條長長的潛水艇上，在水下幾英尺，其中包括電動馬達與導航功能，裡面還配有爆炸裝置。這樣的魚雷可以在岸上或者艦艇上，透過電纜去控制。魚雷能夠按照規定的要求發射，其速度與前進的目標都是可以設定的。這一切都是都是透過改變電纜的電流去實現的。愛迪生指出，這種魚雷艇要比以前那種單純的人海戰術更加有用，能將發射置於絕對的控制之下，並能將目標中的任何物體都擊碎。

　　愛迪生在談到這種魚雷艇之後，還談到與國家國防相關的一些思想。這些想法都是當時愛迪生心裡醞釀已久的。愛迪生表示，無論美國與哪一國開戰，電力都扮演著極為重要的角色。要是我們讓水流都充滿

---

[044] W・史考特・斯姆斯（Winfield Scott Sims，西元 1844 ～ 1918 年），美國發明家。

第十三章　戰爭機器

著電流,那麼敵人將會陷入極其被動的狀況,這也是完全有可能的。即便是一個堡壘只有 10 多名守軍,也能夠輕易地擊退敵軍,無論對方前來進攻的人數是多少。每個堡壘若安裝超過 2 萬瓦特的電流裝置,那麼只需要一個人就能控制電流,讓水流都帶上致命的電流,讓敵人受到重創。當水流撞擊到敵人的軍艦時,電流就會就會形成一個迴路,最終他們也不會知道,到底是什麼武器將他們擊倒。

愛迪生在簡單地談論這些全新的防禦手段之後,對此產生了濃厚的興趣。身為一個充滿人性的人,他對眼睛瞪得大大的記者說,這種大規模殺傷性武器可以進行改良,減少敵軍的傷亡人數。當然,這一切都取決於操作人員當時的情緒。如果他覺得電流不夠、只是讓敵人吃一驚還不夠的話,就會認為必須要將電流全部釋放出去,才能徹底消滅敵人。假設他決定某種程度的電流是足夠的話,那麼在敵人逃出這次致命的帶電水流後,他們就可以想辦法捉住敵人,讓他們成為俘虜。要是俘虜的人數太多,便可以採用另一種方法,將水流中的電流變得更加強大,從而直接將大部分敵人消滅掉。否則要想控制這麼多俘虜,是不可能的事情。當然,愛迪生身為一個仁慈的人,並不建議使用這樣的方法。

除此之外,愛迪生還有其他一些同樣新奇且有效的點子。他冒出了空投魚雷的想法,這種魚雷能夠飛出去,直接擊中敵人的艦隊,然後引爆數百磅炸藥。這種具有摧毀效能量的炸彈,自帶導航的齒輪以及保險絲,能夠計算其離開發射艦艇所設定的時間。製造空投魚雷的成本並不高,要是這種魚雷能夠將敵人造價高達 500 萬美元的戰艦摧毀掉,這樣的成本是不值一提的。

接著,愛迪生還討論了諸如砲彈、槍等類型的武器。這名記者回家後,寫了一篇報導。這篇報導不僅為國人帶來許多樂趣,同時還吸引了許多歐洲人關注的目光。英國人非常重視愛迪生接受採訪的文章,一份

主流日報——在這裡還是不說這份報紙的名字了——就在「領袖」專欄裡刊登了下面的評論：

到目前為止，我們認為愛迪生肯定是瘋了。如果說那篇報導真的有那麼一絲是真實的話，那就說明愛迪生這個偉人在整個過程中，談論了許多殺人的發明，當然這是在美國與其他國家開戰的時候才會發生。我們抗議愛迪生先生將上帝賜給他的這種天賦，用在那樣的地方。我們發自內心地遵循古老的情感，但是，利用這些「文明的產物」去進攻敵人，與愛迪生所談論的內容，其實都不能代表戰爭，這只是對人類一種簡單粗暴的屠殺，這是一種無法容忍的殘忍與殘暴行為，任何一個有自尊的國家，都絕對不能做出這樣的行為。

還是繼續讓愛迪生將自己的天才，運用到那些更為和平的方面，讓世界上原本已經對他的發明感恩戴德的人們，更加感謝他的神奇發明吧！我們這樣說，並不是擔心自身國家士兵的安全。我們的士兵能夠勇敢地面對危險，勇於挺身去維護英國的尊嚴。倘若這些士兵知道這是他們的使命，我想他們也絕對不會懼怕，愛迪生發明的大規模殺傷性武器。只是，我們真不希望這個時代最偉大的發明家，要背上這樣的罵名。

接著，倫敦的許多報紙都開始評論這件事，並且以非常嚴肅的態度，去分析愛迪生的立場。阿姆斯壯爵士接受一位興奮記者的採訪，還收到了一位英國發明家的信件，這封信是這樣寫的：

西元 1895 年 12 月 27 日，羅斯貝里，克拉格塞德

親愛的先生：

如果有關愛迪生接受採訪的內容準確——雖然我對此表示懷疑——我必須要說明一點，那就是這位偉大的發明家不但很難理解，而且還對事情抱著過分樂觀的態度。愛迪生所提出來的設想，只能存在於想像當中，在現實情況下是極難做到的。要是愛迪生的一些想法，不需

第十三章　戰爭機器

要直接經過戰爭的檢驗,就能具有實用性的話,那麼我只能說,愛迪生根本就不是人。在諸如建造模型以及實驗室試驗等方面的事情上,這與大西洋彼岸的我們其實關係不大。

倘若沒有在現實情況下進行大量試驗,其可靠性是值得懷疑的。這些武器即便真的製造出來了,也是無法去偽裝掩飾的。因此單——一種發明所具有的優勢,很快就會消失。超越時代的發明,即便是來自愛迪生的想法,都應該是首先去質疑的,因為這並沒有任何現實的證據支持。薩里斯伯利公爵也是一位電力學家,當他聽到愛迪生在受愛國主義情感的煽動下,說出了使用電力武器去摧毀敵人的說法之後,內心也充滿了不安。

在拉布切里爾的週刊,刊登了那首對「門洛帕克的故事編纂者」不懷善意的詩歌之後,最後的結果也是可想而知的。我們需要提出一點,那就是愛迪生接受採訪的文章傳到英國的時候,文章的標題已經改成了「當與英國作戰的時候」。這首詩歌在美國的許多份報紙上都有刊載,全文如下:

戰爭機器

湯瑪斯・阿瓦爾・愛迪生,放馬過來吧!
我們都知道這種全新的科學所具有的威力
即便如此,我們依然可以對你所說的全新武器
哈哈大笑
你所說的這些殺人武器設備
據說能夠造成大規模的殺傷
你說如果發生戰爭的話
就會毫不猶豫地使用這些武器
那些所謂致命的水

你的目的就是將這些水送給我們

那些憤怒的巨龍正在敲響著喪鐘

你的發明也正想著漸漸摧毀我們

這些鏈鎖中的每一環,都代表著死亡

在這些可怕的空中飛彈面前

我們的戰艦可能會立即灰飛煙滅

你們的四枚砲彈會同時發射過來

這將會投射許多的砲彈

這樣的武器能夠造成一種恐慌

無論是在廷巴克圖還是在中國大陸

都會造成一樣的恐慌情緒

但是,你可以肯定一點

那就是你的話語很快就會得到驗證

這樣的科學妖怪

即便是任何沒有經驗的新手,也不會對此感到恐懼

現在,我們都已經知道了

你認為你的發明真的具有危險性,能夠將我們嚇倒嗎?

這只不過是你的一廂情願罷了

當然,你不必對此感到過分認真

當你做出了那樣荒誕不經的表述之後

也只不過是一個滑稽的小丑罷了

一個在電學方面有如此造詣的人

是絕對不會說出這樣的話來

你知道我們兩國不會爆發戰爭

第十三章 戰爭機器

我們兩個國家的關係形同父子

你肯定也是被那位記者愚弄了

讓他將一些愚蠢的話語寫了出來

簡而言之,現在是聖誕季節了

其中所隱藏的祕密是如此難以理解

四月的第一天所發生的事情

我們每個人都會將其拋在腦後,不去計較。

法國也對愛迪生提出的戰爭發明充滿興趣,當時的英國已經在討論著可行的砲彈發射槍、空中魚雷等武器裝備。而巴黎報紙刊登了下面一則諷刺的文章,這篇文章想像著愛迪生在實驗室裡,聽到大英帝國與美國爆發戰爭的情景:

愛迪生的一位年輕助手興沖沖地走進辦公室,一臉蒼白地對偉大的電力學家愛迪生說:

「老闆,戰爭爆發了!這太恐怖了!」

「啊!」愛迪生說,「戰爭爆發了?有這麼一回事?英國的軍隊此時在哪裡呢?」

「先生,英國軍隊正在登船。」

「在英國哪裡登船?」

「利物浦。」

「在利物浦啊——好吧!我的朋友,你願意將掛在牆壁上的兩根電線連接起來嗎?就是那樣子。好,你將這兩根電線拿給我。現在,你可以輕輕地按下那個按鍵了。」

這位助手對此充滿了好奇心,就按下了那個按鍵。

「很好。」愛迪生說,「你知道利物浦現在發生了什麼事情嗎?」

「英國的軍隊正在登船啊!」

愛迪生伸出手臂，看了一眼手錶，說：「現在那裡沒有英國軍隊了。」

「什麼？」這位助手大聲地尖叫。

「就在你剛才按下那個按鍵的時候，你已經摧毀了那些英國軍隊。」

「天啊，這實在是太可怕了！」

「這一點都不可怕。這是科學。現在，每當英國軍隊在任何一個港口登陸，你只需要立即告訴我就可以了。十秒鐘之後，這些英國軍隊都將徹底消失，就是這麼簡單。」

「在我看來，既然美國擁有了如此強大的武器，根本就沒有任何理由去懼怕任何敵人。」

「我傾向於認同你的說法。」愛迪生微笑著說，「不過為了避免我們接下來面臨更大的麻煩，我認為現在最好就要將英國徹底毀滅掉。」

「先生，你想要摧毀整個英國嗎？」

「你只需要輕輕地按下第四個按鍵就可以了。」

這名助手輕輕地觸碰了一下，接著愛迪生開始倒數。

「十，九，八，七……這一切都結束了。已經沒有英國了。」

「哦，我的天啊！」這位年輕的助手失聲尖叫。

「現在，我們可以安靜地繼續工作了。」愛迪生說，「假使我們接下來還會與其他國家發生戰爭，你只需要告訴我就可以了。我手上有一個電動按鈕，連接著世界上每一個國家，一旦按下去，這個國家就將被徹底摧毀。在十分鐘之內，我便能夠摧毀世界上的每個國家，包括我們所在的美國。因此，你要非常小心，不要意外地觸碰到按鍵，否則會造成巨大的災難。」

這些故事與諷刺短文都讓愛迪生極為惱火，因為他對於這些完全捏造與臆想出來的文章，竟然能夠如此廣泛地流傳開來感到不可思議。他之前從未想到過，自己只不過是接受了一次採訪，就造成了如此巨大的

第十三章　戰爭機器

轟動。可是，真正讓他感到無比遺憾的是，他在接受採訪的時候，特別談到了在與英國作戰時，所使用的那些大規模殺傷性武器。事實上，美國與英國之間根本就不會爆發什麼戰爭，因此他提出的那些所謂的新式武器去摧毀另一個國家，完全是荒謬的。

在對此進行討論的時候，愛迪生只是說對英國以及這些所謂戰爭的一些看法。在這個過程當中，愛迪生表示，英國一般要花兩至三年的時間，才能真正靜下心去做一些事情。在這段時間裡，他們所做的絕大多數事情都是錯誤的，但是英國就是能夠堅持下去，直到其他國家都感到疲憊不堪，無法堅持下去了。最後，愛迪生表示，真正讓英國強大的不是英國人的頭腦，而是他們的體格。愛迪生的這種有趣觀點，在多年後英國與南非之間的戰爭中得到了證實。

雖然愛迪生並沒有將太多的精力投入到研發戰爭武器上面，但他已經就一些爆炸物進行了相關的實驗，這些爆炸物所具有的特點讓他非常著迷。在他早年的研究時期——當他還是一個在火車上賣報紙的報童時——就喜歡實驗一些容易爆炸的東西。當時的他還是一個不懂規矩的新手，容易將火棉混在一起，然後進行試驗，讓這些火棉在爐子前熊熊燃燒。

愛迪生並沒有考慮過，這些可以做成炸藥。雖然他當時的試驗方法是比較粗糙的，並且是非常危險的，不過愛迪生也認為，這是最安全的一種方法。在研究磁石分離器的時候，愛迪生使用了大量的炸藥。為了向身邊的人證明這點，他多次帶領手下員工到一些礦場，去證明這些炸藥是相對安全的。他會在他們面前引爆炸藥，他之所以這樣做，是為了證明在一般情況下，只要小心謹慎地對待炸藥，是完全可以相信炸藥所具有的安全性。他身邊的很多人都了解這點，因為他們在之後處理數噸重的炸藥時，都沒有出現過一起意外事故。

硝化甘油（nitroglycerin）是一種危險的炸藥。要是讓一滴硝化甘油的液體落在桌子上，然後用一把錘子進行敲打，那麼你與錘子以及桌子，都可能會立即從房子裡飛出去。不過，即使是這種烈性炸藥，與三碘化氮（Iodide of nitrogen）相比也是相對安全的，因為後者的爆炸能量速度，可以達到每秒 1.2 公里，這幾乎是聲音速度的三倍。在實驗爆炸物的過程中，愛迪生研發了一些極為敏感的炸藥，只要人們對這些炸藥吼叫，炸藥就會「爆炸」。要是將一滴這樣的溶液放在桌子上，然後對著它吼叫，就會立即產生爆炸。

他在解釋這一有趣的現象時，說道：「你看，這東西處於一種非常微妙的平衡狀態。它是否會保持液態還是轉變成氣態，取決於周圍的條件。當這種平衡非常接近時，只要一點點刺激就會讓它傾向於轉變成氣體，所以甚至連聲音的震動都可能引發變化。一陣劇烈的咳嗽也會造成這個效果，掉落在地板上的重物同樣如此。」

愛迪生對這些高度敏感的炸藥充滿了情感。多年前，他就是透過某一種敏感的炸藥，才找到了解決問題的方法。在某天早上實驗爆炸物的時候，幾位牧師前來拜訪他。愛迪生對這些牧師的拜訪不勝其煩，因為這嚴重影響到他在實驗室裡的研究工作。即使如此，愛迪生還是像對待所有人那樣，非常有禮貌地接待他們。可是隨著時間的流逝，這些牧師似乎根本沒有想要離開的意思，愛迪生開始意識到，必須要給他們一些提示，好讓他們乖乖地離開，因為他沒有那麼多的時間與這些牧師打交道。於是，愛迪生就以隨意的口吻告訴這些牧師，他準備實驗一些敏感炸藥，要是不小心將他們弄傷了，他會感到非常遺憾的。

不過愛迪生這樣的說法，反而激發了這些牧師的興趣，他們都表示想要觀看一下，然後向愛迪生提出了各種愚蠢的問題，這讓愛迪生感到煩躁與惱怒。愛迪生毫不掩飾地嘆息了一聲，然後想用一個相對文雅的

第十三章　戰爭機器

方式，趕走這些牧師。幾分鐘後，他就想到了一個非常好的點子。他將一些物質放在實驗室裡，然後在房間裡放下一、兩滴這樣的溶液——這些牧師則是坐在窗戶旁邊，不會有什麼危險。這些牧師看得津津有味，反而更多地聚在愛迪生身邊觀看。接著，愛迪生就在長凳上找一個位置坐下來，繼續自己的研究。

突然之間，愛迪生跳起來大聲地說：「我找到了！」然後用力地敲著桌子，讓這些溶液掉在地上。接下來發生的事情，比愛迪生想像中更加糟糕。震耳欲聾的爆炸聲響了起來，許多玻璃瓶都震碎了，電路系統也短路了，有桌子翻倒了，卻沒有一扇窗戶碎裂。牧師們都被嚇得魂飛魄散，他們將手放在頭上，幾乎要尿出來了，詢問著到底發生了什麼事情。愛迪生冷靜地面對這些事情，向他們解釋說這樣的爆炸經常發生，並且對這次爆炸沒有造成任何人員傷亡感到慶幸。他希望接下來的另一次實驗，不會造成任何危險，但是誰也無法預測。牧師們紛紛表示，這樣的實驗是非常有趣的，不過他們還是離開比較好一些，便紛紛拿起自己的帽子，匆忙向愛迪生告別，接著就離開了實驗室。

上面的故事說明了一個事實，那就是愛迪生的發明天才，經常會遭受到嚴峻的考驗，因此他必須要想盡一切辦法，去擺脫那些不受歡迎的來訪者。在某個場合下，一位記者想要前去拜訪愛迪生，但這名記者所代表的報社，是愛迪生比較反感的——因為這份報紙多次荒誕報導愛迪生的事——愛迪生想要迅速擺脫這名記者，卻又不想冒犯他。於是便詢問這名記者，是否願意在實驗的時候採訪他。這名記者高興地表示願意，並且表示這能增加採訪的氣氛。後來，他們就轉移到愛迪生實驗室裡的私人房間。愛迪生表示，只有在自己將所有的實驗設備都準備好，他才能接受採訪。

愛迪生搬出了一臺機器，這臺機器能夠在室內環境下，釋放出某種

形態的氧氣，一旦開動引擎就會冒出一陣黑煙。當然，愛迪生對這樣的情景已經見怪不怪了，他微笑地對這名記者說：「好了，我能為你做些什麼嗎？」可是，這位記者根本說不出話來，濃密的黑煙進入了他的咽喉，接著進入他的眼睛，似乎經過他的耳朵進入他的大腦。他努力想要將自己準備好久的問題提出來，卻在不斷咳嗽的情況下，根本說不出來。他不得不表示要暫停採訪，愛迪生對他的要求假裝表現得非常驚訝，又假裝對這位記者過早結束採訪的行為感到不滿。無論這名記者最後是否察覺到愛迪生所使用的小伎倆，可以確定的是，他再也沒有辦法踏入愛迪生的實驗室，不會打擾到愛迪生的研究工作了。

第十三章　戰爭機器

第十四章　電刑

有時，人們會提出一個問題，那就是在美國一些州用於執行電刑的工具，是否是愛迪生是否發明的？雖然這些電刑工具在奧伯恩安裝的時候，愛迪生並沒有親自到監獄裡去檢查，但是這一執行死刑的全新工具，在當時的紐約尚未得到使用。除此之外，人們還需要進行更多實驗，才能評估電刑是否能夠取代絞刑。愛迪生在門洛帕克的實驗室裡騰出了一些地方，允許他的電力學家幫助他就這方面進行研究。

當採用電刑去執行死刑──作為懲罰那些罪大惡極之人的手段──的想法第一次說出來時，很多人對此都嗤之以鼻。絕大多數的新聞報紙都將這樣的想法視為一個笑話，沒有認真地對待。他們宣稱，這樣一種執行死刑的方法，永遠都不可能在美國這片大陸上得到執行。

但出乎許多人意料的是，這個想法得到了紐約州州長的支持。於是成立了一個委員會，成員包括卡洛斯・F・麥克唐納博士[045]，他是奧爾本精神罪犯收容所的主管，以及 A・D・羅克韋爾[046]，他是電學方面的權威專家，還有就是愛德華・塔特姆[047]、哈樂德・P・布朗博士[048]，他們都是電力工程師，再加上其他方面的專家學者。他們立即展開一系列實驗，試圖判定電刑是否比絞刑來得更人道。

愛迪生也受到了邀請──雖然他對那些被執行死刑的人沒有一絲憐憫之心──卻也表示自己對電力被用於這樣一種用途深感遺憾。不過，他依然同意了這些要求，允許在他位於門洛帕克的實驗室裡進行實

---

[045] 卡洛斯・F・麥克唐納博士（Carlos Frederick MacDonald，西元 1845 ～ 1926 年），美國神經病學家，參與了電椅的發明。
[046] A・D・羅克韋爾（Alphonse David Rockwell，西元 1840 ～ 1933 年），美國科學家。
[047] 愛德華・塔特姆（Edward Lawrie Tatum，西元 1909 ～ 1975 年），美國科學家、遺傳學家。西元 1958 年諾貝爾生理學或醫學類獲獎者之一。
[048] 哈樂德・P・布朗博士（Harold Pitney Brown，西元 1857 ～ 944 年），美國科學家、電力工程師。

第十四章　電刑

驗，並騰出實驗室後面一棟大建築給他們。哈樂德·布朗博士受到紐約州的委任，專門負責這些實驗。其的首要目的就是決定，該怎樣使用具體的電刑執行方法，才能讓罪犯在遭受死刑時，忍受最小限度的痛苦。之前，人們認為唯一能夠帶來滿意結果的電流，就是我們所說的「交流電」。而在門洛帕克開展的所有實驗裡，都是在用這樣一種電流去實驗。我們有必要提到一點，即這種交流電並不會為罪犯帶來持續的電流，而是在一秒鐘之內輸送 300～400 安培的電流。在辛辛監獄以及奧伯恩監獄裡執行的所有電刑裡，都是使用這種交流電。

西元 1889 年 3 月 2 日，他們進行了多項實驗，認定電刑取代絞刑是非常有必要的。在一幢較大的木製建築裡，愛迪生安裝好了每一個所需的電力設備。被挑選的一些實驗對象包括幾條狗、4 頭小牛以及 1 匹馬。這些狗一開始就吸引了實驗人員的注意，還有一隻較大的黑色紐芬蘭犬，也非常安靜地接受了稱重──這條狗的重量接近 90 磅──表現得非常溫順。接著，實驗人員安裝好了一塊小銅板，上面都用一種含鹽溶液浸泡過，然後用繩索套住狗的頭部，之後這些繩索也都要用同樣的溶液浸泡，再用銅線將狗的右腿固定住。為了避免出現狗想要逃跑的念頭，牠必須要站在一個箱子面前，只是這條狗似乎從來都沒有想過要逃跑。牠與在場的每一名實驗人員一樣，都對眼前發生的事情充滿好奇心。

接下來，實驗人員用兩條鋼線連接著某個固定工具的電極，之後狗才稍微出現了一些「抵抗」。當電流經過狗的身體時，牠的身體稍微出現了一些顫動──這樣的顫動是非常輕微的，輕微到這條狗都沒有退縮──但是反覆的實驗證明，狗這種動物能夠經受相當程度的電流。接著，實驗人員加大電流，狗的身體立即僵硬起來。牠出現了稍微向前傾斜的狀態，但卻非常短暫。電流持續了 10 秒鐘，牠依然保持著像之前那樣一動不動。在實驗人員將這條狗拿出來看的時候，牠早已經死了。

在對小牛進行實驗的時候，也出現了類似的結果。這些小牛的重量是幾百公斤，實驗人員使用 800 伏特電壓的電流，持續了 15 秒的時間，也得到了和對小狗進行實驗時一樣的結果。在實驗馬匹的時候，實驗人員用了 1,000 伏特電壓的電流，通電時間持續了 25 秒。在進行實驗的過程中，實驗人員發現這些動物似乎都是在瞬間死亡的。所有參加這個實驗的研究人員表示，相比於其他執行死刑的方法，電刑的方法更加迅速、沒有痛苦。

於是，委員會提出，為了讓死刑犯在受刑時不會感到那麼痛苦，需要製造一頂合適的頭盔取代之前的黃銅板，而犯人的腿上也應該捆綁起來，不能像之前那樣使用金屬的鞋底。他們表示，死刑犯應該被綁在一張有扶手的椅子上，因為人類做出的抵抗要比動物更大——雖然這對每個人來說都是不一樣的——2,000 伏特電壓的電流，應該能夠達到一個滿意的結果。正是基於這樣一個原因，委員會表示，只要持續讓人體接觸 1,000 伏特電壓的電流，那麼一般人都會死亡，並在這個過程中不會感到多大的痛苦。

在這段時間，相關的實驗也得到了進展。紐約州一位名叫克姆勒的殺人犯需要接受電刑，實驗人員都非常期望能夠首次運用電刑去執行死刑。克姆勒原本是一名小販，後來成為整天酗酒、毫無用處的惡棍。他說服了當時來自費城的已婚婦女齊格勒拋棄丈夫，跟著他過上可悲的生活，最後在他酗酒後一次暴怒的行為當中，在水牛城殺死了她。根據當時的法律，他被判處了死刑。他將在西元 1889 年 6 月 24 日星期一的早上，在奧伯恩監獄接受電刑。

在多次實驗結果都滿足了委員會們的期望之後，電刑可以說是當時最為人道的死刑執行方法。一位名叫波爾克・柯克蘭的律師是前任眾議員，在一篇題為「出於對人類的關愛，以及防止不人道處決的願望」這篇

第十四章　電刑

文章裡（這裡是引述他的話語）表示，他數個月以來一直都與州法律專員哈樂德・布朗表達抗議，希望能夠讓克姆勒免於接受電刑。這個案子在當時造成了極大的轟動。這名罪犯兩次都獲得緩刑，因為當時一些人想要證明，這種全新的執行死刑的方法是有悖於法律的。

愛迪生在這方面有著相當大的話語權。柯克蘭知道愛迪生一向反對這樣的死刑方法，於是很早就表達了希望愛迪生能就這方面出庭作證。可是，愛迪生的表現讓這位追求人道理想的律師失望了，因為這個問題並不是一個能夠摻雜情感的問題，而是電刑能夠在瞬間讓死刑犯死亡的問題。愛迪生要克服數百人施加給他的壓力，但他總是能夠從容面對。

他在法庭上作證的那一天，法庭大門外聚集了許多人。這些人對於這個案子所具有的特殊性不是太關注，只是想要一睹這位偉大電力學家的風采。這是愛迪生為數不多出庭作證的情形，事實證明，愛迪生是一位非常優秀的證人。當時的副檢察長博斯特負責這次聽證會，愛迪生接受了嚴厲的盤問。現在回顧一下愛迪生當時在法庭上的回答，也是非常有趣的。顯然，愛迪生對此非常從容，迅速簡潔地回答了這些問題。下面是愛迪生在證人席上接受盤問時的一些發言紀錄。

「你的工作或者專業是什麼？」博斯特問道。

「發明家。」愛迪生簡單地回答。

「你過去是否將大量的時間投入到電力方面的研究上呢？」

「是的。」

「身為發明家或者說電力學家，你在這方面研究了多長時間？」

「26年。」

在回答法官提出一系列問題時，愛迪生表示自己對各種發電機以及它們的構造都非常熟悉，闡述了這些發電機能夠輸送出直流電與交流電。

「所謂的直流電，」愛迪生說，「就是一種像水那樣經過管道的電流。所謂的交流電與此非常相似，就好比人體的水分在某個時段裡會向一個方向流動，在另一個時間點裡則會向另一個方向流動。」作為證人的愛迪生表示，當他在實驗室做一些測量人體抵抗電流的實驗時，他都是親自在場的。有 250 人參與了這樣的研究，結果發現一般人抵抗電流的能力是在 1,000 歐姆左右，其中一個人最高的數值是在 1,800 歐姆左右，最低的則是在 600 歐姆左右。

「你能夠講述一下，你在實驗過程中採取的方法嗎？」博斯特問到。

「我們將直徑為 17.8 公分、高度為 25.4 公分的兩個電池槽，連接著一塊銅板。在電池槽裡，我們將苛性鉀的濃度設置在 10% 左右。我們的實驗人員將手伸進這樣的溶液裡，讓他們的指尖能夠觸碰到槽底。在等待了 30 秒之後，實驗開始進行了。」

「那麼在你看來，人體內主要抵抗電流的部位是在哪裡呢？」博斯特問道。

「我要說，15% 的抵抗出現在接觸層面上，因為這其實與身體的平衡程度是相關的。」

「當幾條輸送電流的不同路線遇上的抵抗不同時，你能說說電流背後運轉的法則嗎？」

「這會根據電流在人體的不同部位遇上的抵抗，而產生一定的比例。」

「請你解釋一下，在哪些情況下，人體在接觸電線輸送的電流時，會產生燒焦的情形呢？」

「這是因為不良的接觸產生的。電線與肉體之間的抵抗力是有所不同的。」

「那麼按照你的判斷，人工製造的電流可以透過這樣的方法輸送出去，在每種情況下都能夠讓死刑犯立即死亡嗎？」

「是的。」

「是立即死亡嗎？」

第十四章　電刑

「是的。」愛迪生建議將死刑犯的雙手，放在一罐裝有苛性鉀的溶液裡，然後連接著電極。根據愛迪生的說法，1,000伏特電壓的交流電，肯定能夠瞬間致死。他認為，這麼小的直流電未必有相同效果，不過如果對直流電進行機械式的間歇處理，它也可以變得非常致命。

柯克蘭在詢問愛迪生的時候，也著重強調了愛迪生關於人體對電流產生不同抵抗力的說法。

「你們在進行這些實驗的時候，是否能夠了解克姆勒對電流的抵抗程度，是否能夠在抵抗電流的不同程度上，表現出一些差異？」柯克蘭問道。

「是的。就在前天，我就做過這樣的實驗。」愛迪生回答。

「這樣說，你發現不同人在抵抗電流方面都是有差異的？」

「是的。但這並不意味著，同樣的電流不能殺死一個人。」

「要是在克姆勒這個例子裡，輸送到他身上的電流持續5至6分鐘，這會產生什麼樣的結果？他會被碳化嗎？」

「不會的。」愛迪生露出了一種鬼魅般的笑容。「他會成為木乃伊。他身體內的水分會在5至6分鐘內全部蒸發掉。」

在談到人體對一般電流的抵抗程度後，愛迪生談到了1,000伏特能夠輸送出1安培的電流，這是殺死人的電流的10倍之多。在回答這個問題的時候，愛迪生表示，在倫敦的交流發電機能夠輸送出10,000伏特的電流。愛迪生表示，要是使用兩臺發電機去做的話，就能夠增加執行電刑時所輸出的電流，這將是比較穩妥的方法。

「這是你自己的信念，不是源於你的知識吧？」柯克蘭問。

「是源於我自己的信念。我從來不殺任何人。」愛迪生冷靜地回答。

柯克蘭接著遞給愛迪生一根火柴，點燃他一直在咀嚼的雪茄菸，之後沒有選擇繼續發問。

法庭還邀請其他專家過來發表意見，有些人支持電刑，有些人則對此表示明確的反對。法庭還諮詢了科學家、電力學家、醫生的意見。還有來自英國以及歐洲大陸的一些著名專家的意見，也透過電纜傳送到了法庭上。每天關於這個話題的社論都有許多，很多人都在議論這個話題。與此同時，克姆勒依然被關在監獄裡，等待著自己即將是要接受絞刑還是電刑的命運。顯然，外面所討論的話題，並不會讓他的內心掀起波瀾，因為他將自己的大部分時間都用於創作打油詩，歌唱著自己之前學習到的歌曲。

　　他之前已經被判兩次緩刑，這主要是因為當局希望等到是否採用電刑的問題塵埃落定後再執行。暫時採取緩刑的做法，對克姆勒不會有任何幫助。西元 1890 年 7 月，法庭最終裁定，紐約州將採用電刑的方式執行死刑，克姆勒被選為第一個接受電刑的人，從而證明這個決定是明智的。克姆勒的死刑執行日子是在 8 月 6 日，地點是在奧伯恩監獄。當監獄人員告知他這一事實後，他只是微微一笑，沒有說任何話。

　　事實上，要是考慮到他即將面對著一種不確定，且可能帶有折磨性質的死亡方式時，他所展現出來的勇氣還是值得肯定的。為了見證他的死刑執行情況——一件與美國犯罪法律相關的、最戲劇的事情發生了——奧伯恩監獄典獄長授權發出了「二十一人邀請名單」，其中包含兩位來自科學界的人。大家都接受了邀請，準備見證克姆勒接受電刑的執行情況。

　　在那時發表出來的許多份報導當中，下面一份報導來自當時一位在場目睹電刑執行情況的記者。他的這份報導也許是最為生動的。這份報導給出了一個暗示，那就是愛迪生曾經接受過這樣的通知，如果他想到現場的話，是完全可以來的。但是，愛迪生非常有禮貌地拒絕了。這位《紐約先鋒報》的特派記者這樣寫道：

第十四章　電刑

　　克姆勒在輾轉反側的睡眠中醒來，外面傳來一陣匆忙的腳步聲，透過窗戶傳到他的耳朵。克姆勒匆匆地穿上衣服。接著，監獄的大門打開了煤氣噴嘴口，發出的昏暗燈光顯示，站在前面的人是水牛城的副治安官韋林，他也是這座監獄的典獄長，後面還有牧師休頓與葉芝。此時，克姆勒已經準備好迎接他們的到來了。他知道他們的目的，他只是安靜地弓著腰，認真聆聽著典獄長所說的話語。典獄長閱讀了一份死刑執行令。

　　當他宣讀完之後，克姆勒只是說了聲：「好吧。我準備好了。」接著他面向副治安官，他們之前在水牛城就已經認識了。他說：「喬，我希望你在這件事上保持自己的主見，不要讓他們在我身上做的實驗，超過應有的限度。」克姆勒的褲子繫在脊柱的底部，必須要裁剪下一部分，才能讓電極放在那個部位，從而讓電流與肉體進行直接接觸。克姆勒的頭髮也同樣被剪短了。這些事情都是由副治安官完成的。此時的時間已經接近早上6點鐘了，早餐送來了。克姆勒與副治安官一起共用了這頓早餐。當他們吃完之後，牧師為他祈禱了一會。在某些恰當的時刻，克姆勒也做出了正確的反應。他的反應似乎要比上一次他的死刑被判下來時，顯得更加懺悔。

　　與此同時，醫生在早上5點半就被傳來，他們匆忙吃了一頓早餐，然後就趕去監獄。在他們經過監獄大門的時候，其中一些人臉上充滿著好奇的神色，道路兩邊都站著許多圍觀者，他們用非常驚訝的眼神看著他們。當最後一名陪審團成員進入監獄的時候，已經過了早上6點鐘。外面的人群都在焦急地等待著這一切的結束。

　　典獄長在6點32分將克姆勒帶離他的監獄，他顯得非常從容，就好像是那些想要去上朗誦課的學生，似乎下定了決心要這樣做。當他進入死刑執行室的時候，他發現醫生與目擊者都坐在旁邊，中間就是一張形似蹄鐵的死刑執行椅。

　　「先生們，這位就是克姆勒。」典獄長鄭重其事地說，「將椅子搬上來。」他直接說出這句話。接著，一些人立即將一張看似普通的廚房椅

搬進來，克姆勒就坐在上面。此時，典獄長感到非常緊張，他的雙手與聲音都在顫抖。當克姆勒坐在電椅上，面對著醫生以及其他人的時候，絲毫沒有展現出崩潰的跡象。當典獄長問克姆勒是否還有什麼話想說的時候，他用堅定的口氣——這位副治安官之前從來沒有聽到他這樣說話——說：「先生們，我認為自己即將前往一個美好的地方。」

在典獄長的示意下，克姆勒站了起來。接著，這張椅子被推到另一邊。克姆勒非常從容地走上了電椅，就好像他只是要擦亮自己的鞋子一樣。典獄長與治安官都開始用皮帶綁緊他的手臂，不過典獄長的雙手不停地顫抖著，很難將皮帶穿過帶扣。此時，克姆勒表現出了虛張聲勢的一面，他用嘲笑的口吻說：「我的天啊，典獄長，你就不能冷靜點嗎？」

當他們將電極放在克姆勒大腦的下面位置時，發現大小並不符合他的頭型。克姆勒對副治安官說要綁緊一些。典獄長杜爾斯頓此時就站在門口的位置，面朝著之前原本準備用於行刑的房間。當治安官從椅子背後走下去的時候，他大聲地說了一聲：「再見了，威廉！」然後用手指在門口處敲打了兩聲。當大門關閉的時候，傳來了一陣口哨聲。克姆勒就僵硬地坐在電椅上。

斯皮茨卡與麥克唐納這兩位醫生，是負責這次電刑執行的醫學專家。斯皮茨卡醫生走到電椅旁邊，認真地檢查著克姆勒的臉龐與雙手。克姆勒的臉色一開始是死灰的，很快就重新變成了深紅色。克姆勒的手指似乎因為過分用力地抓住椅子，右手的食指也非常出力，導致他的指甲都插入了手掌心。

當斯皮茨卡醫生宣布克姆勒死亡的時候，電流已經持續了17秒左右。在醫生的示意下，輸送電流的機器關閉了。醫生們走去對典獄長與亨特里先生表示祝賀，說電刑取得了圓滿的成功。接著，站在旁邊的一些醫生雙眼盯著克姆勒，他們大聲地說：「快點打開電流、快點打開電流！」

此時，有一陣深沉的嘟噥聲發自克姆勒的嘴巴，他似乎在掙扎著呼吸最後一口氣。他的身體顯得放鬆無力，泡沫從嘴巴裡流了出來。在幾

第十四章　電刑

秒鐘之內，其中一位目擊者甚至當場暈了過去，不得不被抬出外面。接著，典獄長示意繼續開動機器，致命的電流再次流經克姆勒的身體。醫生們能夠聽到開關轉動發出來的聲音，之後還聽到重複開與關所發出來的聲音。

這樣的過程持續了兩分鐘。之前拴在克姆勒大腦下面的螺絲要是沒有半鬆開，那麼在第二次匆忙啟動機器之前，肯定是已經撐緊了的。這樣的牢固程度足以讓電流直接接觸皮膚，可是這卻讓克姆勒的皮膚被電流燒得很厲害。當電流第二次停下來的時候，克姆勒的屍體被放在一張椅子上冷卻，最後才能進行解剖。此時的時間已經是早上6點40分了。克姆勒在死刑執行室裡的時間足足有8分鐘。

發電機所在的房間就在監獄的東北一端，這裡距離執行電刑的地方只有244～305公尺左右。這次執行電刑所使用的發電機，是西屋電氣歐諾公司所產生的普通商業發電機，能夠輸出1,500伏特的電壓。輸送到克姆勒身上的電流在800～1300伏特左右。發電機是由位於監獄地下室的一個引擎運轉的。用來傳送電流的電線，都架設在發電機所在的房間窗戶外面，就在監獄南端死囚行刑室的房間頂部。在這個房間裡，我們可以看到兩條較小的線路，連接著引擎與發電機所在的房間。這些線路都是用於配電盤，以及負責啟動發電機與引擎之間的控制。這些線路還連接著電鈴。兩個電鈴會發出訊號，表示現在是啟動引擎的時候了，接下來的雙重電鈴則是為了增強電能，發出一聲電鈴就意味著立即停止機器。

配電盤有1.5公尺長、0.9公尺寬。在配電盤的上方，有一個電壓計、電阻箱以及一個燈盤，一個能夠控制電燈的控制盤，還有一個能夠測量電路中電流大小的安培計。一旦打開這樣的開關，就能將電流輸送到克姆勒的身體上。這些線路都是體積最大的電燈線路，其中一條線路直接經過電椅，另外一條線路則經過安培計。電壓表受到另一條直接通向電椅的線路控制，其中一個分支是通向電阻箱的，另一個則是通向電

壓表的。線路末端的電極位於橡膠杯中，每個橡膠杯中都有一塊浸透了苛性鈉溶液的海綿。

自從在奧伯恩監獄執行了第一次電刑之後，紐約州已經執行了上百次這樣的電刑。17 年前所使用的電刑執行方法，與今天的方法非常類似。這樣的死刑方法的確要比絞刑、斷頭臺等方式更加人性一些。但即便如此，愛迪生還是不願意將電刑變成一種法律，表現出他對電流的這樣一種用途還是深感遺憾的。如果撇開這方面的內容不談的話，愛迪生對死刑是非常反感的。他曾說過下面一句著名話語：「每個人的靈魂都有其神奇之處。我無法贊同任何摧毀人性中最後一絲仁慈善念的做法。」

第十四章　電刑

第十五章　蓄電池

　　愛迪生在發明蓄電池的過程中獲得了 20 項專利。在研究這項愛迪生自己最喜歡的發明時，他孜孜不倦地為之進行了多年的努力。可以說，愛迪生真的為此進行了數千次實驗，結果是讓人感到滿意的。最終他才允許蓄電池離開自己的雙手，進入到生產商的手中。西元 1906 年，愛迪生幾乎將自己所有的時間都投入到改良蓄電池的研究上。在他製造的 5,000 臺蓄電池裡，只有 4% 的蓄電池是不夠完美的，但這樣的結果並不能讓他感到滿意。

　　在愛迪生的一生當中，始終堅持著一條不可動搖的準則——這條準則是他在人生的早年時期、開始成為發明家的時候，就制定下來的——那就是永遠都不會讓任何不完美的產品離開實驗室。因此，愛迪生拒絕將這種蓄電池投入商業生產。他沒有理會外界對他的一些評論，因為當時不少報紙都在嘲笑愛迪生，說他的發明是沿著一條失敗道路前進的。現在，在奧蘭奇很多新建的大工廠，為了能夠盡快生產愛迪生發明的蓄電池，都在靜靜地等待著他最終取得這項重要發明的成功。

　　一位多年來與愛迪生進行蓄電池研究的人說：

　　即便是百分之九十九的成功率——或者是一千分之九百九十九——愛迪生都不會同意的。否則這種蓄電池在 5 年前就已經上市了，並且獲得豐厚的回報，可愛迪生並沒有這樣做。他一直在追求著完美，想要消除一切不完美的因素。只有當他徹底完成了一些事情之後，才會想著將這件事放下來。現在大眾使用的這種蓄電池，可以說經過了無數次測驗，整個過程都能用「英勇」一詞去描述了。就在一年前，我們才只有 6 臺造型、設計以及重量都完全不同的機器。當時一名熟練的技師負責操控愛迪生發明的電池，然後沿著紐澤西州最崎嶇的道路前進。

第十五章　蓄電池

　　這條路線是愛迪生親自設計的，因為他想要讓蓄電池接受實地測驗，看看是否會將機器變成鐵屑。這部機器每天都要前進100英里，直到完成5,000英里的路程。他們選擇了最難走的路線，當這臺機器走過一條特別難走的道路時，往往要重複走好幾次。在長達60多天的時間裡，這樣的實驗還在繼續。在實驗結束之後，這臺機器可以說成了一堆廢鐵，車軸都散開了，螺絲釘也磨損得非常嚴重。當我們去檢查電池的時候，發現它沒有任何遭受破壞的跡象。汽車變成了一堆廢鐵，但蓄電池則是完全勝任5,000英里的路程。

　　除了這些試驗之外，蓄電池還要在紐澤西州許多崎嶇的道路上進行試驗。這樣的實驗是為了測試蓄電池的使用時間。人們可能會認為，最後這樣的實驗可能會讓蓄電池變得支離破碎。這些實驗是按照下面的方法去做的：一個蓄電池被拴在一塊1.2公尺木板的末端，上面還安裝有一顆較小的電動馬達。每隔5分鐘，馬達就會提升到木板的前端，而蓄電池則會懸在空中0.9公尺的位置，然後讓其墜落到地上，這樣的摔法會讓一般的儀器摔得粉碎。但是，這個蓄電池也只是罐子破碎了一點而已。在每個小時的觀察當中，我們可以發現這些蓄電池的功能是非常強大的。

　　愛迪生在研究蓄電池的過程中，有了有趣的發現，那就是鈷這種物質是最適合做電容器的。他耗費了許多時間去尋找這種有用的金屬，因為這種金屬的數量稀少。愛迪生最後非常幸運地在田納西州的納什維爾與、北卡羅來納州的交界處找到了這種物質。在一個山谷找到鈷，對愛迪生來說是天大的寶藏。雖然在那個時候，人們都還不了解這種金屬的寶貴或實用。事實上，鈷的價值透過其名稱就能略知一二，Cobalt這個單字源於德文的Kobold，意思是「邪惡的精神」。

　　不難理解，在製造完美蓄電池的過程中，最難克服的技術就是發明一種理想的電容器──從而讓蓄電池能夠儲存大量的電能。在早期的實驗裡，愛迪生就放棄了鉛這種材質，因為鉛非常重，搬運困難。愛迪生憑藉自身的歸納能力，得出了一個結論，那就是他想要尋找的材料就是鈷。

只不過，他當時面臨著幾乎無法克服的困難。因為鈷的數量非常少，必須要找到一座礦山那樣的原材料地才可行。於是，愛迪生就派一批專家去尋找鈷。他們像過去那樣尋找用於白熾燈燈絲的竹子那樣堅持不懈。

　　正如上文所提到的，他們最終在田納西州找到了鈷，發現鈷的數量滿足了他們的要求。讀者朋友們可能都對鈷這種物質比較熟悉了，因為鈷是鎳幣的合成成分之一，或者與砷、硫磺連繫在一起，因此除非是找到一些隕石，否則很難找到。鈷是一種紅白色的金屬，有光澤，延展性好，熔點高，即便是在加熱到火紅的時候，依然不會熔化。因此，鈷是做電容器的一種理想物質，甚至對於幫助愛迪生改良蓄電池也是非常有幫助的。

愛迪生實驗室中　　　　正在為愛迪生個人實驗室旁門車庫裡的蓄電池充電

　　兩年前，愛迪生在新聞媒體發表了下面一番論述：「我認為城市交通問題將會得到解決。全新的電力存放裝置的重量在 40 磅左右，每小時能夠輸出一馬力的動能。現在能夠輸出同等動能的鉛電池，其重量是 85～100 磅左右。我認為，解決城市交通問題的核心，就在於普及電動汽車上，這將會大大增強電池的馬力，同時汽車前進的速度也將會增加一倍。

　　「在全新電動汽車得到普及的情況下，城市交通將會增加四倍，同時不會造成任何擁堵的情況。對我們來說，這在任何方面都是有幫助的。

第十五章　蓄電池

這已經在現實的實驗當中得到了證實。我的一顆蓄電池已經連續使用 5 年了。全新電池所需要的錢，不會比汽車的噴色以及輪胎更高。我不認為這些操作的成本，要比使用馬匹的成本更高。這將會帶給我們巨大的優勢。」

愛迪生發明的蓄電池在一次性充電的時候，能夠續航 50、75 甚至 100 英里路，同時其製造的方式也相當簡單。蓄電池裡面沒有包含任何酸性或者有機物質，因此不存在任何腐蝕性方面的不良影響。我們需要關注的就是，要使電池處於充滿電池溶液的狀態，從而讓「液體能夠沿著一條路線前進，讓氧氣能夠經過鎳以及鐵類物質。」蓄電池的重量是 40 磅左右，一小時能夠輸出一馬力，其表現效能一年到頭都那麼優秀。正如每個開過車的人都知道，蓄電池的重量是必須要嚴肅考慮的問題，因為車身的重量越重，輪胎的損耗就越快。因此，全新發明的蓄電池的重量，是之前電池的一半，這將有效延長輪胎的壽命，讓其使用的時間延長兩至三倍左右。與此同時，汽車的成本也將會再次下降。

愛迪生發明的新蓄電池在 400 次充電之後，也不會有任何不良的狀況。其體積是 30cm×13cm×5cm，這是一個非常緊湊的容器，也相當容易操作。蓄電池裡面裝的是碳酸鉀溶液，浸泡著包含氧化鐵以及氧化鎳的鋼板。每當電池充電的時候，氧化鐵就會變成金屬鐵的形態，氧化鎳就會吸收釋放出來的氧氣，提升到一個更高的氧化程度。當電池在釋放電能的時候，氧化鎳所吸收的氧氣就會透過液體釋放出來，進入到金屬形態的鐵類物質上，從而將鐵還原成原先的狀態。也就是說，氧氣會燃燒著鐵，但我們並不是透過燒火的方式去完成的，而是透過電力去完成的。這是內燃的一種方式，能夠讓氧氣儲存在鎳裡，然後使其燃燒鋼鐵。除此之外，沒有別的化學反應了。

最簡單的金屬元素就是鐵、鎳以及鋼。

要想全部講述愛迪生改良蓄電池的整個過程和細節，整本書都說不完。首先，過去那種老舊的蓄電池存在的缺陷，必須要認真地去進行分析，然後從中找到一些與其無法分割出來的東西。因此，我們要有一個明確的目標——讓全新改良的電池變得更加廉價、輕便，在機械功能上更加強大，並且能夠使用很長時間，防止出現諸多的缺陷——為了實現這樣的目標，愛迪生與他的助手們不懈地努力著。

愛迪生很快就發現，使用酸性溶液是絕對行不通的，因為這意味著必須要使用到鉛這種金屬物質——這種物質所帶來的負面影響，我們上文已經提到。因此，在一開始的時候，愛迪生就準備使用鹼性溶解液，接下來的問題就是對活性物質（Active materials）的使用方法。在尋找合適的活性物質時，愛迪生會實驗每一種化學元素，幾乎沒有哪一種化學物質是沒有接受過實驗的。在這樣的實驗當中，他們做出了許多前人所不知道的發現。

經過幾個月耐心的實驗後，他們最終決定，符合他們心目中想要的屬性的金屬就是鐵與鎳。當這個問題解決之後，真正的發明工作才開始進行。有關解決鐵與鎳這個問題的方法，就是要獲得讓蓄電池變得更加實用的過程。愛迪生與助手們為此進行了上千次實驗，才逐漸得到了他們認為合適的材料。這兩種物質的研發幾乎是同時進行的，當然他們所做的努力事先都是在理論上行得通的。在實驗鐵的過程中，他們發現鐵要比鎳更加適合，因為他們做出的一些全新發現都表明，鎳這種物質將會超過鐵。最後，這種實驗工作得到的結果，遠遠超過他們在理論上的數值，證明了這兩種材料都是最適合的。

在這個時候，蓄電池的機械構造是需要愛迪生以及他的助手去考慮的，因為這樣的構造能夠讓蓄電池的生產成本更低，更不容易出現機械層面上的故障，使用週期會變得更長。他們在研究的過程中遇到了許多

第十五章　蓄電池

難以預測的困難，比方說，他們發現在對蓄電池進行充電或者放電的過程中，其中一些活性物質在吸收氧氣之後會膨脹。當時他們根本不知道用什麼焊料，才能夠有效地阻止這種苛性鹼溶液出現的膨脹現象。在充電的過程中，他們發現化學反應產生的氣體，能夠帶走一部分鹼性物質，讓電解液逐漸變少。愛迪生以及他的團隊必須要著手解決重重困難。

即便蓄電池在實驗過程中，得到了機械以及化學層面上的發展，這個機器以及整個過程還是需要進行設計，挑選最適合的材料去做。當各個機械部分生產出來之後，蓄電池就能夠以商業規模生產的方式去做。在這些研究工作當中，愛迪生總是走在前端，負責指導這些實驗，給出修改的建議，為全新的實驗過程進行規劃，設計出全新的應用機械。今天，愛迪生發明的蓄電池已經相當完善了，幾乎實現了他一開始對蓄電池的全部設想。這是一項經過多年辛勤努力、刻苦研究帶來的成功發明，其艱難程度遠遠超出了人們的想像。

第十六章　位於奧蘭奇的實驗室

　　愛迪生在奧蘭奇的實驗室有一些讓人印象深刻的建築，這些建築都是在綠色草地與成蔭的樹叢間建立起來的。在這裡建造的實驗室可以說是世界上風景最好的實驗室。從奧蘭奇鎮乘坐火車只需要 40 分鐘，就能夠到達美國的大城市。這裡美麗的山丘景色以及安靜的山谷，也是舉世無雙的。距離實驗室沒多遠就是利維林公園，這是城鎮的一處私人住宅，也是紐澤西州景色最好的地方。在南非爆發戰爭的時候，愛迪生與他的助手們在奧蘭奇山下這個實驗室裡也進行著諸多著名的「戰役」——他們發明了活動電影放映機。

　　筆者還清楚地記得，當時奧蘭奇山東面的斜坡上全是人。他們在那裡建造一個大小比例相差無幾的砲彈模型，用來增強視覺效果。活動電影放映機安放在一個能夠活動的位置上。在這個過程中出現了一些失誤，導致槍枝瞄準的方向過早地轉動了。當時的「指揮官」以及其他兩個人，都被一些模擬的「砲彈」粉塵所「擊中」，然後他們就被送到了「戰士流動醫院」。這些場景都成功地拍入了一系列的錄影當中。在未來的拍攝過程中，他們會更加注重「軍械庫」的管理，將拍攝的區域局限在一個可控的範圍內。

　　愛迪生實驗室的主要建築是一棟長 76.2 公尺、三層樓高的建築，而另外四棟較小的建築，每一棟都是 30.5 公尺長、7.62 公尺寬、一層樓高。實驗室的建築在不斷地增加或者拓展。現在，這裡聳立著許多規模龐大的工廠，用來生產與製造蓄電池。但這些工廠建築，其實已經不能算愛迪生的實驗室建築群了。

　　在進入這個建築群的時候，我們會看到一幢 30.5 公尺見方、12.2 公

第十六章　位於奧蘭奇的實驗室

尺高的圖書館建築。圖書館內有兩間寬敞的畫廊，裡面擺放著愛迪生多年前在巴黎展覽會上，購買的礦物以及寶石等收藏。在寬敞的房間裡擺放的書籍數量達到 6,000 冊，其中還包括過去 40 年與科學相關的雜誌期刊。這些雜誌與期刊，有的來自法國、德國、義大利與英國。雖然愛迪生只能用英文去說和寫，不過他卻可以毫無障礙地閱讀這些外文期刊。

圖書館的裝修讓人覺得舒適而簡樸。在橡木做成的地板上，幾乎看不到地毯。愛迪生從來都不是很喜歡地毯——他覺得地毯會聚集許多灰塵，這些灰塵對人體來說是不健康的。橡木的椅子用皮革裝飾著，椅子的背後則是用愛迪生名字的首個字母縮寫所組成的：T·A·E。在「會議室」裡有一張大桌子，那裡還有兩張滑動式的辦公桌，另外還有一個巨大的鐘錶裝置，幾乎占據了整個房間的空間。

這裡還有許多凹室，裡面設有小桌子，方便需要研讀的人使用。房間裡擺放著許多著名科學家的畫像，其中就有洪保德（Alexander von Humboldt）的半身像以及薩多的一座雕像。愛迪生的工作桌位於房間的一個角落，但是他很少出現在那裡，因為他寧願將更多的時間花費在化學實驗室或者工廠裡面，也不願意留在這裡。在他的桌子上，有一個「通訊留聲機」，愛迪生有時會對著這臺機器說出自己的想法，然後他的祕書 J·F·蘭多夫就會將這些內容抄寫出來。

愛迪生在檢查實驗室員工
的表述文件

愛迪生實驗室法務部（紐約，奧蘭奇）

　　圖書館裡最讓人感興趣的，是一尊真人大小的雕像，名為「光明的全新天才」。愛迪生是在西元1889年巴黎舉辦的博覽會上購買的，這尊雕像能夠充分體現義大利藝術家的天才。其雕刻者是來自羅馬的波爾蒂加。愛迪生非常喜歡這雕像，於是決定將其購買下來。也許，這尊雕像就是專門為愛迪生而雕刻的，只是為了吸引他的注意力。如果真是這樣的話，那麼這位雕刻家無疑是成功的。

　　這是一尊寓言性雕像，象徵電力戰勝其他一切照明方式。雕像描繪的是一位展開半邊翅膀的青年，倚靠在一盞破碎的街道煤氣燈殘骸上。他高舉一盞白熾燈，象徵著光明的勝利。而他的雙腳則是站在伏特表、電話傳送器、電話按鍵以及齒輪上。雕像建立在一個0.9公尺高的基座上，他所高高舉起的電燈，則等於50根蠟燭發出的光亮。

　　在愛迪生的工作桌旁邊是一個凹室，裡面有一張小桌子與小椅子。愛迪生經常坐在這裡吃一頓簡單的午餐。有一次，當午餐送進來的時候，筆者也在現場。讀者朋友們可能會感興趣，這頓午餐包含一些麵

第十六章　位於奧蘭奇的實驗室

包、一塊起司，以及一份魚。就在一年前的時候，愛迪生還在圖書館那裡安裝一張簡易床，他經常在白天或者晚上深夜的時候，在那裡睡上半個小時。不過，這張床最近被移到實驗室裡的另一個房間。因為愛迪生發現在天氣寒冷的情況下，圖書館裡的溫度無法滿足他對溫暖的需求。

愛迪生能在瞬間睡下去，即便當筆者在旁邊翻看著愛迪生成千上萬的專利申請文章時，他依然能夠睡得很沉。愛迪生會像一個嬰兒那樣沉睡，他總是將右臉放在雙手上。任何聲音都無法影響他的睡眠，他似乎能夠在睡眠中感受到一種寧靜，彷彿他喜歡鍋爐廠裡發出來的聲音一樣。他從來都不曾失眠過，經常會在鋸屑或者松木板上入睡。愛迪生有一種適應任何環境的能力，就算只能在一塊木板或者電報線上睡覺，也能睡得非常香。醒來的時候，他會覺得自己充滿了活力。

談到睡眠方面的事情，就不得不提愛迪生講過的一個有趣故事。曾經有一個人過來找愛迪生，希望愛迪生能夠提供一份工作給他。在他們交談的時候，此人說自己經常會失眠。愛迪生聽到他這麼說，顯得非常感興趣，就對此人說，他正好是那個想要尋找失眠的人。因為愛迪生覺得自己並不需要那麼多的睡眠時間，好讓自己每天工作的時間能更長一些。愛迪生說：「於是，我就讓他在一個水銀泵那裡工作，讓他每天每夜都在那裡工作。在連續工作了 60 小時之後，我讓他睡上半個小時。當我回來的時候，那支水銀泵已經支離破碎了，此人正躺在那些碎片上大睡。從那以後，此人再也沒有出現過失眠了。」

圖書館旁邊就是一間儲藏室，裡面存放著與科學實驗所需的任何東西，其中存放的實驗用品數量可以使用幾年時間。在某段時間，那些指出在儲藏室還缺少哪些實驗用品的員工，愛迪生還曾經獎勵過他們。一開始，一些學徒在找到一些稀有的材料之後，會得到一些金錢的獎賞，可他們最終還是放棄了。現在只有一些新手，才會想著去競爭這些獎

勵。儲藏室又長又窄，高度頗高，裡面有上千個抽屜，這些抽屜一直從地板堆到天花板的位置，每個抽屜外面都貼著不同的名稱，比方說礦石、磁針、殼體、通心粉、纖維、墨水、牙齒、骨頭、橡皮、樹脂與羽毛等。

要是我們稍微觀察一下，就會發現這本身就是一個奇觀，因為你會發現裡面有上萬種購買不同化學材料用品的發票。你還可以看到許多螺絲，各種型號不同的針，以及各種不同類型的繩索、電線、人類以及動物的毛髮，還有生產製造出來的絲織品，甚至還有孔雀的尾巴、琥珀、海泡石、蹄子、各種油類物質。過來這裡參觀的人都會感到不可思議，他們不知道這些東西，是以何種方式進行科學上的研究。

若是有人向愛迪生提出這個問題，他就會微笑著回答說：「顯然，你不是科學領域的人，否則你將知道這間化學實驗室裡每一種物品的用處。在一段時間裡，我經常因為手頭上沒有需要的材料去進行研究，而感到停滯不前。但是，我現在可以非常高興地說，在這裡任何實驗都是可以立即進行的。」儲存在儲藏室裡的一些物質，是非常罕見且細小的，它們用一張紙巾包裹著，這些物質的稀有程度並不亞於鑽石。

實驗室裡最有趣的建築，可以說是電流計大樓了，這裡距離圖書館大約 9.14 公尺。事實上，這是一棟相當長的建築，裡面安裝有 12 扇巨大的窗戶。在建造的過程中，沒有使用過一根鋼鐵，所有支撐的材質都是黃銅。當然，這種建造方式的成本是非常高昂的。這棟造價昂貴的建築後來被證明是筆浪費，因為建成才幾個月，電車便從大樓門前通過，導致愛迪生為消除「磁場干擾」所費的努力化為泡影。

裡面的房間裡，存放著許多愛迪生早期發明的東西，其中就包括投票記錄器、股票記錄器、圖片電報（這種裝置是透過電報去傳送圖片的）、雙工電報機與四工電報機、麥克風、油印機等。這裡還有成本昂貴

第十六章　位於奧蘭奇的實驗室

且稀少的電流計、靜電計、光度計、分光儀、分光鏡、記時儀等。

這裡還有一套完整的聲學工具，是用來改善留聲機的，還有一些人的耳朵以及咽喉的生理解剖模型。這裡並沒有展出第一臺留聲機以及第一盞白熾燈。愛迪生這兩樣最著名的發明，現在保存在南金斯頓博物館裡。筆者曾經詢問過愛迪生，為什麼要讓這兩樣具有無與倫比意義的紀念品離開自己，愛迪生表示，多年前有一位英國人過來拜訪他，此人似乎對這兩樣東西極為感興趣，於是愛迪生就送給了他。他好像對人們會對這些東西感興趣的事非常吃驚。

電流計大樓的房間裡用巨大的石板裝飾，下面鋪設著堅硬的石磚作為基礎，還鋪設著一些平板與拋光的石板。在這些石板上，所有的儀器都必須要進行試驗，確保萬無一失，保證它們所處的位置不會發生移動。裡面還需要長年提供熱水、冷水、蒸餾水，以及各式各樣的氣體包括氧氣，還有不同壓力狀態下的電流、廢水排放管以及電燈。

在電流計大樓的前面，就是愛迪生的私人化學辦公室——這裡就是所謂的「至聖所」——愛迪生曾在這裡度過了許多時間，他正是在這裡發明與改良一些工具的。這個房間可以說是整個實驗室裡面積最小的，房間裡面沒有任何一樣家具，只有一張桌子、兩張椅子（其中一張椅子還破破爛爛的），還有一個碗櫃上放著數不盡的瓶子。可以說，每一個瓶子都代表著愛迪生研究的歷史。很少人能夠獲得允許進入這個房間——只有那些愛迪生在工作上非常親密的人才可以進入——當愛迪生坐在那張椅子（很有可能是那張搖搖晃晃的椅子），努力解決科學問題的時候，他完全沉浸於自己的思緒當中，根本沒有意識到任何人進入這個房間。

愛迪生正是在這個房間裡，度過了無數個白天夜晚，他工作起來幾乎從不休息。他對實驗的投入程度是讓人震驚的，以至於經常忘記吃飯。即便是忙碌的人，也能抽出時間回家睡覺，然而愛迪生甚至連這點

時間都抽不出來。直到某一天，年輕的愛迪生夫人走進來，堅持要求自己的丈夫在某個時間點回家睡覺。為了不讓愛迪生找任何回家就無法實驗的藉口，她在利維林的家裡建造了一間實驗室，讓愛迪生在家的時候，依然能像在實驗室裡那樣，勤奮地進行研究工作。

在愛迪生私人化學辦公室旁邊，是另一個較大的建築，這是弗雷德・奧特負責的地方。奧特是愛迪生在進行實驗工作時的得力幫手。這個房間非常寬敞，裡面的光線充足，安裝有每一種進行實驗所需的儀器，還有許多化學藥品（用於碳化或者減少化學成分），這裡還有通風櫃、試驗管道（用於測驗蓄電池的溶液），每一種化學成分的數量表。這個房間每天都需要進行實驗，偶爾也會有過來拜訪愛迪生的科學家前來實驗，因為他們都對愛迪生的發明充滿興趣。愛迪生也喜歡看其他人的實驗過程。

西元 1900 年時，他對路易士・德雷福斯的一項實驗非常感興趣：他在攝氏約 2,982 度（華氏 5,400 度）的高溫下，熔化了一根鋼條，產生了一種全新的物質。這個實驗包含的過程非常簡單，主要就是某種與鋁粉相關的化學成分燃燒之後的產物。德雷福斯將長為 15.24 公分、直徑為 1.27 公分的鋼板放好，在其周圍放上一勺化學物質，然後再放入少量的鋁粉。他點燃火柴，這些物質立即燃燒起來，產生了巨大的熱量。在不到 10 秒鐘之內，鋼板完全被熔化了。愛迪生對這次實驗非常滿意，說這個過程是他過去很長一段時間一直想要尋找的。於是就派人購買了一批這樣的化學用品，以供自己使用。這是實驗室之外的人進行的、最有趣的一次實驗。愛迪生向許多德國科學家都發出了真誠的邀請，希望他們有空的話，可以前來展示一些神奇的技能。

存放 X 光機的房間，是由 E・達利（E. Dally）所負責的。這是第一層樓的一個小房間，裡面裝著一臺 X 光機，這正是當年愛迪生在總統麥金利（William McKinley）遇刺時，送往水牛城用來定位子彈的那臺 X 光

第十六章　位於奧蘭奇的實驗室

機。奇妙的是，這臺機器最終從未被使用；由於一連串巧合，這次充滿仁心的任務未能實現。有關 X 光機的這段故事，還是值得說一下的，因為很多人都在想一個問題，那就是如果當初使用這臺機器的話，麥金利總統的生命是否能夠拯救回來。

在麥金利總統遇刺的時候，愛迪生實驗室立即收到一份電報，詢問他們是否準備好了 X 光機，然後立即送一臺到水牛城。愛迪生本人也被徵詢了意見，他表示會立即送過去。在週六下午大約兩點半的時候，另一條訊息發過來，要求立即將機器送過來。來自實驗室的兩個人查理斯・W・魯爾（Charles W. Luhr），與克拉倫斯・T・達利（Clarence T. Dally）負責監管。他們在週日早上來到水牛城，忙於在米爾本醫院安裝機器。此時，又一條訊息發過來，說至少在一個星期之內，都不需要這臺機器了，因為醫生們判斷，那枚已失去動能的子彈，停留在一個不會對總統康復機率造成危險的位置，因此可以安全地留在體內。

事實上，醫生們在接受詢問的時候表示，要是找到了子彈的位置，就能在不傷害總統生命的前提下，將子彈取出來。幾天後，麥金利的身體狀況似乎恢復了一些，當時的副總統狄奧多・羅斯福（Theodore Roosevelt Jr.）回到了牡蠣灣，參議員漢娜前往克里夫蘭，兩位醫生也搭乘火車前往紐約。查理斯・魯爾返回了實驗室，只有達利一人看守著機器。每個人都對總統的健康會漸漸恢復充滿了信心。突然之間，傳來了總統的健康情況出現惡化。其中一位醫生過來對達利表示，現在不需要他與這臺機器了，不過達利依然堅守自己的職位，等待著隨時被召喚。最後的結果是，X 光機對於扭轉這場悲劇沒有發揮任何作用。

第二天，達利便前往尼加拉瀑布，他想要在返回紐約之前來這裡看看。他知道，自己繼續留在水牛城也沒什麼用處，而且機器也已經打包好了。已故的麥金利總統的屍體在同一天進行解剖，當時的醫學專家都

認為，肯定能夠找到子彈，不料在尋找一個半小時之後，卻還是沒有找到。此時，有人打來電話，表示只有X光機才能找到這顆神祕消失的子彈，可是此時這臺機器已被拆解，而且操作員也不見了。

他們花了一個小時才找到他，醫生們認為，接下來的時間安排，不允許他們繼續進行屍檢。因此，麥金利總統身上的那顆子彈依然沒有取出來，X光機由此至終也沒有使用過。對於那些關注倫琴教授發現進展的人來說，這次事件極為令人失望，因為當時所處的形勢，讓這臺機器根本沒有機會去拯救總統的生命。可以說，沒有人比愛迪生對此更加感到遺憾的了，因為他對機器抱著很高的期望，希望這能夠延長麥金利總統的生命。

四年後，那位曾經將X光機送到水牛城的年輕人，這位忠誠地履行自身職責的人，卻因為在使用這臺機器幫助別人的時候，遭受到過度的放射而去世。在相當長的一段時間裡，達利患上了一種神祕的皮膚疾病，這可能是在對X光進行試驗的過程中產生的。他的病情吸引了醫學界與科學界的關注。這種疾病初期的症狀就是紅色的小斑點，與燙傷的症狀相似，但病人不會有疼痛感。六個月後，他的雙手開始腫脹，不得不停下在愛迪生實驗室裡的工作。

但在此時，他還沒有完全失去工作能力，依然在醫院以及大學裡安裝X光機。他在這樣的狀態下工作了兩年，雙手的情況越來越嚴重。接著，類似燙傷的痕跡越來越明顯，他開始感到刺痛，最後感到巨大的疼痛。事實上，這樣的疼痛程度，劇烈到他在晚上只能將雙手放在冰水裡，才能暫時擺脫痛感，睡上一會。有關他雙手病情的照片發表出來，這種疾病很快就吸引了歐洲以及美國許多科學家們的強烈興趣。

接著，他的左手腕又出現了問題。有人建議進行皮膚移植，醫生在他的大腿位置移走了150塊皮膚到他的手上，可是手部位置的顆粒化情

第十六章　位於奧蘭奇的實驗室

況依然沒有停止，這樣的手術證明是錯誤的。這種疾病惡化的情況非常快，最後達利肩膀下面左手臂位置，也要進行截肢。醫生們希望這樣能夠遏制病情的蔓延。但三個月之後，他右手的小指也開始受到感染，於是醫生又繼續進行切割。醫生們之後又進行了移植手術，但也失敗了。達利肘部以下的位置切除了 10.2 公分。

雖然遭受身體上的重重打擊，達利仍保持著高昂的信心，認為自己最終能夠擺脫這種可怕的神祕疾病。他希望能夠做出義肢，但幾乎就在這之後，達利的整個身體系統全面崩潰了，醫生都放棄了最後的希望。達利去世前的一個星期，一直保持著樂觀的心態。接著，他的大腦機能全面崩潰，他失去了意識，最終成為這種疾病的受害者。

直到他臨終前，也沒有人知道，他到底是因為什麼疾病去世的。達利的死亡絕對不是毫無用處的，這讓世人明白了 X 光所具有的危險性，讓所有操作 X 光機器的人都格外小心他們的雙手，避免過分頻繁地接觸這種神祕的光線。愛迪生對於達利的去世感到非常悲痛，他曾盡自己最大的努力，去尋求專家們的意見以及治療方法，但達利的病情卻讓整個醫學界束手無策。今天，達利去世的這個話題，依然是愛迪生內心一個敏感點，他從來都不願意去談及這件事。

在存放 X 光機房間的隔壁，是一個較小的房間，這個房間裡只有一張桌子、一張椅子、一些木材以及一張車床。這個房間其實有一些歷史淵源，因為愛迪生曾在這裡改良過留聲機。愛迪生在這個房間裡度過了許多個日夜，但他現在幾乎不進這個房間，因為這個房間比較小，讓人感到陰冷。愛迪生認為，這個房間已經完成了自身的使命，因此應該留下來。

這裡還有兩間機器工廠，空間非常寬闊，有 24 扇窗戶通風透氣，光線充足。其中一間是重機器工廠，另一則是所有試驗性機器的製造場

地。後者是由約翰·F·奧特負責，他負責製造各種較小的模型。羅伯特·巴克曼負責重機器工廠，後來運用這種龐大的機器去研發水泥，當然還有電池托盤。

另一個有趣的房間就是精密儀器房間，這裡面的所有儀器，在那個時代都是最先進的。奧特同樣負責這個房間。愛迪生以及他的助手們，就是利用這裡的精密儀器做出了許多發明。這個房間裡的所有機器都是自動化的，例如，用於一次性製造留聲機機身的裝置。將安裝留聲機的金屬盒放在機器上，同時鑽八個孔，銑削盒子，並將孔鉸成所需的尺寸。這只需要幾分鐘，一個人一天可以生產一百臺。

也許，對普通遊客來說，最讓人感興趣的就是「第十三號」房間，或者說是留聲機實驗室部門。之前，這個房間是由 A·T·E·溫格曼負責的，但他在西元 1906 年夏天的一場意外事故中，被火車撞死了。這裡所有擺放的物品，都是與「會說話的機器」相關的——這裡有數百張唱片、還有長度在幾英寸至十八英寸之間的號角，也有各種形狀不同、大小不同的留聲機。這些機器的歷史有 20 多年了，看起來卻還是那麼新，這裡還擺放著隔膜、音樂工具、一臺大鋼琴、一個風管、音樂唱片等。留聲機的任何音樂部分，都是在這個房間裡製造出來的，這樣做完全是為了能夠獲得更好的錄音結果以及更好的唱片。

「所有的工作都是在這個房間裡完成的。」在筆者最後一次與溫格曼見面的時候，他這樣說，「我們在這裡所做的一切，都是為了能夠製造出更好的錄製與播放聲音工具，找到更好的製造圓筒的原材料，製造出更好的唱片。事實上，我們在這裡付出了艱辛的努力，找到了許多不斷改進與提升留聲機的辦法。我們不斷地實驗全新的唱片、全新的揚聲器、喇叭以及漏斗。為了能夠獲得絕對完美的播放聲音，我們幾乎做了一切該做的事情。」

第十六章　位於奧蘭奇的實驗室

愛迪生將他這個小房間從實驗部門分割開來,他坐下來,一次就聆聽幾個小時,然後在紙上寫下各個留聲機發出來的聲音。西元1903年,愛迪生足足有7個月的時間都待在這個房間,努力讓留聲機變得更加完美。他將自己大部分的時間,都投入到尋找留聲機表現不夠理想的原因,因為他認為,我們能夠從事物為什麼沒有表現得更好中得到教訓。

溫格曼表示:「我們都知道,現在還沒有找到任何一種能夠消除聲音顫動的影響,或者說無法找到任何一種無法傳導聲音的東西。要是我們真的能夠找到一種完全不傳導聲音的物質,並且這種物質足夠堅硬,可以運用到機械建造方面,那麼我們就能夠得到更加清晰的聲音。無論是錄製人發出來的聲音,還是樂器發出來的聲音,都能做到更好。這樣一種材料遲早都會被找到,到時候我們就可以找到一種絕對完美的材料,讓我們更好地分辨每個人的聲音,再次錄製已經錄製好的唱片。」

愛迪生實驗室的法務部門,由弗蘭克·L·戴爾負責,他僱傭了許多員工,這些員工可以說是整個實驗室裡最勤奮的。雖然戴爾是紐約一家著名專利律師事務所的成員,但他幾乎將全部的時間都投入到實驗室中。可以說,他熟悉愛迪生的每一項發明。筆者最近就這個部門,與戴爾進行了一番交流,在談話過程中,戴爾這樣說:

愛迪生的研究工作幾乎都專注於全新的發明上。我重要的工作內容,就是處理與新發明相關的專利問題。愛迪生先生不僅是人類歷史上最多產的發明家與專利權所有人,也是將發明轉化成商品最多的人。比如愛迪生的全美留聲機公司、愛迪生製造公司、愛迪生蓄電池公司、愛迪生波特蘭水泥公司,以及另外20家公司。因此,無論是在美國還是在國外,都有幾百項與專利權相關的問題等著被解決。為了能夠妥善解決這些糾紛,需要記住許多細節。

當然,所有發生在世界各地侵犯愛迪生專利權的訴訟,我以及我的部門都無法親自參加。不過,在一些情況下,我也會親自到場。但我並

不是一個人戰鬥，我在紐約、華盛頓、芝加哥、倫敦、巴黎，以及其他地方的律師朋友，也會幫助我們處理這些事情。除了專利糾紛訴訟方面的事情，我們部門還需要處理其他事情，比方說個人傷害、基於合約方面的各種行為、保險以及房地產行業等。

愛迪生對於專利局為發明者提供的保護，是極為不滿的，雖然他一般都會受到許多官員的歡迎。他認為整個系統的設計都是錯誤的，一個專利的期限絕對不應該那麼短，或者說發明者不應該因為任何人對這些專利存在疑問，而暫停發明者的所有權利。愛迪生表示，這樣情況出現之後，發明者還要想盡一切辦法去證明，自己的發明是原創的，並且還要在法庭最終判定之後，才能生產製造自己發明的東西。

而現行的法律，可以說完全站在原告那一邊——真正的發明家不得不忍受這樣的法律所帶來的傷害，因為他們必須耗費大量的時間，去證明自己的發明。愛迪生不願意將時間浪費在這方面上，他不止在一個場合上表示，要是自己從來都沒有去申請一項專利的話，那麼他現在的身家肯定還要多上幾十萬美元。一個人所能做的最好事情，就是在他發明出某些全新的東西時，任何人都可以進行生產，接著市場在短時間內都會充斥著這些產品。這是愛迪生的唯一希望。他希望能在自己的智慧財產權遭受侵犯之前，賺到更多的錢。

三年前，愛迪生與美國專利局進行過一次非常有趣的交流。愛迪生就某樣發明申請專利，在等待回覆的時候，專利局的官員表示，這項專利是屬於其他人的，因為此人也遞上了類似的申請，並且表示愛迪生提出申請的內容，與那人相差無幾。根據專利權相關的法律，這樣的情況非常少見，因為法律並不允許取消一份申請，然後將其中的內容放在另一份申請文件當中。

當愛迪生的律師了解到這些之後，他就要求召開一次聽證會，然而

第十六章　位於奧蘭奇的實驗室

這個要求遭到了拒絕。愛迪生的律師第二次提出召開聽證會的要求，還是遭到了拒絕。於是，他就將這個案子提交給總統。羅斯福總統非常認真地聆聽後，回答說：「愛迪生先生提出的要求並不過分。他在這個發明年代裡，占據著特殊重要的位置，他應該獲得一個被人們聆聽的機會。」接著，羅斯福總統就寫信給專利局的主管，要求他們召開一次聽證會。

愛迪生的實驗室僱傭了大約100多名員工，主要包括電力學家、熟練的機械工人、數學家、攝影師、製圖員、音樂家等，每一名員工都有自己擅長的領域。在完成實驗目標的過程中，這些員工始終都能夠得到愛迪生給予的建議與鼓勵，因為愛迪生也是一個喜歡提出建議給員工的人。但是，愛迪生卻始終無法成為心算高手。這個特點可以從多年前克姆勒這個案子裡得到展現。愛迪生認為在通了某種電流之後，管道裡的溫度會上升華氏八度。當時柯克蘭就對此向愛迪生提出問題，要求他解釋這在華氏溫度計上意味著什麼。

「我不知道。」愛迪生回答說。就在之前，柯克蘭曾跟愛迪生說過，可愛迪生只說出自己認為是事實的話。

「你不知道！」柯克蘭大聲地說，「你確定不能夠為我們計算一下嗎？」

「我從不計算這些東西的。」愛迪生回答說。

「好吧，那你是怎麼知道的呢？」柯克蘭盤問。

「我問別人的。」愛迪生回答說。

「那你是問誰的呢？」

「哦，我專門有人是在做這些事情的。」愛迪生說，忍住沒有打哈欠。

「那這個人在這裡嗎？」柯克蘭邊問邊看著臺下的眾人，其中有幾個人是來自愛迪生實驗室裡的助手。

「在的。他是肯內利。」所有人的目光都聚集在亞瑟‧E‧肯內利[049]身上。肯內利原本是愛迪生實驗室的首席數學家，後來成為了電力工程師協會的總裁。一般認為，他是唯一一個能夠解釋英國數學家奧利弗‧黑維塞[050]提出的精密系統之人。愛迪生將這個攝氏度與華氏度之間比例的問題，跟肯尼利說了一次。肯內利看了一眼天花板，沉思片刻，進行著必要的心算，然後給出了回答。

　　肯內利只是在年輕時為愛迪生工作過的許多聰明人之一。現在很多人可能還不知道，尼古拉‧特斯拉[051]當年曾在愛迪生實驗室裡當學徒，並且學到許多對他日後成為發明家與實驗家有用的知識。特斯拉在某天前來拜訪愛迪生時，表明希望愛迪生能夠提供一份工作給他。愛迪生很喜歡這位面容英俊的年輕人，就叫他的領班富爾頓去安排一份工作給他。富爾頓讓年輕的特斯拉做一個能夠發揮自身能力的職位。特斯拉發誓自己一定會像奴隸那樣辛勤地勞動，他也遵守了這個的諾言。於是，富爾頓就測驗了他一番，要求他連續幾天不分晝夜地工作，幾乎不給他闔眼的時間。截止第 14 天的晚上，特斯拉才一共睡了 48 個小時。接著富爾頓才大度地表示，特斯拉應該好好地休息一下了。

　　富爾頓產生了慷慨之心，他邀請特斯拉去吃晚餐。他們走進一家咖

---

[049] 亞瑟‧E‧肯內利（Arthur E. Kennelly，西元 1861～1939 年），美國數學家、電氣工程師，西元 1887～1894 年間供職於愛迪生實驗室。
[050] 奧利弗‧黑維塞（Oliver Heavysides，西元 1850～1925 年），英國物理學家、數學家、皇家學會會員。西元 1880 年，他研究電報傳輸上的集膚效應。他將在電磁學上舉足輕重的馬克士威方程組（Maxwell's equations）重新表述，由四元數改為向量，將原來 20 條方程減到 4 條微分方程；西元 1880～1887 年間，他提出了運算微積分（微分運算元 D 便是這時引入的）——一套將微分方程轉換為普通代數方程的方法；西元 1887 年，他提出以電感器來消除雜訊；西元 1902 年為了解釋無線電波的反射，海維德猜想大氣有一層導電物質，這層大氣現在稱為肯內利 - 海維塞德層。西元 1923 年證實了這層的存在。
[051] 尼古拉‧特斯拉（Nikola Tesla，西元 1856～1943 年），塞爾維亞裔美籍發明家、物理學家、機械工程師、電機工程師和未來學家。他被認為是電力商業化的重要推動者，並因主要設計了現代交流電力系統而聞名。在麥可‧法拉第發現的電磁場理論的基礎上，特斯拉在電磁場領域有著多項革命性的發明。他的多項相關專利以及電磁學的理論研究工作，是現代無線通訊和無線電的基石。西元 1884～1885 年間供職於愛迪生機械公司。

第十六章　位於奧蘭奇的實驗室

啡廳，點了一份牛排——這是他們所能點的最大份牛排——還點了許多蔬菜與馬鈴薯。當牛排上來之後，他們發現這份牛排實在太大了，讓富爾頓忍不住驚呼，說就算是四個人也吃不完這份牛排。不過這份牛排最後還是被吃完了。接著，富爾頓轉過身問年輕的特斯拉，是否還需要吃其他東西。富爾頓說：「你現在跟著我，喜歡吃什麼，就儘管點吧！」特斯拉用惺忪的眼睛看著周圍，似乎在仔細考慮著這件事，然後他用尷尬的口氣說：「富爾頓先生，如果你不介意的話，我還想要一份牛排。」對那些了解特斯拉的人來說，這是一個極為有趣的故事，因為特斯拉的身材雖高，卻十分瘦，因此人們一般認為他的胃口不是很好。

　　還有不少人都曾與愛迪生共事過，其中就有法蘭西斯·R·阿普頓[052]，此人是一名數學家，解決了傳送與分配電流方面的許多難題。還有查理斯·巴切勒（Charles Bachelor）、約翰·克魯奇（John Krusei）、斯托克頓·L·格里芬以及塞繆爾·英薩爾[053]，他們都是負責管理愛迪生的財務以及商業利益的人。查理斯·克拉克因為跟著愛迪生進行白熾燈研究，從而永遠地被人們所銘記。查理斯·T·休斯曾在愛迪生的電力引擎公司工作。盧瑟·斯特爾林傑以及 J·H·瓦爾則是負責當時的發電機業務。法蘭西斯·傑伊[054]為愛迪生電流計的發明做出了巨大的努力。馬丁·福爾斯則是為愛迪生不斷改善話音清晰的電話做出了貢獻。約翰·奧特是一名專業的機械專家，他想盡一切辦法將燈絲做成 0.254 微米那麼細，並且還獲得了幾項充滿天才想法的機械發明者專利。路德維格·K·布恩則是為發明電燈燈泡，找到了用水銀泵去抽空空氣的方法。

　　這裡有一則與布恩相關的有趣故事，發生在他研究水銀泵的時候。

---

[052] 法蘭西斯·R·阿普頓（Francis Robbins Upton，西元 1852～1921 年），美國物理學家、數學家。
[053] 塞繆爾·英薩爾（Samuel Insull，西元 1859～1938 年），英裔美國實業家、投資人。芝加哥城市歌劇院建築者。
[054] 法蘭西斯·傑伊（Francis Jehl，西元 1860～1941 年），美國化學家、發明家、愛迪生實驗助手。代表作：《門洛帕克的回憶》（*Menlo Park Reminiscences*）等。

他面臨著工作上一系列的錯誤，對此感到非常沮喪。當一個幫助他的聰明年輕人說：「我們能不能把燈泡放進氣球裡，然後把它們送到高空，在那裡利用高空真空來抽氣，接著再把它們封起來呢？」布恩對此表現得不屑一顧。

當時愛迪生就站在旁邊，他說：「這是一個不錯的想法，我們必須要想出這方面的發明，從而獲得專利。」這時，另一人疑惑地問道：「可是，如果吹管裡沒有空氣可用，我們要怎麼把它們封起來？」愛迪生在聽到質疑聲之後，假裝厭惡地嘆了一口氣說：「每次都是這樣。一個人剛提出一個絕妙又實用的點子，馬上就會有個無知的傢伙跳出來，非得指出為什麼這個計畫行不通。現在這年頭，真正有才的發明家根本沒有發揮的空間。」

還有很多優秀的人才，都在愛迪生的實驗室裡工作，他們的名字也將不會被世人所遺忘。他們有E·H·詹森，他是愛迪生最早的一名助手，正是他將電燈帶到了英國。S·柏格曼在愛迪生搬到門洛帕克之後，就負責愛迪生在紐華克的工廠業務，之後將這家工廠發展成為美國最大的電燈製造商，現在在德國也有許多業務來往。弗蘭克·史伯格[055]從海軍退役之後，就追隨著愛迪生。他發明了「史伯格電力系統」。弗蘭克·麥高恩被愛迪生派到南美洲去尋找適合做燈絲的竹子。

詹姆士·西摩則是將電話帶到英國的人，之後因為解決了與摩天大樓、隧道以及地下室通風問題與照明問題而聞名於世。W·K·L·迪克森對活動電影放映機非常感興趣，並幫教宗拍攝過。他寫了一篇有關愛迪生的有趣故事。艾奇遜在電力方面的工作，在整個尼加拉瀑布地區都是非常著名的。菲力浦·賽博（Philip Seubel）則是第一個在戰艦上安裝電

---

[055] 弗蘭克·史伯格（Frank J. Sprague，西元1857～1934年），美國發明家、海軍軍官，對電動機、電氣化鐵路和升降機發明和發展有著傑出貢獻。他促進了都市化和物流、交通系統；改良升降機技術幫助摩天大樓發展，繼而令商業發展更密集。他有「電力牽引之父」之稱。

第十六章　位於奧蘭奇的實驗室

力設備的人。奧古斯都・韋伯（August Weber）發明了一種全新的陶瓷，並且從中賺了一大筆錢。

愛迪生在選擇那些有能力長時間連續工作的員工方面，有著超乎常人的天賦。即便在他年輕時，就擁有了這樣一種能夠喚醒他人熱情、決心，以及無限潛能的能力。不久前，他對一位作家說，他有好幾次，都是連續花三至五天時間進行發明工作。他說：「但是，很多員工都沉醉於全新的發明，他們非常樂意放棄自己的休息與睡眠時間，幫助我將這些想法變成現實。他們都是了不起的員工！」也許，這些員工之所以能夠為愛迪生傾盡全力地工作，並不是因為愛迪生本人是一個天才，更重要的是，他展現出來的強大堅持能力。這樣的例子並不少見。愛迪生絕對不允許自己手下的員工被外人看低，只要他能夠給予幫助的，就一定會這樣去做。迪克森就是這方面最好的例子。

20年前，當迪克森被召喚參加一次精密電學問題的諮詢時，他犯了一些錯誤。在回答問題的時候，他說錯了幾處地方，這些內容直到重新審視的時候，才被諮詢會成員了解到。但是因為愛迪生始終全力支持著迪克森，因此最後的評估還是通過了。當房間裡其他人都走光之後，愛迪生對迪克森說：「你知道嗎，你說錯了不少地方。我一聽就知道。」「是的，愛迪生先生。」迪克森支支吾吾地回答說，「既然這樣，為什麼你還要支持我呢？」「因為我不願意讓那幫傢伙，從嘲笑你的過程中得到滿足，我不允許這樣的事情發生。」迪克森後來說，他願意一輩子都追隨著愛迪生，這難道還有什麼值得我們好驚訝的嗎？

愛迪生最欣賞的一種能力，就是保持沉默的能力。對愛迪生來說，任何喜歡談論工作之外事情的員工，都是沒有價值的。在一些情況下，一位聰明且有抱負的年輕人，在愛迪生的實驗室裡獲得了一個職位，不過很快就因為他喜歡八卦的習慣而遭到開除。當他拿到14天的薪水，走

出實驗室的大門時，感到非常悲傷。他根本沒有意識到，自己缺乏的是一種常識，從來沒有意識到保持沉默的重要性。也許，保持沉默這種能力在愛迪生實驗室的要求，要比其他地方更高一些。若是他的員工總是向外人談論愛迪生發明的結果，那麼在愛迪生向公眾披露之前，大家都已經知道了。因此，愛迪生對員工能力的一個重要要求就是保持沉默。

愛迪生對員工始終保持著友善與和藹的態度，直接稱呼他們的教名。如果有哪位員工生病了，他都會給予關心問候。他喜歡與那些職位最低的員工聊天與開玩笑。筆者還清楚地記得，有一次，愛迪生坐在化學實驗室的一張椅子上，認真聆聽著一位最年輕的員工，講述一個有趣的故事，他聽完之後哈哈大笑，這是一種發自肺腑的笑容。很多人都會覺得，像愛迪生這樣的大人物，怎麼會和基層員工相處得這麼好呢？要是在英國，這樣的情況簡直是不可能出現的。當然，也沒有一位員工會覺得這樣輕鬆的交流，可以取代辛勤工作的作用。愛迪生展現出友善與幽默的態度，這顯然要比他展現出高傲的態度更能獲得好結果。

愛迪生本人也經常對他的員工開一些玩笑。在他早年發明留聲機的日子裡，他就經常在「會說話的機器」的幫助下，與員工分享許多笑話。有時，這些笑話是關於他本人的。正如「虛假的雪茄」的故事就是這樣的，雖然這個故事已經是 20 年前的事情了。愛迪生是一位菸癮頗大的人，經常會在房間裡放下幾盒雪茄菸。這些雪茄菸是他的員工覬覦的東西。首先會有人進入愛迪生的房間，向愛迪生提出一些瑣碎的問題，然後另一個人就會趁機將三、四根雪茄放在手中。漸漸地，愛迪生開始對此產生了懷疑。

有一天，他去拜訪菸草商，解釋情況後，讓菸草商配製一些可怕的「菸」，用破布、茶葉和刨花做成，每桶價值約兩美元。這些「假雪茄」被裝在外觀相當吸引人的盒子裡，然後送到了實驗室。不過，一開始什麼事

第十六章　位於奧蘭奇的實驗室

也沒發生；來找愛迪生的人數是少了一些，但並沒有聽說有人出事。直到有一天，愛迪生再次來到菸草店，問店家是否忘了把假雪茄送來。「什麼？愛迪生先生，」菸草商驚訝地回答說：「我兩個月前就送了十盒，我能做出來最難抽的東西去了，你的員工還沒抽完嗎？」愛迪生於是迅速地算了一下，將雪茄的數量除以自己每天的吸菸量，結果痛苦地得出一個結論：那些「毀命之物」，竟然都是他自己抽掉的！他當場又下了一大筆訂單，買他常用的品牌雪茄，然後他的雪茄又像往常一樣迅速地售罄了。，

有時，員工也會跟愛迪生開一些玩笑。在愛迪生的女兒瑪德琳出生的時候——大約是在 18 年前——他們經常拿這個開愛迪生的玩笑。一些技術人員圍在一起，宣稱他們應該做一些事情去慶祝這件事。一開始，他們想著為幸福的愛迪生唱一首歌，但是這個建議很快就被否決了。最後他們決定做一個機械式搖籃，讓愛迪生夫人在帶孩子的時候不會那麼辛苦。多年後，當年參加這次惡作劇的一位員工說：「很多人都表示這個想法不錯，最後決定就發明這個機械式搖籃，取名為『自動電力嬰兒保母』。這個計畫設計出一些有效的裝置，讓孩子躺在上面感到更加舒適，並且還附有正確的使用指南。

「我們很快就知道，嬰兒的頭應該躺在與電話接收器非常相似的隔膜上。如果嬰兒哭泣，聲音就會傳入隔膜以及一個電動鐘錶上，接著搖籃就會透過一個小馬達搖晃起來。若嬰兒依然發出哭聲，鐘錶裝置就會讓連接著搖籃一邊位置的地方，伸出一個槓桿與一支『手臂』，然後一個形狀古怪的玩具就會拿著一個瓶子，在嬰兒的嘴邊晃來晃去。倘若嬰兒不是因為餓而哭泣，那麼另一支『手臂』就會將止痛劑放入嬰兒的嘴裡。與此同時，電流會啟動安裝在搖籃四周的一組電磁鐵，將可能引起不適的別針立即吸走。」

「如果嬰兒此時還在哭泣，那就要使用『三十三度』的方法了。這

時，搖籃內部、嬰兒下方的兩根機械臂會慢慢抬起，把孩子翻過來，然後固定在搖籃尾板上的電動拍屁股裝置（electric spanker）就會迅速而俐落地開始執行它的任務。」

雖然這個計畫從一開始就沒有什麼所謂的模型，但愛迪生還是對員工們的想法感到高興，並且表示要是他們能夠申請專利的話，這肯定能夠成功。一些敏感的母親可能會擔心，是否能將自己的孩子交付給這些機械式的保母裝置。不過，愛迪生表示，肯定會有不少母親願意冒這樣的風險，讓這個發明流行起來。這個發明搖籃的計畫現在還留存著。就在幾年前，愛迪生夫婦在研究計畫的細節時，依然會哈哈大笑。

在那時，對愛迪生的女兒感興趣的不止他的員工，全世界似乎都對這件事非常感興趣。當時美國的每一份報紙都發表了相關的文章，很多評論都十分有趣、讓人發笑，有些甚至是滑稽的。筆者收集當時相關的一些文章，發現其中有一篇糅雜著幽默與認真的社論，能夠清楚地表明當時公眾對此的態度。

毋庸置疑，認為名人過上世外桃源的生活，就必然會遇上許多沒必要的麻煩或者苦惱的想法，絕對不是什麼原創或者讓人震驚的想法。特別是這樣的事情發生在著名的天才電力學家愛迪生身上，因為他最近吸引了公眾關注的目光。他公布了一個事實，那就是他「發明」出一個全新的嬰兒。在這種吉祥的氛圍下，這個剛剛來到世界上的嬰兒肯定會哇哇大哭，讓一般人都不得不產生疑問，那就是愛迪生孩子的頭髮，到底是什麼顏色的呢？或者說，這是男孩還是女孩呢？甚至想要看看孩子的腳。

但是，這些問題很快就會被人們說成是：「愛迪生的孩子要比其他人的孩子更加具有天賦。」之類的話。因為他們的直系祖先根本不知道正極與負極是什麼。當時，一位作家表示，愛迪生已經在努力發明一種工具，這種工具能夠將嬰兒的大聲哭喊轉為靜音，然後將這些聲音傳送到一里外的地方。另一位作家則認為，愛迪生肯定會發明一種電力裝置，幫助嬰兒

第十六章　位於奧蘭奇的實驗室

在晚上走路，在白天跳舞，從而加速嬰兒的成長。不管這些想法是以調侃還是認真的形式出現，這都充分說明一個事實，那就是愛迪生的孩子出世這件事，對所有的嬰兒與父母來說，都是一個劃時代的象徵。

當然，一個電力學家的父親，是絕對不會讓自己的孩子像正常人那樣成長的，不會像其他孩子那樣整天蹦蹦跳跳，覺得身體癢了就用手去撓撓，不會做出一些非電力學家應該做出的行為。要想在這方面得到進一步的提升，就需要許多父母的後代，能夠像愛迪生那樣去教育他們的孩子。

所有這些有趣的報導，都讓愛迪生感到好玩，雖然一些笑話是針對他個人的，可是他依然能夠從中看到幽默之處。一些友善的朋友將這些出版的故事收集起來，送給他一份。愛迪生將其中的部分內容讀給妻子聽，但妻子依然無法理解，為什麼自己的孩子會吸引這麼多關注。後來，一些到實驗室裡參觀的人，詢問愛迪生準備為自己的孩子發明哪些裝置，以便讓孩子過得更加舒適時，愛迪生才覺得媒體炒作的一些笑話是過頭了。最後，當一名輕信報紙的人，詢問他是否找到了能夠制止嬰兒發出哭聲，同時又不會傷害嬰兒的方法時，愛迪生感到非常疲倦，於是決定在機會合適的時候結束這個話題。沒過多久，他就等到了這樣的機會。

一次，有人看到一個形狀特別的物體，被放在實驗室房間的一角，他用充滿好奇的語氣問：「這是什麼？」愛迪生用莊重的口氣低聲地說：「哦，這是大家都在談論的嬰兒專利。這個產品肯定會取得巨大的成功。我希望它能幫我賺許多錢。這個發明現在還不夠完美，不過我可以私下告訴你（當然，你不能跟別人說，因為我不希望其他聰明的傢伙知道這個想法，搶在我之前申請專利），一旦這個發明完成之後，馬達在聽到嬰兒的哭聲後就會運轉，嬰兒的哭聲越響亮，搖籃搖晃的速度就越快。這是一個龐大的計畫。等這個發明成功之後，你一定要過來看看啊！」這位參觀者對愛迪生的話半信半疑，口裡嘀咕著這非常不錯。沒過多久，他就離開了。這也是愛迪生說的、最後一個有關嬰兒搖籃的玩笑了。

再說一個與此相關的故事，本章的內容就算是結束了。故事是這樣的，有一名年輕人來到愛迪生的實驗室，他下了堅定的決心，要成為著名的發明家，卻因為自身敏感的性情，以及發生的一些不幸事情，在他踏入人生事業的階段，無法實現自己的夢想，之後就放棄了發明的理想，只能選擇自己不是很喜歡的工作。這件軼事是一位被採訪者幾年前說的，筆者現在無法找到他的名字了。在當時的情況下，筆者可能根據慣例，沒有將他的名字寫下來。

六、七年前，有一個年輕人來到奧蘭奇實驗室裡應徵工作，並且應愛迪生的要求介紹了一番自己。事情是這樣的：這名年輕人一開始告訴所有人，他想要為之工作的人，接著他就被告知實驗室的工作方式。有人跟他說，主建築裡放著地球上每一種已知的物質，如果他能夠說出實驗室裡沒有哪一種物質的話，就能夠得到 2.5 美元的獎勵。

有人還跟他說，他的特殊職責就是要守衛愛迪生工作的房間，因為愛迪生在工作的時候，不願被那些懷著好奇心的人打擾，這是極為重要的。接著，這個年輕人就開始了守衛的工作，他充分意識到這份工作的重要性。可是，教導他的人犯了一個嚴重的錯，那就是沒有告訴他愛迪生是長什麼樣的。因此，當他在站崗的時候，一位穿著有點寒磣的人要從他身邊走過，他立即抓住那個人，不讓他繼續往前走。

「小孩，這是什麼事情啊？」愛迪生生氣地問。

「你不能進入裡面。」這個年輕人義正詞嚴地說。

「為什麼不能？」愛迪生問。

「因為沒有書面的批准，任何人都不能進入，或者說沒有愛迪生的批准都不能進入。」

「哦，我知道了。」愛迪生說，然後他穿著拖鞋走開了。當這名年輕人看著這個穿著黃色髒衣服的人走遠的時候，還對他說了一些不是那麼友好的話：「你不應該到這裡來。」

第十六章　位於奧蘭奇的實驗室

　　但是，五分鐘之後，年輕人驚訝地發現，那個穿著黃色髒衣服的人又回來了，他身邊還站著自己的教導員，教導員的臉色看上去異常嚴肅。教導員說：「你不知道這位先生是誰嗎？」

　　「不知道。」年輕人回答說，「我只知道他身上沒有任何通行證，也沒有愛迪生先生的陪同。」

　　「什麼，這位就是愛迪生！」教導員喘著氣說。

　　這名年輕人一下子懵了。

　　「我能進去嗎？」愛迪生對著年輕人眨了一眼說。但是，年輕人只是呆呆地站在那裡，教導員開始嚴厲地責罵他犯下這樣的錯。接著，愛迪生轉過身，立即阻止教導員。與此同時，愛迪生還稱讚這位年輕人的警覺性。愛迪生說，這是教導員的錯，不是年輕人的錯。

　　儘管如此，這次事件對這位年輕人的影響還是很大的。每當他走進愛迪生所在的那個房間時，身體都會顫抖一番。愛迪生是一個喜歡開玩笑的人，每次他進來的時候，都會對著他眨眼，不過這似乎無法緩解年輕人的緊張情緒。一天，他身患重病，到醫院檢查發現，他透過咀嚼菸草來壯膽，這差點要了他的命。後來，這個年輕人辭職不幹了。

第十七章　概念書

　　奧蘭奇實驗室的圖書館裡，收藏著數千卷的書籍。在這些書籍當中，最著名的就是「概念書」，這是一系列的對開本書籍，裡面包含著愛迪生過去35年裡的研究成果。裡面包括許多具有原創性思想的文件證據。這些文件不止一次在法庭上作為證據，證明愛迪生的確是某一項發明專利的所有者。在所有這些文件當中，我們可以找到每一項發明的相關細節。愛迪生發明的四工電報，讓他在電報行業聲名鵲起，除此之外，還有成千上萬的思想或者說「概念」都收錄其中，但是很多這樣的想法都沒有變成現實。愛迪生並沒有將這些寶貴的文件鎖起來，而是放在圖書館的開放書架上，讓每一名來這裡參觀的遊客都能夠看到。

　　愛迪生將這些文件稱為「日常的書」，因為裡面記錄著他每天在實驗方面的情況，還有他用鋼筆與墨水所繪製的機械模型。每一頁的內容都標有日期。每一份紀錄都是愛迪生的三位助手幫忙記下來的，每一張插圖都是在場的某位見證者描繪出來的，每一個段落都有重要的紀錄與方程式。當然，耗費這麼多心血去記錄這些細節，就是為了提供盡可能詳細的法律依據，以便在出現專利權爭議的時候，能夠派上用場。這方面的事情無論是在歐洲或美洲，都已經得到了驗證。因為這樣的紀錄，似乎能夠更好地反對那些白熾燈以及其他發明的抄襲者。

　　多年前，一位英國科學家前來拜訪愛迪生的實驗室時，就看到了這些文件。當時他說這些文件令他留下的印象，甚至要比愛迪生所有的發明都深刻。他後來這樣說：「我們有必要回顧過去那段日子，對耐心與更加嚴謹的方法有深入的認知。這些文件表明了愛迪生對工作的極度認真，知道他在追求目標時展現出來的嚴謹性。這些文件讓我對愛迪生這位偉大的發明家，產生了無限的敬意。」

第十七章　概念書

愛迪生在他的「日常的書」裡使用的措辭，對於英國科學家來說，可能是有點深奧的，雖然愛迪生曾說，他所使用的語言是「綜合性的、帶有強烈描述性以及趣味性的」。愛迪生後來打電話給他的代表莫斯與羅瑞，他們向愛迪生展示這些文件，要求解釋其中的一些段落。

一位科學家在寫信給朋友的時候這樣表示：「他使用語義清晰的文字，這也許是愛迪生在門洛帕克工作時，自己寫出來的文字，而這些文字對那些在皇家科學院裡工作的人來說，是沒有任何意義的。一個『障礙』（在文件裡面，這些詞語是經常會提到的）對於員工來說，顯然是難以解決的，但對愛迪生來說，這就是『一隻寄生在懶惰之人身上的昆蟲，牠是必須要被殺死的。』在一本書裡，我讀到了下面這段讓人印象深刻的段落：『依然存在著許多故障。讓莫斯去嘗試下面這些方法，幫助我們擺脫這樣的困境。』莫斯對我說，在這種情況下，這樣的『障礙』是很難與愛迪生發明白熾燈連繫在一起的。」

愛迪生實驗室裡的圖書館（紐約）

在一系列的「日常的書」裡，其時間延伸 13 個月。每一頁的內容看上去都像是在講述著不同類型的發明。文件上面有圖形、附錄、描摹、圖畫，這些東西都混雜在一起，除了愛迪生本人能夠看懂之外，其他人都應該看不懂。讓人感到驚訝的是，裡面有不少內容都是 30 多年前記錄

的。在記錄某一天的內容時，我們可以看到許多這樣的文字「N.G.」，與愛迪生用筆畫下的一個小記號，這表明他已經進行了多項試驗，然後將其內容列舉出來。所謂的「N.G.」代表著「不是很好」，這說明愛迪生在對許多東西進行試驗之後，卻始終沒有找到適合用於製造電話的碳按鍵材料。

當我們翻看這些文件時，會發現其他頁數上也會出現類似於「L.B.」、「N.B.」、「D.B.」以及「E.」這樣的字眼，這些字眼分別代表著「稍微有所改進」、「沒有進展」、「很糟糕」或者「讓人鼓舞」。這些小小的附錄都是與電話有關的，而愛迪生則是盡自己最大的努力，去製造完美的接收器。在13個月裡，這些文件紀錄表明，他每天都會使用不同的材料去實驗，然後都寫上「讓人鼓舞」的字眼。在這13個月裡，他不斷感到「冷」與「溫暖」，卻始終都沒有感到「熱」，接著就發生了冒著黑煙的煤油燈事件。

在將覆蓋著玻璃的煤煙除去之後，愛迪生將這些東西與碳按鍵連繫在一起。所有這些與黑炭連繫在一起的實驗，都會被記錄下來，有時這些內容會被記錄為「非常讓人鼓舞」。最後，愛迪生發現，這些煤煙並不是最適合的東西，而最後的內容則寫上了「我找到了」這樣的大字眼。他找到了最高純度的煤煙。

記錄愛迪生相關發明以及改良白熾燈的內容多達數卷。愛迪生為了尋找適合的燈絲進行了數百次實驗，這些實驗的情況都一一記錄了下來，每一個紀錄都會用一些大寫字母記錄下來，這會讓他知道自己正走在正確的道路上。他所嘗試的每一種物質都記錄在這些實驗文件裡面。在這些內容裡，你可以看到諸如鉑金、銥、矽、硼，以及不同品質的石墨、煤焦油等物質，其中還有硬紙箱、厚紙板、亞麻布、葡萄插穗、木夾、玉米稈，以及數百種不同種類的竹子。

第十七章　概念書

　　在文件的每一頁，我們可以找到 1,400 多種不同種類的竹子，其中有 300 多種竹子都是為了尋找適合燈絲而採集的。愛迪生至少研究了 200 多種不同種類的竹子。文件裡記錄著一個有趣的故事，這是講述某種生長在日本的竹子。除了這些之外，我們還可以看到「我找到了」這樣的字眼，因為正是這種竹子，才讓愛迪生找到適合的燈絲，最終取得了成功。這些文件同樣描述了整個過程，之所以要實驗多種不同的竹子，就是為了找到最好的燈絲。

　　當然，竹子不必全部使用，只需使用極少量即可，因此使用竹子內部的材質去實驗就顯得非常重要。為了讓燈絲具有較高的抗電流能力，還需要找到進行碳化的正確方法。當然，所有這些內容都有記錄並且寫著日期。我們可以在翻看這些內容的時候，了解愛迪生不斷完善白熾燈的整個過程，知道門洛帕克第一次點綴著 300 盞電燈時的歷史性時刻——這代表著一個充滿光明的全新時代。

　　我在這些讓人印象深刻的書籍裡，節選了一些片段，下面的內容能讓讀者對愛迪生當時的一些想法有所了解：

　　「灰胡桃殼的顏色與硫酸鐵鹽比較像，可以嘗試一下灰胡桃這種東西。」

　　「三氯甲烷可以與碘進行實驗。」

　　「透過玻璃的化學成分去實驗金屬錫片的即時融合過程，這會在紙上形成反覆出現的金屬點。」

　　「根據速度、堅硬度、電流以及線圈去試驗，這往往都是以歸納法的形式去做的。這可能首先是兩萬歐姆，接著就是一萬歐姆便能達到良好的效果。」

第十八章　宴會

　　愛迪生收到過許多宴會的邀請。要不是愛迪生有著謙遜的性格,並且多次表示不願意出席這樣的場合,那他收到的邀請會更多。他表達了自己對出席公開場合宴會的反感,並且公開表示參加完一次宴會之後,經常會感覺比自己在實驗室裡連續工作一週還要累。因此,真正能夠讓愛迪生離開自己安靜的房子,打破不參加宴會規則的情況,必然是非常重要的事情。因為即便是為了表彰他功績的宴會,他都很少參加。

　　在過去幾年,愛迪生參加過的兩次宴會是值得談論的,因為這兩次宴會都是比較獨特與有趣的,描述一番這些宴會的情況,也是很有必要的。其中一次宴會是在西元 1904 年 2 月 11 日舉辦的,地點是紐約的華爾道夫酒店,負責主辦的單位是美國電力工程師協會,此次宴會的目的是慶祝愛迪生 57 歲生日,以及愛迪生發明白熾燈系統 25 週年。為了慶祝這件「雙喜臨門」的事情,他們專門製作了「愛迪生獎章」,頒發給那些在電學方面發表了優秀論文的人。現在,電力工程師協會每年都會頒發這個獎章。來自美國各地的 700 多名貴賓參加了這次宴會,向愛迪生致敬。這場宴會可以說是當時紐約舉辦的、最為著名的一次宴會了。

　　當時宴會桌的安排頗有意思,目的是為了讓每位來賓都能看到愛迪生所在的座位。他坐在一張鮮豔的旗幟下,上面還放著 57 盞電燈,這讓愛迪生感到有些尷尬。那裡還掛著一張圖畫,圖畫上畫著他的出生地俄亥俄州的米蘭鎮。這幅畫就懸在他的正上方,那裡還掛著俄亥俄州的標誌、紐澤西州的盾形紋章以及美國的國旗。在他前面是一個用糖做成的微型模型,展示著他的許多發明。電線連接著房間的馬可尼儀器(Marconi apparatus)。在愛迪生的右手邊,我們可以看到愛迪生發明的雙向發送儀器,接收訊號的一端就是四工發送接收器,這是巴爾的摩郵政電報公司所使用

第十八章　宴會

的，幫助當時的許多員工提前撤離了火災現場。成千上萬的電燈連接著畫廊，牆壁上裝飾著花彩，許多小桌子上也裝飾著這樣的小電燈。

當所有人就座後，這位發明家面帶笑容、神情愉快地用摩斯密碼打出了「73」——代表「祝賀與最誠摯的祝福」。隨即，房間裡響起一片熱烈的歡呼聲。等到現場安靜下來後，主持人開始宣讀多封致今晚貴賓的訊息，其中包括以下這些：

「我要祝賀這位為美國人做出重大貢獻的偉大人物的生日，因為他的一生都獻給了美國。若沒有他的努力，美國絕對不可能擁有現在的國際地位。」

—— 狄奧多・羅斯福

「我無法親臨現場，這實在是讓人感到無比遺憾。愛迪生身為『電報之父』理應得到這樣的獎章。雖然不在現場，但我還是要向愛迪生先生表達衷心與無限的敬意。他的重要發明造福了世人。我在這裡以我們的生命、財富以及神聖的尊嚴祈願，祝願偉大的愛迪生先生長命百歲！」

—— 安德魯・卡內基（Andrew Carnegie）

「衷心祝願愛迪生生日快樂！我懷著無限的興趣，了解他在改良電燈方面所做出的偉大發明，我為自己能成功地在英國法庭上幫您贏得官司，維護您的權益感到無比自豪。」

—— 阿爾福斯通

「我代表美國電力工程師協會所有成員，衷心祝賀愛迪生先生生日快樂，感謝他為電力事業方面做出的偉大貢獻，感謝他發明了留聲機，這一人類歷史上最偉大與最富創造力的工具。我還要感謝他多年來發明的許多實用工具，這些成果極大地造福了大眾。」

—— 喀爾文

「我滿懷熱情地對我親愛的朋友愛迪生表達祝賀。我為自己能夠將他的這套系統引入義大利感到非常自豪。」

—— 可倫坡

「我非常崇拜您偉大的發明。來自匈牙利的朋友向您表達最真誠的祝賀。」

—— 艾迪安·德·福多

「祝您生日快樂！義大利電力工程師協會向您表達真摯的問候。」

—— 阿斯科利，義大利電力工程師協會總裁

在收到這些電報之後，也傳來了愛迪生之前準備好的電報，電報的內容是這樣的：

我想感謝美國電力工程師協會所有成員給予我的極大榮譽，專門在此慶祝我的生日以及成功發明白熾燈25週年。你們的善意讓我非常高興。

早年研究發明的日子，可能會消磨掉任何一個人的勇氣與毅力，但是你們一直鼓勵著我，讓我繼續堅持下去。現在，我已經將你們對我的期望實現了，而你們過去給我的關懷與支持，讓我永生難忘。正是因為對你們抱著深深的感激之情，我只能心懷謙卑。

這枚獎章是用來鼓勵年輕人將更多、更好的思想和創意，投入到電力發展方面的。願上帝保佑他們與你們，我親愛的朋友，祝願美國電力工程師協會越來越好。

接著，就是宴會主持人發表的一段祝酒詞：

在祝願我們的客人身體健康之前，讓我說幾句鼓勵的話。今天晚上設立的這個獎章，是為了獎勵每一位努力奮鬥、志向遠大的美國年輕人。讓你的兒子們回想起這段歷史，讓他們為那一位曾在底特律當過報童的男孩鼓掌叫好吧！無論在炎熱的夏天還是在寒冷的冬天，他都堅持著自己的研究。當時的他身材瘦削，沒有任何人指導他，他也沒有足夠的錢去上學。

第十八章　宴會

　　但是他在發明股票記錄器之後，開始有人關注到他了。那位住在門洛帕克的『失聰』發明家發明了留聲機，為了將人類偉大的聲音保留下來，付出了巨大的努力。在過去40年裡，他經常走進專利局的大門。他似乎擁有著普羅米修士那樣的雙手，發明出電燈讓我們遠離黑暗，讓全世界人民都能夠感受到夜晚的光明。這個人就是湯瑪斯・阿爾瓦・愛迪生！

　　愛迪生用電報的方式回覆，回覆的內容包括了簡單幾句感謝的話語，這是透過西聯匯款四工電報機發送出去的，用的是演說者右邊的電報機。這封電報利用一種無線的裝置，能夠將電報的內容傳送到左邊的電報機上。在愛迪生操作電報機的時候，按鍵會發出重複的聲音，然後透過發射天線傳送出去。在晚上10點18分的時候，愛迪生將手指放在自家第一次使用的西聯匯款四工電報機，發送電報給郵政電報公司總裁A・B・錢德勒上校。在場的人中，至少有一半都知道摩斯密碼。

　　當這個工具開始滴答滴答響的時候，周圍的人都沒有發出聲音。只有在場的樂隊演奏著〈美好的時光〉這首曲子。沒過多久，大家似乎都知道出現了一些差錯，因為電報機斷斷續續地發出聲音。錢德勒要求愛迪生多試幾次，最後，愛迪生大聲地說：「這不是我的問題。」旁邊那些知道摩斯密碼的人，都會心地笑了起來。但在這之後，儀器得到了恰當的調整，愛迪生成功地發出了簡短的訊息。

　　在這一饒有生趣的宴會中，最有趣的一點就是，很多侍者——其數量超過100人——都端來了許多用冰雕刻成的模型，這些模型包括馬達、留聲機、配電盤、汽車、白熾燈裝備、發電機、擴音器以及電池等。這些冰本身就是以白熾燈的形狀呈現出來的。每一位來賓都能夠得到一些紀念品，這些紀念品要麼是一個上面刻有「提燈天才」模型的小象牙盒，要麼是一枚做成白熾燈造型的胸針。宴會的菜單設計精緻美麗，並印有愛迪生銅像浮雕的複刻圖案，浮雕下方則是發明家親筆簽名的題字。

第二場值得講述的宴會，被稱為「磁性的晚會」，時間是在西元1905年，在紐約阿斯特酒店裡舉辦的，目的是為了褒獎愛迪生。這場宴會是由美國磁學俱樂部的成員舉辦的，這一重要的機構是由來自電報、電話、電燈以及電力製造公司的職員或者管理人員組成。這個俱樂部的總裁是A·B·錢德勒上校，他在現場擔任宴會主持人的角色。他用別開生面的話語表示支持，讓在場的來賓都感到非常愉悅，但他對愛迪生的高調讚揚，卻讓愛迪生那謙遜的臉頰幾乎泛起一絲尷尬。

　　錢德勒上校說：「我希望在座的各位，能夠回想起我們這位老電報人所做出的貢獻！首先，我要提到的是四工發報機。」

　　此時，房間角落裡隱藏的一個工具被揭開了紗布。突然之間，這臺機器開始以非常快速的速度運轉起來，交響樂隊則在演奏著〈外祖父的鐘〉這首曲目，在場的三百位來賓都開始唱起歌來：

之前他們只能靠著原始的方法去做事情，

現在則能夠直接進行交流。

他們之前做了劃時代的創造工作，

我們對那些日子的逝去感到無比遺憾。

　　愛迪生容光煥發，甚至還自己哼唱起來。在他還沒來得及對錢德勒上校的創意表達感謝時，錢德勒上校就說：「我認為，接下來要談到的就是電話了。」此時，12部電話同時發出鈴聲，接著樂隊就奏起了〈赫羅斯〉這首歌，大家跟著唱了起來。在這之後，錢德勒上校談到了留聲機。此時，一個「會說話的機器」的喇叭，發出了〈星條旗永不落〉這樣的聲音。在留聲機發出的聲音尚未完全消失之前，錢德勒上校說：「不過，最重要的是電燈！」俱樂部的許多成員都知道，事先已經準備好的暗示，不約而同地觸碰著許多個按鍵，房間裡的每一盞電燈瞬間熄

第十八章　宴會

滅 —— 只剩下桌面上的蠟燭發出光亮。在這樣一種光線不充足的環境下，興奮的客人唱著一首流行歌曲的改編版本：

這就是過去的日子。

現在那些日子已經很難回憶了。

在過去那段罕見、公平卻又黃金的歲月裡，

一切就像這樣子，一切就像這樣子。

接著，我們認真研究了蠟燭發出的光芒。

我們對未來的幻想是一片光明。

一些人可能在過去黑暗的日子裡，就已經找到了創造光明的方法。

此時，眾人邀請愛迪生發表演說，但一向謙虛的愛迪生表示拒絕。他對著來賓鞠躬表達謝意，臉上露出了比電燈更加燦爛的微笑。

在結束這一章之前，我們還有必要提到，愛迪生在發明白熾燈25週年慶典之前的一次宴會。這是十分簡單的一次宴會，因此才能打動愛迪生，讓他決定參加。當然，這樣的宴會也比許多名流參加的宴會，更能讓他感到開心。這是電學郊遊俱樂部舉辦的宴會，目的是為了褒獎愛迪生，不少會員事先就已經想到了，要在愛迪生發明與改良白熾燈的地方 —— 門洛帕克 —— 舉辦這次宴會。

這一天是星期六 —— 6月14日 —— 愛迪生在下午4點鐘的時候，乘坐汽車來到了門洛帕克。與在場的每位來賓握手致意之後，愛迪生表示自己想要到處走走看看 —— 重新看一遍他之前非常熟悉的地方，因為此時的他已經很久沒有來過這裡了。他過去多年努力進行實驗的建築物依然聳立著，其中就包括他首次發明可以進行商業生產的白熾燈的房間 —— 這是一間很小的房間，裡面勉強能夠容納6個人同時工作。

當愛迪生路過這裡的時候，許多成員都在談論著，愛迪生早年在這裡的奮鬥歷史，談論著愛迪生當年不知耗費了多少個日夜在這裡，解決

一些當時看上去無法解決的問題,對愛迪生憑藉著驚人的毅力以及頑強的鬥志,最終讓自然將白熾燈的祕密公布出來的精神表示敬意。愛迪生表示,自己回想起來,已經有好多年沒有回來這裡看看了。他用平時少見的愉悅心情說,很高興能與這麼多優秀的人一起回來,慶祝他這項重要發明誕生 25 週年。

接著,他來到之前工作過的工廠,在這裡駐足了一些時候,沒有說話,陷入了沉思。他饒有興致地看著,自己以前經常連續工作 60 個小時的工作檯。在這個時候,負責主持的人就站在外面等候,讓愛迪生好好地沉浸於過去的思緒當中。站在外面的人,也回想起當年這位被稱為「巫師」的人,就是在這個地方將腦子裡的無數個想法,全部變成現實。

愛迪生將這裡的每個地方都走了一遍。這次遊覽結束之後,他的神情有點凝重,很快就又恢復了之前愉悅的心情,與朋友進行著有趣的交談。晚餐時間設在 6 點鐘。這是一個天氣很好的晚上,宴會桌就擺在巨大的樹木下面,下面是青蔥的綠草,天空很乾淨,沒有一絲白雲。愛迪生坐在專門為他準備的座位上,一隻手拿著烤雞腿,另一隻手拿著麵包。

很多當時參加宴會的人都表示,這是十分有趣的畫面,他們看到愛迪生沒有顧忌那麼多禮節,一口咬著雞腿,一口吃著麵包,同時講述自己早年的人生經歷。他所說的每個故事,並不都是幽默的,雖然大多數都具有幽默色彩。他對年輕的會員們說,自己當年如何與各種艱難挫折搏鬥,講述自己在得到世人的鼓勵與認可之前,是如何堅持下去,並且不讓任何事情削弱自己去實現夢想的決心。

愛迪生用半認真的聲音對他們說,不要害怕失敗,勇往直前,不要放棄。愛迪生說,要是人們能夠理性地選擇一條正確的道路,然後秉持著自己的尊嚴走下去,那麼終究會實現一個美好的目標——即便我們最後不能夠獲得巨額財富,也都可以取得成功。有人曾提到,幾天前愛迪

第十八章　宴會

生參加了人們在紐約為他舉辦的宴會，會中有人用非常清晰的口吻說：「我想你是不是更加喜歡這樣的宴會呢？」

愛迪生的回答與每個人希望中的那種回答是一樣的，他用非常認真的口吻說：「不是的，先生。我並不是特別喜歡這樣的宴會。在參加一些大型宴會之後，我通常都會感到非常疲憊。如果可以選擇的話，我寧願不參加這些宴會。但是，如果像今天這樣的野餐，我倒是寧願每天都參加。室外的空氣可以增強我的食慾，幫助我更好地消化。我很高興來到這裡。」

直到太陽下山，晚霞逐漸消退的時候，愛迪生才向這些客人道別。他坐上汽車，離開了這個之前讓他釋放天才的地方。他正是在這個地方，被人們稱為「巫師」的。

要是讀者朋友們就生活在紐澤西州附近的地方，那你們可能有興趣去遊覽一下門洛帕克。事實上，大家能夠感覺到，這裡的空氣似乎都有一種憂鬱的氣息，因為這裡曾是全美國最著名的村莊——但在愛迪生離開之後，這裡的氣氛似乎變得死氣沉沉的，過去的榮光一去不復返了。不過，愛迪生這次舊地重遊，還是帶給了他許多收穫。在離這裡不到400公尺的地方，可以看到一輛被廢棄的老舊有軌電車。人們可能會用鄙視的眼光，看著這個破爛的東西。但事實上，這是美國第一批生產出來的有軌電車，這種電車曾在美國乃至世界各地都疾駛過。在這種有軌電車最受歡迎的時候，不知有多少名人就是乘坐這些車到世界各地的。

當然，也有極少數的名人——以及一些不是很出名的人——在愛迪生還被稱為「巫師」的時候前去拜訪他，沒有乘坐這樣的有軌電車，因為那時候電車遊覽的時間已經結束了。現在，這輛電車沒有人坐了，至少在白天的時候。有時在寒冷的夜晚，或者在暴風雨交加的時候，一頭老牛不小心走到這裡，會在這個曾經屬於科學成就的產物下休息一下。當愛迪生建造出這種電車的時候，他甚至還建了3英里長的鐵軌。這一

微型的有軌電車系統，吸引了成千上萬的遊客前來門洛帕克。

一位作家曾說：「就是從經過這條小線路開始，全國的鄉村與城市都是這樣的鐵軌，國家投資了上百萬美元去建造鐵路，每年有上億人乘坐這樣的交通工具出行。」在門洛帕克，你依然可以看到之前的一些鐵軌線路，只是這些線路似乎萎靡不振了。但就在許多年以前，它們都是充滿生命力的。在愛迪生搬到奧蘭奇之後，這些鐵軌很快就被人們荒廢了。

愛迪生與伊士曼

四位跨界好友，左起：亨利・福特、湯瑪斯・愛迪生、約翰・巴羅斯、哈維・費爾斯通（Harvey Samuel Firestone）

第十八章　宴會

在遊覽完有軌電車之後，你可能會注意到一棟兩層高的建築，現在這棟建築正處於重新整修的良好狀態。居住在門洛帕克裡的人都會非常驕傲地告訴你，愛迪生正是在這裡創辦了第一間科學實驗室，也是在這裡發明與改善了白熾燈電力系統、留聲機、碳粉電話以及其他重要的發明。

現在，這棟建築還住著人——第一層是一個由志工組成的消防隊，第二層則是被一個業餘的劇團占據。這棟建築旁邊還有一座很小的磚砌建築。25 年前，這裡就是「主要的辦公室」，愛迪生以前經常在這裡將資訊發送出去。現在，一位老人住在這裡——或者說，這位老人是最近才搬到這裡居住的——很多人都將這位老人稱為隱士，因為當遊客過來詢問他的時候，他都表示自己對愛迪生一點都不了解。當然，他在這裡居住不需要支付租金，人們也不會對此表示任何疑惑。

在這棟舊建築的後面，就是愛迪生當年建造的機器工廠，這個工廠見證了愛迪生在電學方面的諸多發明，讓蒙羅公園的名字充滿了榮耀。現在，這間機器工廠空蕩蕩的，被世人所遺棄了，很多部分都已經坍塌了。但是，這裡厚厚的磚牆基礎依然完好，愛迪生就曾在這裡建造了第一臺發電機——這是一個重量接近 30 噸的龐大機器，這一發明震驚了整個歐洲。現在，這些發電機已經不再存在了，它們已經完成了自身的使命，很多年前就已經變成了鐵屑，被賣到了舊貨商店。

雖然愛迪生將實驗室搬離門洛帕克已經將近 25 年了，可是這裡的村民在提到愛迪生這個名字時，依然充滿了自豪。所有人都知道愛迪生，愛迪生也經常會以謙卑的態度與這些村民聊天、開玩笑，就像他現在依然是這樣子。來到門洛帕克遊玩的人，會聽到許多關於愛迪生的奇聞異事，比如愛迪生曾連續多天、不管白天黑夜都在實驗室裡工作，每天只吃少量的食物；還有，就是愛迪生只有在全心投入解決問題卻被別人打擾時，才會感到惱怒。

關於愛迪生展現個人善意與慷慨的故事非常多。這裡的村民幾乎都會談到一件與愛迪生相關的有趣事情。要是你與一輩子生活在這裡的村民交談，詢問他是否知道愛迪生，他就會說：「什麼，湯瑪斯·愛迪生？我應該說，我與他就像親兄弟一樣。他總是那麼友善，為人非常慷慨。是的，他從一開始來到這裡的時候，就是非常好的人，我想他現在與他在門洛帕克生活工作的時候一樣，名聲已經傳到世界的另一端了。他發明的『會說話的聲音』真的是太神奇了，這讓他的名聲為更多人所了解。我還記得有不少人專門從紐約趕來這裡觀看第一盞電燈，他們當時的表情是多麼驚訝啊！我們認為，對愛迪生來說，沒有什麼是他無法發明出來的！他真的是一個活著的傳奇！」

直到今天，還有很多人都認為愛迪生仍居住在門洛帕克，不少寄給愛迪生信件的地址，寫的依然是曾經著名的門洛帕克。事實上，當愛迪生決定將實驗室搬到奧蘭奇時，這對門洛帕克的居民來說，是多麼傷心的一天。這個村莊與之前再也不一樣了。當愛迪生離開這裡後，這裡之前所獲得的一切榮耀與神祕色彩，都漸漸地消逝，小鎮很快就失去了往日的人流。這個小鎮每一年的人口都在減少，直到現在堪比一個被遺棄的村莊。

現在，途徑這裡的火車只有少數的乘客上下，而且在這些乘客當中，還有不少人想著要去看看愛迪生當年做出無數發明的地方。在遊覽完愛迪生之前工作過的實驗室之後，他們一般都會到數百尺外的地方，看看愛迪生的老家。在愛迪生離開門洛帕克之後，他的女兒還在這裡居住了幾年，現在她生活在德國。這些財產依然是屬於愛迪生的，只是現在已經出租給一個義大利家庭，當然他們與那位年老的隱士一樣，都是不需要交租金的。

第十八章　宴會

第十九章　愛迪生在歐洲

　　愛迪生並沒有經常到歐洲那邊旅行，他給出的理由是：無法承受他所獲得的、各種極為友善的禮遇。但是，他表示在不遠的將來，將考慮再去一趟歐洲。他希望回訪很多之前到他實驗室拜訪的有趣朋友。愛迪生最著名的一次歐洲旅行，發生在西元 1889 年。當時，他特別前往巴黎展覽會，因為他有不少展品在那一次展覽會上展出。他為這次展覽做了精心準備，甚至還派出一個團隊提前數月準備展品。他有超過 300 種展品要運送到巴黎，單是運費就超過 500 英鎊，而愛迪生為整場展覽所花的費用高達 1.5 萬英鎊。美國展廳的三分之一面積，都分配給了愛迪生。毫不誇張地說，愛迪生的展品在那次展覽會上引發了轟動。

　　愛迪生直到巴黎博覽會對外開放後很久才造訪該地。但在 4 月 27 日，紐約的一份報紙卻這樣寫道：「自從美國發明家湯瑪斯・阿爾瓦・愛迪生抵達巴黎，準備親自監督他在戰神廣場（Champs de Mars）上設立的電氣設備展覽以來，法國總統薩迪・卡諾（Marie François Sadi Carnot）便對他表示出極大的禮遇與關懷。愛迪生先生受到了總統在官邸最熱誠的接待，並與總統進行了數次會晤。在這些會面中，卡諾總統對這位發明家的工作表現出極大的興趣。」

　　此時，紐約一份晚報的記者，恰好在前一天聯繫愛迪生在奧蘭奇實驗室的祕書。當他知道其中的一些資訊之後，大感吃驚。因為這份報導並不是只在某一份報紙上，而是幾乎在所有的早報上都出現了，所以很明顯是哪裡出了錯誤。這位記者想要維護自己所在報紙的聲譽，立即回到奧蘭奇，想要看看愛迪生是否發明了某條祕密穿越大西洋的通道，讓他可以在晚上到達巴黎，或者說，是他在前一天被關於愛迪生的一些報導所欺騙了。

第十九章　愛迪生在歐洲

有關愛迪生在戰神廣場上，獲得法國總統卡諾友善接待的報導，讓這些內容顯得更加真實與個性化。接下來就是關於這位記者「尋找事實」的有趣報導，這篇文章出現在最新出版的一期報紙上。

這名記者將滿口袋的有趣急件送到奧蘭奇，就是為了展現愛迪生的私人祕書在與記者聊天的時候，表示愛迪生此時就在樓上的工作室，進行著一系列關於其他電學發明的實驗時欺騙了他。

「愛迪生先生在嗎？」這位記者非常嚴肅地質問著辦公室的工作人員。

「他剛剛與他的私人祕書去了紐約。」這位工作人員回答說。

「這樣說，愛迪生現在就在美國，而不在歐洲——不在巴黎嗎？」

這名工作人員看上去非常吃驚。他看了記者幾眼，似乎想要尋求幫助。此時，記者向他保證一切事情都很正常。

「愛迪生先生在這裡有沒有助手呢？」

此時，巴切勒走了過來。這名記者拿出這些急件，巴切勒急忙地看了一遍其中的內容，然後一臉微笑。

「嗯，我能說的就是，他今天早上還在這裡。如果他現在人已經到巴黎了，那肯定是乘坐飛機過去的。」

巴切勒在說話的時候一臉微笑，接著讓辦公室的其他員工都去閱讀這些內容，所有人都哈哈大笑起來。

巴切勒表示，愛迪生現在就在紐約，晚上會回來。至於國外為什麼會傳來這些謊話連篇的報導，他則是感到不可思議。但他認為肯定是有人在巴黎模仿愛迪生，然後假裝以愛迪生的身分去接受法國總統的接見。

這個故事的結局始終都沒有出現。毋庸置疑，肯定是有一些人想要假扮愛迪生，但當人們得知這位發明家並未離開奧蘭治時，法國報紙便將此事當作笑話，並未採取任何行動。無論那位騙子是誰，都沒有想著要向總統借一些錢，因此他假扮愛迪生的目的並不是很清晰。當愛迪生聽到這件事情之後哈哈大笑起來，但他認為等自己到了巴黎後，再追問這些事情也

是沒有必要的，因為法國總統卡諾可能會對此感到有點尷尬。

簡單地介紹一些，愛迪生在西元 1889 年巴黎展覽會上的展品，也是非常有趣的，因為大部分的讀者可能都沒有見過這些展品，而有幸見過那些展品的人，也會很樂意回想當時的電學產品展覽，所帶給他們的驚豔感覺。愛迪生的展品主要分為以下幾類：電報、電話、留聲機、電器照明裝置 (physical electric lighting)、地下電纜、白熾燈的生產製造過程、電動馬達、磁石分離機，以及金屬的磁力分離與分析技術。

這次展覽最讓人感到驚豔的，是一個高達 12.2 公尺的龐大白熾燈，這個白熾燈固定在一個 1.86 平方公尺的底座上。其發出的紅色、白色與藍色燈光，組成了美國國旗，法國的國徽放在另一邊。而在這兩國國旗的前面，就刻著「愛迪生」的名字，時間是「1889」。所有這些圖案，都是用發出乳白色燈光的電燈照射的。

在發出不同顏色光芒的電燈裡，最上面的位置放著愛迪生的半身像，周圍還擺放著一些較小的電燈。這個底座是由一個標準的愛迪生電燈模型以及插座模型組成的。換言之，這是由超過兩萬個 16 瓦的電燈組成的，雖然這些電燈本身沒有點亮，卻可以作為一種媒介，讓許多碳粉組成的電燈能夠亮起來。

在底座下方是一個配電盤，那裡有一位操作工，他透過在配電盤上的迅速操作，弄出各種不同的燈光效果。這一與眾不同的裝置與其他裝置是獨立開來的，但卻能以連續的方式亮起來。人們對光線從底處一直往上亮起來的景象充滿興趣。

在這個燈座的前面擺放著幾張桌子，這是愛迪生著名的發明模型，其中就包括雙工與四工電報機、多路音訊機、股票電報機、印刷電報機、自動電報機與穿孔機、諧波電報機等等。在機械大廳裡還有其他的展品，其中就包括電壓計、顯示器、電流計、熱磁馬達 (pyro-magnetic

第十九章　愛迪生在歐洲

motor）與發動機、投票記錄器、水橋儀（water-bridge）、電筆、語音引擎、擴音器，以及其他許多有趣的發明。在一個放置著這麼多模型的房間裡，一位操作工就坐在一臺打字機旁邊，為留聲機的正常播放進行設定，之後就是一臺由電動馬達運轉的印表機。

除了這些有趣的展品之外，展會上還展出了愛迪生的地下電纜系統，其中包括一個愛迪生電纜的剖面模型，展示這些電纜實際鋪設並連接在位時的狀況，內容涵蓋了供電幹線（feeders）、主電纜（mains）、分線（taps）、接合盒（junction boxes）與配電盒（distributing boxes）──也就是構成一個真正電力中央站（central station）正常運作所需的全部設施與配件。展覽中也介紹了製造這些電纜所採用的方法與工藝。

在發電設備方面，展示了一套完整的三線式系統，這能夠點亮 500 盞電燈。同時第 56 號發電機能夠點亮 2,500 盞電燈，一臺 1,000 伏特的發電機，可以讓整個展廳附近的 100 盞大燈亮起來。愛迪生的電表系統也在展會上陳列出來，同時展出的還有透過強大磁力，從磁石中分離出磁鐵的分離器。還有一個玻璃櫥吸引許多人的目光，因為裡面放著白熾燈製作的樣品，還有一些竹子、纖維等物體，這些都是用來製作燈絲的材料。

而比電力展示更受歡迎的，則是名為「留聲機殿堂」（Phonographic Temple）的展區，這裡擺放著 10 多臺講著歐洲各種不同語言的機器，讓前來參觀的許多外國遊客都感到非常開心與震驚，因為大家都想要聽一下留聲機發出自己國家的聲音。這裡還有一個規模較小的展示廳，每一名遊客都可以錄製自己的聲音，然後體驗一下聽到自己聲音所帶來的新奇感。

我們必須要記住一點，那就是在當時，還有許多人都沒有聽說過留聲機這個東西，因此他們能夠從這裡對留聲機產生一些印象。現場由能說多種語言的操作員，向觀眾講解機器的運作原理。而且，為了滿足那些希望對這項奇妙的「會說話的機器」有更深入了解的人，展區還在每天

的不同時段，安排多位科學界專家的講座，白天晚上都有，讓觀眾能夠全面體驗與認識這項劃時代的發明。

因此，在展示這麼多奇妙發明之後，愛迪生到達巴黎會帶來如此巨大的轟動，也就不足為奇了。在當時，他比其他名人都更受歡迎，也比其他名流更受人們追捧。他那極具特色的個人風采也深受群眾喜愛。當人們得知他來參觀博覽會、並認出他的身影時，現場便會不斷爆出歡呼聲。陪同愛迪生同行的，還有他的妻子以及大女兒瑪麗安‧愛迪生小姐（Miss Marion Edison）。

巴黎的每一個科學協會，都想要為愛迪生舉行宴會，表彰他在科學方面的巨大成就。費加羅為他舉辦了一場著名的宴會，戲劇界幾乎所有的名人都參加了。在他的演說中，費加羅說：「我們怎麼也無法表達對他的敬意，他發明了電話，讓人的聲音從這一端傳送到另一端。他發明了留聲機，能夠將美妙的聲音不斷地播放，讓我們能夠聽到動聽的聲音。他發明了電燈，讓全世界的人民都能夠感受到電燈帶來的光明。他值得所有國家人民的尊敬。」

法國土木工程師協會在愛迪生來到艾菲爾鐵塔後，也為他舉辦了宴會。艾菲爾鐵塔的設計師也在宴會上就座。在眾多來賓發表演說之後，艾菲爾[056]先生表示，大家應該去他在鐵塔上最高位置處的私人房間裡喝咖啡。電梯將客人們都帶到了那個私人房間，這是一間相當寬敞的房間，能夠容納 75 名客人參加聚會。在這些客人

湯瑪斯‧愛迪生

---

[056] 亞歷山大‧古斯塔夫‧艾菲爾（Alexandre Gustave Eiffel，西元 1832 ～ 1923 年），法國建築工程師、金屬結構專家、作家。代表作品：法國艾菲爾鐵塔和美國紐約自由女神像。

第十九章　愛迪生在歐洲

當中，有夏爾·古諾[057]先生，他為愛迪生唱了一首歌，之後他譜寫了一首曲子，簽名送給愛迪生夫人。愛迪生夫人對這位著名作曲家的盛情表達了感謝。艾菲爾在一張紙上寫下一段話，表達自己歡迎愛迪生來到巴黎的心情，並對愛迪生取得的成就大加讚賞。

在愛迪生離開巴黎之前，他得到了一枚專門為他打造的金質獎章，表揚他在發明事業上所做出的貢獻。愛迪生對此表達感謝，並且寫了一張支票，將一筆錢捐給那些窮人。愛迪生認為自己在國外可能會得到有關於電學方面的建議，但他最後對此感到失望。顯然，國外的任何人都無法在這方面，給他真正有價值的建議。在他將自己定位於一名並不是真正意義上的科學家時，國外的科學人員都對此感到十分驚訝，愛迪生對於他們的反應感到非常好奇。國外的這些科學人員尚且沒有了解科學家與普通人之間的區別，即便在愛迪生做出這樣的說明之後，對他的敬意依然沒有減少半分。

在回到美國後，愛迪生曾幽默地講述他在巴黎的經歷：「晚餐、晚餐與晚餐，每時每刻都是晚餐！」他這樣說，「雖然我參加了這麼多晚宴，可是他們卻沒有讓我發表演說。有一次，我讓昌西·迪普代替我發表演說，我有時也會讓我們在那裡的牧師李德，代替我發表三、四篇演說。其實，我對參加這麼多晚宴不是很習慣。在中午的時候，我們就坐下來吃這些法國人所說的早餐。這樣的情況一直持續到下午3點鐘。

「我應邀參加巴黎市長為我在艾菲爾鐵塔上舉辦的晚宴，這是我見過規模最大的晚宴。我在鐵塔上見到了超過8,900個人在同時吃飯。在國外，我還是吃著美國式的晚餐，我身邊的人有迪普、李德、約翰·霍伊以及其他美國人。我們與其他美國人一起吃了一個很大的派，裡面有波士

---

[057] 夏爾·古諾（Charles Gounod，西元1818～1893年），法國作曲家，代表作：歌劇《浮士德》（Faust）。

頓的烤馬鈴薯與花生。約翰·霍伊買來了一些西瓜，我們就在一起吃。現在，我感覺自己必須要連續餓上幾個星期，才能將這段時間所吃的食物全部消化掉。我覺得奇怪的是，吃了這麼多東西，為什麼我還好好的呢？」

離開巴黎後，愛迪生還拜訪了其他歐洲城市，他在這些城市同樣獲得熱情的款待。在海德堡，德國高級科學家協會為愛迪生專門舉辦了接風的晚宴，超過1,200名貴賓到場參加。巴登的大公爵也出席了，身邊全是警衛。他透過留聲機用德語發表了一篇演說。他天生就有一副洪亮的嗓子，留聲機以非常清晰的聲音，將他那具有震撼力的聲音傳播出去，讓在場的每個人都能聽得非常清楚，甚至連場外的人都可以聽到。在海德堡，普通居民一般都是在晚上10點鐘的時候入睡的，但在那一天，這場晚宴一直持續到了凌晨3點鐘才結束。

在義大利的時候，愛迪生同樣受到了隆重的接待。他接受了義大利國王翁貝托（Umberto I of Italy）與王后瑪格麗特（Margherita of Savoy）授予的勳章，那是表彰愛迪生發明留聲機的偉大功績。在這之前，謝瓦利埃·卡佩羅已經向國王和王后展示過愛迪生的發明。正是在這個時候，一些報紙報導了愛迪生被義大利國王授予伯爵的稱號。這個謠言傳播得非常廣泛，甚至連不少美國人都信以為真。愛迪生回到美國之後，他與妻子都被別人稱為「愛迪生伯爵與伯爵夫人」，這讓他們感到非常有趣與尷尬。愛迪生表示這個謠言一開始是某位法國記者報導的，這位記者收到了義大利國王與王后的一封私人信件，但裡面其實根本就沒有談到，要授予愛迪生伯爵的稱號。

接著，愛迪生前往英國，在倫敦短暫地逗留。他在倫敦同樣受到熱情的接待。倫敦市長在府邸設宴接待他。他還嘗試了英國的傳統飲品——啤酒，卻一點也不合他的胃口。愛迪生後來坦言，啤酒彷彿沉到底部停留在胃裡，久久難以消化。他曾帶著微笑說：「這東西應該挺適合

第十九章　愛迪生在歐洲

拿來做船的壓艙物吧!」

　　愛迪生在倫敦拜訪期間,最讓他感到驚訝的,是倫敦的城市與地區鐵路都不是用電力驅動的。愛迪生對此感到不解,他說:「用電力取代蒸汽,沒有比這更加簡單的了。」很久之前,他就主動提出要這樣做,並且表示若自己能夠拿到這樣的訂單,就會立即開展這方面的工作。愛迪生向一位記者繪聲繪色地描述著,在地下建造鐵路不能使用蒸汽機的道理,因為蒸汽機會發出讓人窒息的硫煙。愛迪生說:「地下的空氣對人的肺部肯定是有害的。要是用電力驅動的話,就不會產生任何有害氣體。火車在地下行駛的過程中,也不會讓地下的空氣變得渾濁。在火車行進的路上,可以使用電燈進行照明。」

　　愛迪生是在 20 年前發表這些言論的。到底還要過多久,倫敦人才會認真聽取愛迪生的建議呢?

第二十章　家庭生活

　　愛迪生的家庭生活幸福得讓人羨慕。他住在利維林公園裡，一個被稱為「格林蒙特」的美麗房子，這座房子坐落在奧蘭奇山的底部，他與妻子兒女一起快樂地生活。愛迪生在西元1886年第二次結婚後不久，就買下了這裡的房子。雖然在這之前，他從未想過要買下這麼大的房子。事實上，「格林蒙特」這座房子當初建造的時候耗費了巨資，因為裡面的藝術裝飾花了不少錢。

　　但是這座房子原先的主人為了逃避債主的追債，以相對較低的價格出售，愛迪生立即買了下來——這座房子帶有家具、圖書館、藝術珍藏品，大部分藝術品都需要耗費10年時間才能累積下來，這裡的面積達13畝，還有一畝草地，養著幾匹馬與幾隻羊，還有一些家禽。有一次，愛迪生向朋友介紹這座自己新買的「天堂」時這樣說：「這個地方對我來說實在是太好了——不過對我年輕的妻子來說，這個地方還遠遠不夠好。」說完，他將手溫柔地放在自己身旁年輕妻子的肩膀上。

　　這座房子是一座美麗的磚木結建構築——建築風格屬於安娜女王時期的風格。這裡能夠看到美麗的風景。在春天的時候，房子的前廊覆蓋著紫色的紫藤花，這些紫藤花的數量非常之多，看上去賞心悅目。在房子裡面，可以感受到舊式英倫鄉村房子所具有的舒適感。房子的大廳用橡木桌子裝飾著，開放的壁爐設計得非常巧妙。在冬天的時候，壁爐裡始終燒著木材，發出火光。舒適的窗邊椅子上則放著柔軟的枕墊。產自日本的花瓶裡面裝著鮮花。可以說，房子的每個角落都種著花朵，空氣裡瀰漫著花香。晚上，電燈發出的光芒照亮整個大廳，柔和的燈光要比刺眼的白熾燈更讓人感到舒適。在東邊的牆上掛著安德森著名的畫作原件。

第二十章　家庭生活

在大廳的右側是藏書室，裡面有不少角落處，讀者可以在其中的某個安靜角落裡，與自己最喜歡的作家進行交流。房間的一側被一座巨大的壁爐占據，壁爐的裝飾非常古典，而木材則在一旁堆得高高的，在寒冷的冬天或者清冷的早晨，隨時可以點燃取暖。雖然房間裡有一扇雙層窗戶，但還是有點昏暗，一部分是因為外面的植被遮擋所致，另一部分原因是第三扇窗戶是彩色玻璃，陽光投射過來的時候會被過濾掉許多光線，給人一種相當莊重與濃厚的宗教色彩。這扇窗戶投射進來的陽光會形成詩人但丁（Dante Alighieri）的頭像，這是愛迪生發明設計的，因為他非常崇拜這位義大利詩人。

在一張小桌子上擺放著愛迪生的半身銅像，兩扇窗戶之間擺放著銅質的騎馬雕像。這個房間可以說就是一座圖書館——顯得簡樸卻又嚴謹，裡面擺放著許多書籍。過來拜訪的人很難找到多少科學方面的書籍，因為那些都被放在實驗室裡，不過書架上卻擺放著不少現代思想方面的書。這裡有許多英國、美國、法國等著名作家的作品，因為愛迪生喜歡的作家包括大仲馬（Alexandre Dumas）、史考特（Walter Scott）與霍桑（Nathaniel Hawthorne）等。

位於美國紐澤西州以撒鎮利維林公園格林蒙特的愛迪生故居

愛迪生在紐澤西州利維林公園的家

　　愛迪生會去閱讀一些不屬於科學方面的書籍，並且是立即開始閱讀，不讀完之前絕對不會放下書。愛迪生看書的速度不是很快，卻能深入地了解每一個細節。愛迪生非常讚賞大仲馬的作品，他認為《基督山恩仇記》(*The Count of Monte Cristo*)這本書，應該是歷史上最具浪漫色彩的一本書了。他在 15 年前就閱讀過這本書，當時的情況頗為有趣。

　　一天晚上，愛迪生從實驗室回來之後，他的心思都忙於解決一些發明上的問題，卻始終沒有找到解決問題的方法。此時，愛迪生走進了藏書室，關上門，在裡面來回踱步幾個小時，想要找到解決問題的方法。最後，愛迪生夫人走進了房間，希望能做一些事情分散丈夫的注意力。於是她就將離自己手邊最近的一本書取出來，然後遞給愛迪生說：「你看過這本書嗎？」愛迪生停下腳步，看了一下書名。這本書的書名就是《基督山恩仇記》。愛迪生翻開這本書，看了幾頁之後說：「沒有，我沒有看過這本書。這本書好看嗎？」愛迪生夫人說，這本書非常經典，相信愛迪生肯定會喜歡的。愛迪生說：「那好吧，既然這樣，我現在就開始看。」

　　愛迪生找了一張椅子舒適地坐下來，沒過多久，他就被書中精采的故事吸引住了。整個晚上，他都在認真細緻地閱讀這本書，直到第二天的陽光從窗戶照射進來。此時，他拿起帽子，直接往實驗室的方向走

第二十章　家庭生活

去，繼續耗費大量時間去解決一直困擾他的問題。當他回家之後，大聲地說：「基督山伯爵這個傢伙真是太厲害了，竟然幫我解決了一些難題。」在這之後，他經常聽從愛迪生夫人的推薦去看一些書籍。

愛迪生最喜歡的作家之一就是加博里歐[058]。當他聽到這位偵探小說之父去世後，感到非常難過。真正讓愛迪生喜歡的作家，往往是那些在敘述方面開門見山、不拖泥帶水的作家。愛迪生想看那些直接進入故事主題的書籍，不想糾纏於過多無關緊要的細節與鋪陳的東西。他希望在一本書的第一頁裡，就進入到這本書的主要敘述脈絡裡面。愛迪生喜歡的另一個作家，就是艾德加‧愛倫‧坡（Edgar Allan Poe）。他在閱讀愛倫‧坡的作品《莫爾格街凶殺案》（The Murders in the Rue Morgue）與《阿恩海姆》中，得到了極大的樂趣。愛迪生感興趣的作家，還有羅斯金與狄更斯（Charles John Huffam Dickens）。當然，弗拉馬利翁（Camille Flammarion）與儒勒‧凡爾納（Jules Verne）等人的作品也是他經常閱讀的。

還是將話題轉回到「格林蒙特」吧！愛迪生夫人的客廳就在藏書室對面的位置，這是一間美麗寬敞的大廳，中間的那條拱道是用瑪瑙裝飾的。帷幔是深紅色的，家具都是花梨木雕刻而成的。一架大鋼琴就擺放在客廳的一個角落裡，在鋼琴附近是一張安樂椅，愛迪生經常坐在這裡，愛迪生夫人則在一旁彈奏著，他最喜歡的音樂家貝多芬（Ludwig van Beethoven）的音樂。對愛迪生來說，貝多芬的音樂是最能夠打動他的，即便只是聽到貝多芬這個名字，都會激起他內心的敬意。有一段時間，愛迪生自己也會拉小提琴，可是他認為拉小提琴會耗費自己原本就不多的空閒時間。愛迪生還喜歡唱歌，他的嗓子不錯，卻在研究聲學的過程中，損害了自己的喉嚨，很快就放棄了對音樂方面的興趣。雖然如此，他還是能夠從聆聽其他音樂家的歌唱中，得到極大的樂趣。

---

[058] 加博里歐（Émile Gaboriau，西元 1832 ～ 1873 年），法國作家、小說家、記者。偵探小說的先鋒人物。

餐廳也是在同一層，雖然裝飾華麗，卻顯得非常簡樸。餐具櫃擺放在面向窗戶的空位，裡面只擺放著一、兩個銀製的餐具。相比於房子裡的其他房間，愛迪生在餐廳裡待的時間是最短的，因為他不喜歡花太多時間去吃東西。

　　整棟房子最有趣的房間是在二樓，這通常被稱為愛迪生的「巢穴」。這是一個很大的房間，房間有一扇大窗戶，能夠眺望澤西山。牆上掛著非常有趣的肖像──其中就有愛迪生在 4 歲時，穿著格子花呢的衣服所拍下的照片，以及愛迪生在大幹線火車上當報童時拍下的照片。在房間的另一端有一個很小的凹室，這裡擺放著愛迪生在不同年齡層所拍的照片──在愛迪生夫人看來，這是一個非常珍貴的地方，應該好好地照看。其中有兩張照片是特別引人關注的，一張是愛迪生穿著他喜歡的荷蘭衣服拍下的照片，這是愛迪生夫人最喜歡的一張照片。另一張照片則是愛迪生在 24 歲的時候拍的，按照愛迪生的說法，當時的他是所有「忙忙碌碌」的人中忙碌的一位。這張照片是愛迪生本人最喜歡的一張。

　　接著就是一張辦公桌，愛迪生偶爾會坐在這裡，回覆一些私人信件──愛迪生會在這裡寫信給他在布萊恩‧特菲爾大學就讀的女兒，或者寫信給某位交情特別好的朋友。在辦公桌上擺放著他的妻子與孩子的相片──在一張照片裡，愛迪生的女兒用手托著下巴，而愛迪生則用慈愛的目光看著她。在愛迪生的辦公桌上，還有他早年兩件有趣的東西：一份他在火車上出

愛迪生夫人 ── 米娜‧愛迪生

版的報紙影本，還有一張在同一時期寫著他名字的 10 美元鈔票。辦公桌上還有愛迪生發明的「錫活字」，這個工具距離現在大約 48 年了，當時

第二十章　家庭生活

的愛迪生穿著運動衫，帶著帽子，臉上露出純真無邪的笑容。這張照片經常吸引很多人的目光。

在房間的另一個角落，在發出強光的電燈下面是一張舒適的安樂椅，椅子旁邊還有一張閱讀桌，那裡擺放著幾本書。這就是愛迪生每天在晚餐之後坐的地方，他總會是抽上一根或者幾根雪茄菸，靜靜地思考問題。其中有一本是講述與化學相關的內容，另一本則是普通的練習本，大約有半英寸厚，裡面有 100 多張鉛筆畫，這些鉛筆畫都是愛迪生本人親手畫的。

這是愛迪生諸多筆記本之一，雖然這並不是嚴格意義上的「概念」書。這些筆記本裡面有許多發明的構想，現在很多這樣的構想已經變成了現實。其中一些構想圖，是用非常精確的方式描繪出來的。愛迪生幾乎每天晚上，都會在這樣的筆記本裡，寫下自己的一些想法。可以說，他的筆動得要比腦筋更快一些。他喜歡用鉛筆畫去解釋自己想要表達的意思。當他為訪客畫圖時，總會聽到對方提出這樣一成不變的要求：「哦，愛迪生先生，你介意在上面簽上名字，然後寫下日期嗎？」這時，他總會哈哈大笑。現在，肯定還有很多這樣有趣的簽名流傳下來。

在這個房間裡，還有一個很大的玻璃展示櫃，裡面裝著愛迪生獲得的獎章與勳章。很少有人能像愛迪生這樣，在生前獲得如此多的榮譽勳章。雖然愛迪生重視這些獎章所具有的意義，卻並不重視這些獎章本身。幾年前的一件事情，就可以證明這點。某人前來拜訪愛迪生，詢問愛迪生是否可以展出自己獲得的獎章與勳章，愛迪生對此沒有表達反對意見，只是反問是否有人對此感興趣——他個人對此是非常懷疑的。

愛迪生夫婦在化學實驗室

於是展示櫃被搬了出來，但問題隨即出現——愛迪生把鑰匙弄丟了，無論怎麼找都找不到，最後只好強行打開。然而更棘手的問題接著出現：來訪者希望具體說明每一枚獎章，想知道每一個徽飾分別是因什麼功績而獲得的。然而，愛迪生對此愛莫能助。因為他已經完全忘記了自己到底是在什麼場合下，接受這些獎章或者勳章的。最後，這些獎章與勳章只好又放回展示櫃。雖然這些獎章與勳章後來確實被公開展示過，但正如愛迪生所想的那樣，並沒有多少人對此有多大的興趣。

　　在所有的獎章與勳章裡面，愛迪生最為看重兩枚勳章。其中一枚是阿爾伯特勳章（Albert Medal），這是威爾斯親王為了紀念他的父親阿爾伯特親王（Prince Consort）所設立的。國務卿福斯特負責將這枚勳章交給愛迪生，可是愛迪生在獲得勳章時，並沒有多高興。福斯特在說明，自己是多麼榮幸地將這枚勳章送給愛迪生的時候，這樣總結道：「愛迪生只需要支付快遞費用，就能獲得這樣的勳章。」

　　在這些獎章之中，還包括了法國榮譽軍團勳章（Légion d'honneur）的三個等級——分別是騎士勳章、軍官勳章與指揮官勳章。在西元1889年巴黎展覽會的時候，愛迪生拜訪法國首都巴黎時，獲得了最高等級的勳章。與此同時，一份電報發送到美國，宣稱愛迪生已經被義大利國王授予了伯爵稱號。對美國這個民主國家來說，這份榮譽被視為是對他們同胞的讚賞與肯定，美國人感到與有榮焉，但同時也希望愛迪生會拒絕這樣的貴族頭銜。當然，這樣的傳言是不準確的，當愛迪生從歐洲回來之後，記者首先向他提出的問題，就是他是否獲得了伯爵的稱號。讓記者失望的是，愛迪生表示自己並不是所謂的伯爵。

　　愛迪生用略微抱歉的口吻說：「在場的一些人，似乎對我沒有獲得這樣的稱號感到傷心。但是，我回到美國之後，卻獲得了法國的榮譽勳章，而且還是指揮官勳章，這是法國授予外國人的最高勳章了。」接著，

第二十章　家庭生活

愛迪生微笑著說：「當我首次在那裡舉辦展覽的時候，他們授予我騎士勳章。在那次電學展覽裡，他們提升了我一級，授予我軍官勳章。這個夏天，他們又再次提高了級別，授予我指揮官勳章。無論怎麼說，這都是最高級別的勳章。在法國，人們可是相當看重這些勳章，因為它能夠帶來許多特權。法國外交部長透過大使李德，送來一封非常客氣的信給我。在李德的房子裡，他們想將十字勳章掛在我的脖子上，但我不願意這樣佩戴。」

愛迪生所提到的「非常客氣」的信件被放在榮譽箱子裡，這封信件可以翻譯如下：

先生，我非常榮幸地宣布，在我的建議下，法國共和國總統授予愛迪生先生榮譽軍團十字勳章。為了表揚愛迪生做出的重大貢獻，法國願意做出表彰，感謝愛迪生做出的神奇發明。所有前來參觀的人，都會對此表達由衷的感謝。我們非常榮幸地向你送來一份紀念品。這再次證明了法國與美國之間，存在著堅不可摧的紐帶。

先生，我們願意向你表達極為真誠的感謝。向你表達我們由衷的感謝，這是我們所有人的心願。先生，請接受我們最高的敬意。

斯普勒

這個玻璃櫥裡還有許多獎章、勳章以及有趣的信件，除非有某位拜訪者表達，想要看這些東西的特殊要求，否則愛迪生都不會主動給別人看。愛迪生夫人看管著這些東西，將所有的獎章與勳章擺放得井然有序，為丈夫取得的傑出成就感到無比驕傲。要是沒有愛迪生夫人長期的精心照看，這些獎章與勳章可能早就被別人偷了。

愛迪生夫人的臥室是一間非常溫馨的房間，房間用柔和的顏色裝飾，裡面擺放著許多書籍，經常擺放著新鮮的花朵。牆壁上掛著許多肖像，其中有她的父親與丈夫的肖像。當然還有其他幾幅關於孩子們在不

同人生階段的照片。透過窗戶能夠看到奧蘭奇山谷的美麗景色，房間的陽光非常充足，愛迪生夫人與她的孩子在這裡度過了許多愉快的時光。這個房間有一扇門可以通到愛迪生的臥室，這是另一個房間，裡面擺放著許多有趣的圖片與畫像。裡面還有愛迪生在 14 歲與 16 歲時的畫像，當然也有愛迪生夫人的美麗畫像。這個房間還有一扇門可以通向屋頂的花園，上面的遮陰篷在夏天的時候伸展出來，在天氣好的時候會在這裡舉辦茶會。

這座房子的其他房間也都有著相似的良好品味，散發出簡樸的氣息，無論是客廳或是年幼的希歐多爾的玩具房，都是如此。綠色的草地始終保持良好，還有不斷成長的榆樹以及其他樹木，裡面還有五或六間玻璃房，牧場上還有奧爾德爾乳牛，有不少家禽在附近活動。愛迪生在家養馬，卻對這些馬匹沒有什麼感情。因為他認為這些「人類的朋友」就是可憐的馬達。事實上，愛迪生與妻子都有點害怕這些馬匹，因為他們都遇過讓他們驚恐的事情。在格林蒙特的車庫裡放著幾臺發動機。愛迪生 17 歲的兒子查理斯・愛迪生是一位專業的司機。可以說，愛迪生一家都非常喜歡駕駛汽車，絲毫不畏超速，就連愛迪生夫人也樂於以每小時三十多英里的速度，在紐澤西的道路上飛馳。

現在的愛迪生夫人是愛迪生的第二任妻子，她是一位非常年輕與美麗的女士。她是路易士・米勒[059]——這位肖托夸運動[060]的創辦人與總裁——的女兒，他在西元 1899 年去世了。米勒本人也是一位著名的發明家，他在收割、捆綁以及除草等方面發明的機器，是每一位農民都非常熟悉的。他還是星期六學校模式的創辦人，也是一位百萬富翁，生育

---

[059] 路易士・米勒（Lewis Miller，西元 1829～1899 年），美國實業家、發明家和慈善家，肖托夸運動創始人之一。

[060] 肖托夸運動（Chautauqua）是 19 世紀末期與 20 世紀早期，在美國非常流行的成人教育運動（同時也指其集會教育形式）。在 1920 年代中期以前，肖托夸運動在美國農業地區廣為傳播。肖托夸為社區提供娛樂與文化教育，與會成員包括了當時的演說家、教師、音樂家、藝人、牧師和其他各方面專家。但這一運動隨著廣播、電視、電影等的崛起而逐漸消亡。

第二十章　家庭生活

有 10 個兒子。愛迪生夫人是在俄亥俄阿克倫的家裡遇到愛迪生的。

一般認為，他們是一見鍾情的。他們在認識一年之後就結婚。愛迪生夫人對丈夫的工作非常感興趣，她會認真觀察丈夫在實驗室裡做出的各種發明進展，並對此感到非常自豪。她經常會跑到實驗室，有時偶爾會幫助一下丈夫做一些實驗，這讓愛迪生感覺非常有趣。就在不久前，愛迪生還是在實驗室裡吃午飯的，愛迪生夫人要麼提前將裝著飯菜的籃子拿進來，要麼就親自乘坐汽車將飯菜送來。現在，她一般都會在下午一點半的時候，到實驗室裡呼喚自己那位過分沉迷於實驗的丈夫，要求他跟她一起回家吃一頓美味的午餐。在這之後，愛迪生就會抽一根雪茄。愛迪生一開始對此表示反對，不過愛迪生夫人是一位意志堅定的女性，堅持這樣的要求。最後，愛迪生只能滿臉笑容地認輸。現在，愛迪生的一日三餐更加有規律了。

這對幸福的夫妻育有 3 個孩子 —— 瑪德琳，一位美麗的 18 歲女孩，她很快就要從布林莫爾學院畢業了；查理斯，現在還在上大學，還有希歐多爾，現在還是整個家庭最受寵愛的小男孩，他還不到 9 歲。這位追求卓越且簡樸之人的家庭生活非常理想，他一定能感受到自己勞動所帶來的幸福與感動，因為這些是許多人都無法感受到的。

第二十一章　愛迪生的個性

　　對很多讀者而言，他們最熟悉的是 20 年前出版的愛迪生照片，在照片裡面，愛迪生正在認真聆聽著留聲機發出來的聲音。雖然這張照片拍攝的時間已經過去許久，可是愛迪生現在的樣貌與拍照那時對比，可以說沒有什麼區別。當然，愛迪生的年齡是增加了，但他的臉龐依然散發出年輕人的活力，顯然這樣的青春活力，正是愛迪生在每個年齡層都一樣會展現出來的。

　　愛迪生中等身材，身板非常結實。當他在實驗室裡工作的時候，經常都是穿著一件破爛的外套，衣服上還沾滿了各種化學品，他的褲子是非常乾淨的亞麻布褲子，還繫著一條老式的蝶形領結。他的頭很大，前額很高，深陷的灰色眼睛顯得異常敏銳。事實上，愛迪生的眼睛總是炯炯有神，當他對某件事情充滿興趣的時候，眼神綻裡放出來的光芒，會讓整個臉部都顯得有神。他的鼻子挺拔，嘴巴大小適中。右耳有點失聰，所以有時他經常將手放在左耳上，以便能夠聽得更加清晰一些。

　　愛迪生並不把自己的耳聾視為一種不幸，他不只一次表示，這反而讓他免於聽到許多無聊廢話，否則只會浪費大量寶貴的時間。愛迪生也並沒有將自己的耳聾視為一種「塞翁失馬，焉知非福」的好處，而是懷著愉悅的心情對待這樣的事實，表示這可以讓他全心全意地享受生活的美好。那些了解愛迪生的人都表示，愛迪生之所以耳朵有點失聰，更多可能是一種心理方面的問題，而非生理層面的事實。因為愛迪生能夠清楚地聽到他感興趣的話題，雖然他看上去似乎對此毫不在意。很多耳科專家都對愛迪生的情況非常感興趣，也有不少這方面的專家去拜訪過愛迪生，表示希望幫助他恢復聽力。

第二十一章　愛迪生的個性

不久前，其中一名耳科專家就前往奧蘭奇實驗室，表示自己有能力幫助愛迪生迅速恢復聽力，懇求愛迪生給他一個治療的機會。可是，愛迪生拒絕了。當這位醫生想要了解愛迪生拒絕的原因時，愛迪生說：「老實說，我怕你真的會成功啊！」說完，愛迪生露出幽默的微笑。「你想想看，要是你真的治好了我，那我得聽多少不想聽的東西啊！稍微耳背一點其實也有它的好處，說到底，我還是覺得別去動它比較好。」

下面這則故事可以清楚地展現出，愛迪生的聽力其實並沒有那麼差，只是他個人是否選擇去認真聆聽而已。有一群拜訪者來到了實驗室，雖然愛迪生非常忙碌，但他還是像往常那樣，有禮貌地接待了他們。即便當這些拜訪者提出一些愚蠢的問題，愛迪生也沒有表現出任何惱怒的情緒，不會提高自己的嗓音去吼叫著什麼。

顯然，前來拜訪的人事先都已經知道了，愛迪生的耳朵不是很好，於是他們就調整了說話的音調，讓自己說話的聲音讓一里外的人都能夠聽到。接著，人群中一位幽默的人用正常的說話音調，對旁邊的朋友說：「我想，如果我們跟他說，請他喝一杯酒，他肯定會聽到的。」愛迪生聽完微笑地轉過身，看著那位說話的年輕人說：「是的，也許我該喝一杯。不過，我今天不能喝酒，謝謝你的好意。」

一些人將愛迪生描述成「極其隨和與不容置疑的人」。這是一種非常奇怪的描述方式，然而卻非常適合愛迪生。那些照片或者畫像，都展現出愛迪生的頭枕在手上，眼神顯得莊重與充滿幻想，其實這些都是錯誤的解讀。愛迪生根本不是一位喜歡幻想的人，他從來不會去幻想什麼——事實上，愛迪生根本不給自己去幻想的時間，他人生的主要性格特徵，就是做事敏捷、具有堅不可摧的決心以及無限的能量。他的眼神中更多時候是藏著幽默的笑意，而不是因沉思而顯得嚴肅。

當他還是一個年輕人，還沒有人知道他的時候，他的性情比較羞

澀，從來不談論自己或者自身的行為。後來出名後，他也沒有變得過分自大，還是之前那個簡樸與友善的人。在他的電學世界裡，他擁有極強的自尊與自負心理，他這一輩子最害怕的一點，就是「自大」。他始終和藹可親，幾乎沒有對別人發過脾氣。實驗室裡的人都沒有見過愛迪生發怒，雖然他的眼神有時會帶著拿破崙般的嚴厲。

愛迪生內心的憤怒，從來都沒有透過外在的形式展現出來。他手下的員工對筆者表示，真正讓他們對那位「老人」（這是他們對愛迪生的親切叫法）佩服的，就是他控制住憤怒情感的方法。這位助手說：「當他在工作後躺下來睡一個小時，而我們卻因為有某些非常重要的理由，需要去叫醒他的時候，他從來都不會展現出任何的惱怒，只會告訴我們『慢慢來』，不要那麼粗魯地叫醒他。」也許，愛迪生若不是天生這麼有耐心的話，也不會取得這麼巨大的成就，因為發怒所消耗的能量，要比持續勤奮的工作更多。

18年前，愛迪生在英國訪問的時候，有人問他為什麼擁有如此強大的能力，可以做這麼多的工作。愛迪生表示自己強大持續的工作能力，要歸功於正確的飲食，以及「隨時可以入睡」的能力。他說：「要是我在實驗室裡連續工作的時間超過60個小時，那麼我的身體力量自然會出現衰減。但我之後可以連續睡上18～24個小時，恢復自己的體能。按照這樣的方式，我疲憊的身體能夠恢復元氣，這對我與身體而言都是好事。」在那個時候，愛迪生非常受到英國記者的歡迎。在他訪問期間，可以說是全英國最受歡迎的人。雖然愛迪生已經成名很久，卻總是保持著謙卑的態度，有問必答。一位英國記者在採訪愛迪生一個小時之後這樣表示：

與愛迪生聊天和握手，值得我跋涉一段路程。這位有史以來最務實的電力學家，可以說是一位十分有趣的人。我們都知道他是一位意志堅定的人，他從小接受正規教育的時間根本沒有超過半年，卻能透過在報刊亭閱

第二十一章　愛迪生的個性

讀報紙，以及在火車站上學習電報等機會，不斷提高自己的才能。

雖然愛迪生克服了重重困難，臉上卻依然掛著柔和的表情。當愛迪生談論著自己感興趣的話題時，就顯得非常興奮，他身上所具有的力量自然而然地顯現出來。他臉上最明顯的一個特徵就是迷人的微笑，他那雙灰色的眼睛透著精明與友善。沒有人比愛迪生過的生活更加簡樸、開明與自由了。他似乎從來不覺得自己是一位名人。他的聰明與常識可以在最細微的事情中得到體現。

愛迪生最大的快樂，可以從實驗室與家庭生活中獲得，而他的外在形象似乎與此相悖。事實上，愛迪生是一位相當顧家的人。他對社交生活並不是太在意，正是在愛迪生夫人的幫助下，他才能參加一些社交活動或者友善的聚會。愛迪生並不喜歡社交活動，因為正如社交一詞所表明的意思——特別喜歡與有趣的人見面——特別是與一些科學家在自己的家裡見面。如果來訪者是風趣幽默的人，能夠講出許多幽默的故事，那愛迪生就願意放下手頭上的工作，聆聽他們談話。

筆者還清晰地記得，愛迪生多年前在奧蘭奇實驗室裡遇到的一件事。某天，由於愛迪生工作了一整晚，因此上午11點鐘的時候，他還在睡覺。他留下了口信說，記得在11點的時候叫醒他。可是愛迪生夫人拒絕打擾他，寧願愛迪生錯過這次約定。愛迪生直到下午3點的時候才睜開眼。當他醒來起床之後，怪身邊的人為什麼不提前叫醒他。

愛迪生回到實驗室，旁邊還有一位穿著日本服裝的日本人，愛迪生為自己遲到的行為表示道歉，解釋說有一位東方人昨晚跟他講幽默的故事，直到凌晨兩點鐘。這位日本人是一位接受過高等教育的外交家。他露出了幽默的笑容，表示這其實沒什麼，因為愛迪生已經忙了一整天，還沒補過眠。

有時到愛迪生實驗室裡參觀的人實在太多了，因此除非這些拜訪者是愛迪生本人認識的，否則他認為有必要拒絕那些不認識的拜訪者，因

為他手頭上還有更重要的事情要做。其中一些拜訪者表示，他們是從小與愛迪生一起玩大的。當門衛告訴他們，愛迪生沒有時間見他們的時候，他們都感到非常難過。

在那個時候，一位從小就認識愛迪生的友善朋友，帶著一位同伴到愛迪生的實驗室裡參觀，當聽到愛迪生非常忙碌，沒有時間見他的時候感到非常憤怒。這位拜訪者說：「什麼？你說愛迪生不願意見我嗎？怎麼會呢？我從小就認識他了。」「不是的，我沒有說愛迪生不願意見你。」門衛回答，「但就連愛迪生夫人今天早上都在這裡等了兩個小時，最後還是沒能見到愛迪生便離開了。我想，你應該不會認為自己比愛迪生夫人對他還重要吧？」

愛迪生是一位非常務實的人。這從多年前發生的一件事可以體現出來。當時愛迪生表示，自己以後再也不浪費任何時間，去發明一些沒有用處或者沒有任何金錢回報的東西。當愛迪生在研發留聲機初期的時候，有一位著名的科學家過來祝賀愛迪生取得的巨大成就，而愛迪生的回答讓這位科學家大感吃驚。愛迪生說：「是的，但這無法帶來任何金錢上的回報。」另一個關於愛迪生務實本性的故事，也是與愛迪生發明留聲機階段有關。當愛迪生在發明出蠟筒之後，需要製造出一把精細的毛刷，才能避免灰塵的沉積。他使用的毛刷需要一美元，於是他就下定決心，必須要找到半美元或者價格更低的毛刷。當然，這樣的毛刷，其毛髮的品質也必須是好的。

然而，一美元已經是大部分生產商的最低製造成本價格了。愛迪生表示，在他從每一種已知動物那裡，都獲取了毛髮樣本之後，他發現紅鹿的毛髮是非常精細的，要是沒有顯微鏡的幫助，肉眼很難看見。這就是愛迪生長久以來想要尋找的毛髮。因此，最後留聲機使用的毛刷，其成本是五美分，而不是一美元。在另一個故事裡，某位拜訪者在星期六

第二十一章　愛迪生的個性

　　早上的時候，發現愛迪生正沉迷於一個留聲機模型。其中一個模型就在他身後，愛迪生正在一個袖珍本上畫著圖畫。當別人問他正在忙什麼的時候，愛迪生回答說：

　　今天早上吃早餐的時候，某個想法突然冒出來，那就是我應該努力讓這個模型的價格變得更低一些。我只有想出這樣的計畫之後，才會停下來休息。在我看來，我應該製造出一個框架，透過改變其外在的形狀，節約金屬的使用，讓微型留聲機的成本變得更低。形狀的改變，允許我用較小的黃銅螺釘代替之前較大的。因此，我透過這樣的方式節約了幾分錢。

　　這些關於愛迪生的小故事，其實並不能將愛迪生的個性全部展現出來。事實上，愛迪生對金錢並不看重。在涉及到實驗或者改善一項全新發明的時候，他從來不會考慮成本方面的問題。為了實現自己的目標，即便是需要他耗盡全部的財富，他都會選擇這樣做。因為他絕對不允許自己對金錢的渴望，影響到成功的道路。在對待員工時，愛迪生的表現也十分慷慨與大度。他認為給一名優秀的員工較高的薪水是有必要的，因為這能夠鼓勵員工更好地將自身的潛能激發出來，將每一名員工身上的優點釋放出來。那些支付較低薪水給員工，並且期望員工有較好表現的人，其實是非常愚蠢的。在這種情況下，員工採取罷工的方式去抗議，是愛迪生所憐憫與支持的。

　　但是，當他認為自己做的很對，卻遭別人威脅的時候，就會變得非常嚴肅，表現出如拿破崙那樣的堅定決心。多年前，莫里斯鎮的愛迪生工廠，有一些員工受到外部人員的煽動，導致工廠裡面80名員工制定了一個全新的工作時間，並且要求週六晚上只工作一半時間，要是週六加班的話要付雙薪。四名員工組成的委員會將這份要求遞給愛迪生，愛迪生表示，目前的薪水已經很高了，但他會認真考慮這件事。然而，委員會卻武斷地告訴愛迪生，說他只有四天時間考慮這件事。

此時，愛迪生的眼睛失去了往日的柔和神色，堅定的目光表明，他已經下定決心該怎麼去做了。他說：「快點回工廠去吧！當你們回到那裡的時候，你們就知道了。」接著，愛迪生立即發電報給負責該工廠的主管康利，表示要關閉這間工廠，因為工人們對薪水的要求是不合理的。第二天早上，不少工人都回到愛迪生的住處，表示願意接受以前的工作薪水。愛迪生同意了。從那天之後，愛迪生的工廠就再也沒有出現過任何罷工的情況。

　　如果說愛迪生的許多發明讓人印象深刻，那麼愛迪生本人的體質，也可以說是讓人感到無比神奇。在長達 45 年的時間裡，他每天都進行高強度的工作，幾乎可以說違背了自然的法則。當他在追求著某個目標的時候，經常會忘記時間的存在，忘記了睡眠，可以長時間不吃東西，可以將休息完全放在一邊。可是，愛迪生卻沒有因此而得過什麼嚴重的疾病。今天，愛迪生看上去要比自己的年齡年輕 20 歲左右，也依然能夠連續工作 20 或者 30 個小時，並且不會感到過度疲憊。

　　也許，他能夠毫不疲倦地進行各種實驗，其祕密就在於他下定決心，永遠都不要為什麼事情去憂慮。愛迪生說：「不要憂慮，你只需要努力工作。那麼你就能期望自己可以過得長壽一些——當然前提是避免各種障礙。」愛迪生對工作的熱情，可以堪比某些人對烈酒的癮頭，這樣的對比可以說是比較恰當的。最近，愛迪生在週六晚上表示，他打算暫停一下工作，而他的經理對此則不以為然。這位經理微笑著，因為他之前也聽愛迪生說過類似的話。在週一早上 8 點的時候，愛迪生依然像平時那樣勤奮地工作。愛迪生也許唯一不能做的一件事就是——放棄自己的工作。除非他能夠發明出更好的東西，否則他是不會休息的。

　　愛迪生對許多事情都經常表現得心不在焉。有時，當他的思緒完全沉浸於某個問題時，一些重要的事就會被他遺忘，因此要是沒有人時常

第二十一章　愛迪生的個性

提醒一下，他就會忘記自己之前約定好的事情。歐洲的很多名人經常會到愛迪生位於奧蘭奇的實驗室裡拜訪，愛迪生也樂於接待他們。不過在一些情況裡，愛迪生在談話過程中會突然冒出一些想法，接著他就對客人們迅速說一聲抱歉，就直接走向自己的實驗室。幾個小時之後，客人們發現他依然在化學實驗室裡認真地工作——工作認真的愛迪生似乎完全忘記了身邊發生的事情，一心追求著腦海裡的想法。在某個場合下，他甚至忘記了自己的名字！

這件事情發生在愛迪生早年去交稅的時候。按照當時的習慣，每個交稅的人都要排隊，等待輪到自己。看著前面的人緩慢地走向櫃檯，愛迪生就認真地在腦海裡想著，如何去解決某些問題。當他來到櫃檯的時候，竟然忘記自己所處的位置。櫃檯職員問他的名字，愛迪生一臉茫然地看著對方，努力地回想著自己的教名。正當他思考自己的名字卻想不出來的時候，站在他後面的人認識他，就說：「你好，愛迪生先生。」此時，愛迪生才突然想起來了。愛迪生後來表示，要是他的人生完全取決於是否能正確說出自己名字的話，那麼他絕對不會這樣做。有段時間，愛迪生對研究人類的記憶系統充滿了興趣，卻從來沒有著手做，因此現在的愛迪生還是像之前那樣健忘。

下面的這則故事，同樣很好地展示出愛迪生有時會記憶短路。愛迪生的同事講述了這個故事，這讓故事增添了額外的趣味。在愛迪生發明白熾燈的過程中，當他已經連續幾天晚上都在認真工作，身心處於一種極度疲憊的狀態時，他在凌晨4點鐘走進了工廠（之前他已經留下了紙條，要求員工在早上9點鐘的時候叫醒他，因為這個時候早餐剛剛做好），愛迪生在做出這樣指示之後，很快就陷入了深沉的睡眠當中。

與此同時，愛迪生的一位同事——巴切勒則在8點半的時候，在愛迪生睡覺的房間裡安排了早餐。當他進來看到愛迪生依然在床上睡得很

沉時，突然冒出了一個想法，要與愛迪生開一個玩笑。當他從一位年輕人那裡得知，愛迪生將會在早上 9 點鐘起床吃早餐時，巴切勒就悠閒地吃著早餐，然後閱讀報紙。在 9 點鐘的時候，愛迪生的助手走進房間，想要叫醒愛迪生。在搖了愛迪生一陣子之後──因為愛迪生那時候睡得真的非常沉──那個「老人」終於起了床，坐在桌子前，等待著早餐送來。此時，年輕人說：「早餐正準備送來。」但是，幾分鐘之後，愛迪生依然感到非常睏，便繼續在床上睡覺了。

當早餐最後送到的時候，巴切勒不動聲色地將早餐放好，然後將自己吃剩下的早餐擺在桌子上。過了一會，愛迪生醒來了，看著桌子上吃剩的早餐，看著沒水的空杯，於是就抽了一根雪茄菸，像往常那樣悠閒地享受飯後菸。他深信自己已經吃了早餐，接著就完全忘記了這回事。當他的同事提醒他時，愛迪生微微一笑，只是淡淡地說：「好吧，這算我的。」（這是愛迪生一句著名的口頭禪。）接著，愛迪生就吃了一頓豐盛的早餐。之後，他表示雖然自己當時什麼東西都沒有吃，卻還是覺得自己可以再吃另一頓早餐。

雖然愛迪生有時會出現這種心不在焉的情況，但他卻也擁有著強大的記憶能力。他能夠記住 10 多種發明，毫不費力地記住與每一個發明相關的細節。除此之外，在實驗過程中，愛迪生經常能夠記住某些現象，在日後發明的過程中經常會回想起來。這樣的情況顯然與電話、留聲機以及碳粉電池是有關的。這方面的內容，我們在之前的章節裡已經談到了。愛迪生的記憶力非常好，在吸收知識方面有著極強的能力。一旦他學到了某些方面的知識，就幾乎永遠都不會忘記。

據說，他已經完全消化了自己家裡藏書室中每一本書的內容。除此之外，愛迪生對過去的文學作品也非常熟悉。愛迪生在迅速把握一件事情的本質方面，也有著超乎常人的能力。多年前，一些英國的資本家來

第二十一章　愛迪生的個性

到美國，想要看看是否能夠組成一個打字機聯盟，他們認為要是能夠讓愛迪生對這件事產生興趣的話，將會是一件非常成功的事情。於是，他們便前往位於奧蘭奇的實驗室，同時還帶去了許多法律方面的文件，希望愛迪生能夠對此表達贊同。

當時，愛迪生對所謂的打字機不是很了解，於是他詢問對方是否有這方面的書籍。其中一個人的口袋裡，剛好放著與此相關的書籍，於是就將這本書遞給了愛迪生。愛迪生迅速流覽這本書，大約花了 10 分鐘左右。接著，愛迪生對這方面表現出來的見解，超乎了在場許多專家的預期。要是有人跟愛迪生談論飛行器、保溫箱或者潛水艇的話，只要給愛迪生一些時間，他同樣能夠對這些方面非常熟悉。

即使愛迪生沒有看很多與這些方面相關的書籍，卻依然能夠迅速抓住問題的本質。其他人可能要看大量的書籍，耗費許多時間才能明白的道理，愛迪生可能只需要幾分鐘就知道了。不過，愛迪生從來沒有誇讚自己這方面的能力。愛迪生說：「從某種程度來說，這可能是一種天賦，但後天的培養也是極為重要的。在必要的時候，我們每個人都能按照自己的方式，去迅速了解某方面的知識。要是人們願意的話，絕大多數人都是能夠做到的。」

一位作家最近這樣評價愛迪生：「他有著超強的記憶力以及適可而止的想像，他的想像力不是太豐富，卻非常實用。對一位發明家來說，想像力是一種危險的特質。當然，發明家必須要有想像力，但想像力太過豐富的話，就會變成一位夢想家。這也恰好正是愛迪生之所以如此成功的原因。他有足夠的想像力讓他想出許多偉大的事情，而這種程度的想像力，還不足以讓他成為一名夢想家。他在對待自己的每一個想法上，都具有一種驚人的實在性。」

沒有多少個夢想家能夠擁有強大的記憶力，因為不少一閃而過的想

法，都是會迅速消失的。愛迪生本人也從來不會錄取那些喜歡空想的人。在他的實驗室裡，每一名員工都必須要非常忙碌，當然他們永遠都不可能像愛迪生那麼忙碌。正因為忙碌的人才會記住事情，才有可能進行發明。

愛迪生從來不會忘記自己見過的人的臉。他在記憶認識的人時，表現出驚人的記憶力。即便是只有一面之緣，也會在愛迪生的腦海裡，留下不可磨滅的印象。最近，在一場招待愛迪生的宴會上，就發生了與此相關的一件事。不少很久之前與愛迪生見過面的人，發現愛迪生居然沒有忘記他們。在場的許多來賓都沒有想過，愛迪生還能記住他們，紛紛對愛迪生記住別人的能力感到由衷的敬佩。關於這方面的典型例子，就是在西聯匯款電報公司舉辦的一場宴會上，當愛迪生的員工 W・S・羅格介紹馬利恩・H・科爾納的時候發生的事情。

羅格在介紹的時候說：「我想你不會還記得這個人吧？」

愛迪生看著對方的臉，說：「我記得，」他迅速回答說，「這是馬利恩・科爾納。」說完，就友善地伸手與對方握手。

這兩人已有三十多年未曾見面，他們最後一次見面是在齊格蒙德・伯格曼（Sigmund Bergmann）位於伍斯特街的一間小工坊裡，當時兩人都在那裡做實驗。愛迪生當時正致力於改進還處於錫箔錄音階段的留聲機，而科爾納（Kerner）則在研究防盜警報系統。此後，他們各奔東西，但只花不到半分鐘的時間，就跨越了這三十年的歲月隔閡。

愛迪生記住別人的能力，曾經引發了一件有趣的事情。著名的紐約日報旗下的一家報紙——《太陽報》——就曾報導過這件事。我下面的引述得到了這份報紙編輯的允許。這份報導的真實性應該是有保證的，因為當這件事發生之後，沒有人比愛迪生本人更享受這場玩笑了——儘管他是這齣小喜劇中，讓至少一位參與者心神不寧的主因。

第二十一章　愛迪生的個性

　　在某些大規模製造電力設備的機器製造工廠，來自世界各地的人都會來這裡參觀。這裡的導覽員會帶領遊客前往每一間工廠，體驗一下這裡的工作環境。當然，大部分過來參觀的遊客，都對電力方面的事情不是很了解，他們會提出一些無聊的問題，說出一些讓人忍俊不禁的話語。比方說，當你已經清晰透澈地闡述電力的某些現象後，還是會遇到一些讓你想不到的回答，那種感覺實在有些讓人吃不消。

　　一般的電工對於自己所操作的電的本質，其實並不比他對孔子的學說更關心。其中一位線路工人就講述了過去發生的一件事情，證明這個觀點。當我在哈特福德的第三條線路工作的時候，老闆說：「你們這些傢伙才不管電從哪來、要去哪，你們只在乎哪裡能碰、哪裡不能碰。所以你，亨尼西，把你的撬棍從第三軌拿開，不然會出現短路，那麼電流會閃到讓你們的眼睛在半年內，分不清劣質威士忌與冰水的差別！」

　　工廠裡有位工程師，我們姑且稱他為史蒂夫，因為他本名其實不是這個。經常會向一些遊客解釋關於這些設備的細節，因為他具有這方面豐富的知識，並且能夠以清晰流暢的語言講出來。在某個場合下，他向一位來自西部的遊客講解──這是一位頭髮灰白的人，他似乎對自己看到的機械都有所了解，卻沒有做出任何評論。顯然，他在認真聆聽史蒂夫說出的每一句話，然後評判他的每一句話是否有道理。這讓原本自信的史蒂夫漸漸感到有點緊張與不安。這個傢伙，他心想，肯定是一位聰明的電力學家，他剛才用懷疑的態度聆聽著我所說的每一句話。

　　最後，當他們來到辦公室時，史蒂夫感覺自己四肢乏力，異常疲憊。這位先生伸出手說：「非常感謝你的講解，其實我對電學方面不是很了解。我是一位理髮師，如果你來到芝加哥的話，記得找我。」史蒂夫立即從原先的緊張情緒裡緩過來，再次感覺自己充滿活力。之後，他又陪一位遊客參觀這裡的設備。這位遊客相當安靜，不大流露自己的情感，卻對一些不是很重要的機器以及細節非常感興趣。因此史蒂夫立即認為，此人不過又是像之前那位理髮師一樣。

　　之後，當這位安靜的遊客對許多重要的機器，沒有表現出任何讚美

或者欣賞的情感時，史蒂夫對此感到難過，因為遊客這樣的表現讓他失去了熱情。於是，他就向這位遊客講了許多有趣的故事。他指著一臺功能強大的發電機說，這臺發電機從來都沒有將全部的功能釋放出來，否則我們無法控制其釋放出來的電流。他講述了與白熾燈相關的理論知識以及其製造方法，堅稱這項發明的誕生，是因為某次偶然觀察到一道閃電，打在一個裝有兩齒叉子的醃黃瓜瓶上所啟發的。

接著，史蒂夫繼續向前走，伸出了自己的右手臂，大聲地說：「就是這樣，這個帶給人類無限美好的發明 —— 白熾燈 —— 就這樣發明出來了！」此時，這位遊客走到一位正在繞線的工人跟前，用手拍著他的背部，說：「你好，丹！」此人停下了手上的工作，抬起頭，他的臉上充滿了驚訝，接著他愉悅地伸出了手。「願上帝保佑我的靈魂，是老闆啊！」他大聲說，「愛迪生先生，你好嗎？」史蒂夫向後跟蹌了一步，坐在一個鑄造部件上，努力地回想之前發生的事情，回憶著愛迪生之前所說的話 —— 但他卻感到腦海一片模糊。

不過，他清楚地記得一件事，那就是他對這位被稱為「門洛帕克的巫師」，也就是發明白熾燈的人，說這項發明是從一個醃黃瓜瓶和一把兩齒叉子的演變中誕生的！接著，他就沒有在這裡工作了。一、兩週之後，史蒂夫收到了愛迪生的一封來信，信件中還有一本講述電學方面的書籍，這本書是為青少年朋友所寫的，書的插頁上有用鉛筆畫的一幅畫，上面有一個醃菜瓶，還有下面一段話：「因此，這個帶給人類美好生活的發明 —— 白熾燈 —— 就這樣誕生了！在不久的未來，這本小書可能會帶來許多金錢。現在，多少錢都買不到這本書了。」

愛迪生本人有時也喜歡捉弄一下來訪的客人，但他從不會像史蒂夫那樣放得這麼開。當然，很多拜訪愛迪生的人，其實都不太熟悉電學方面的知識。當出現這樣的情況時，愛迪生能夠在兩分鐘之內，知道一個人是否對原電池組成的發電機有所了解。當然，愛迪生也表現得非常體貼，他會想辦法讓自己表達的話語，顯得專業性不是太強。也許，這與

第二十一章　愛迪生的個性

他受到許多報業的歡迎是有關的，因為不少記者經常會前往他的實驗室進行採訪。

在某個場合下，一位特別缺乏科學知識的記者，前來採訪愛迪生，他這次採訪的目的，是要寫一篇關於全新精密儀器的稿子，因為愛迪生前不久剛剛改善了這個機器。愛迪生想要知道這位記者是否能夠正確了解自己所說的話，每當他注意到記者臉上露出絕望的神情時，就會有意地停頓一下，詢問說：「你能夠理解嗎？」當記者微微地點點頭，愛迪生才會接著用流暢的語言繼續表達自己的觀點。

稍微講了一段話之後，愛迪生就要停下來詢問：「你能聽懂嗎？」這位記者越來越緊張，努力地想辦法去理解愛迪生所說的話。他有時也會偶爾打斷一下愛迪生的話語，表示自己其實不是很理解某個觀點或者某些方面的知識，希望愛迪生能夠用更加平實的語言去表達。每當遇到這樣的情況，愛迪生就會深深地嘆一口氣，接著重新開始講述。

最後，記者用抱歉的口吻說，自己其實對機械方面的知識了解不多，並且為自己對電力方面一無所知感到非常慚愧。此時，愛迪生還是像往常那樣友善地說，你比很多前來實驗室參觀的人都要懂得更多，藉此安慰他。為了能夠讓這名記者不那麼緊張，愛迪生甚至講述了一個他在加拿大遇到鍋爐工人的故事。

我年輕的時候在加拿大的某個城鎮當電報員，那時有一家新工廠剛剛建好，裡面有一座漂亮的發電機房。某天，我去拜訪這家工廠，想要看看引擎。此時，負責維護這裡的工程師剛好出去了，在這裡工作的一位鍋爐工人經驗還不是很豐富，是他帶著我到處走走。當我們停下腳步，讚嘆這些引擎所產生的動能時，我說：「這臺引擎能夠產生多少匹馬力啊？」鍋爐工人聽了我的話之後哈哈大笑起來，「馬力？」他大聲說，「難道你不知道，這臺機器是透過蒸汽來驅動的嗎？」

還有另一個傢伙，在早年的時候曾經當過我的助手，當時的他還是一名新手，因此在工作上犯錯之後也從來不找任何藉口。某次，他幫我建立一座小型電燈發電廠。當這項工作完成之後，這位助手對自己完成的部分感到非常滿意，他用充滿驕傲的口吻對我說：「愛迪生先生，在與你一起完成這樣的工作之後，我相信我能靠自己的能力，建造起一座電燈工廠。」

「你真的能夠做到嗎？」我說。

「我相信我可以。」他回答說，「不過有一件事我還是不太明白。」

「是什麼呢？」我問。

「我不太懂，」此人回答說，「你們是怎麼把油沿著電線傳送過去的？」

　　有時，一些女性來訪者也會到愛迪生的實驗室裡參觀，可是愛迪生更喜歡與男性交談，即便這些男性可能缺乏電學方面的知識。多年前，一位在某份宗教報紙工作的女士覺得，要是能夠了解愛迪生對「世界的基督化」這個話題的觀點，並且了解愛迪生是否有什麼好方法，能夠加快這個過程的，這將是非常吸引人的內容。她是一位非常有智慧的年輕女性，但她對於整個世界如何進行改良的話題充滿了疑問。她受到了愛迪生的禮貌接待，接著平靜地向愛迪生提出許多與宗教信仰以及不信教方面的問題。

　　愛迪生表示，許多科學家都是信仰上帝的，只是他並沒有偏向哪一種信仰。他認為每一種宗教都有其可取之處，因此他去教堂的次數並不多。接著，女記者提出問題，希望愛迪生能夠對這個宏大的問題發表意見：「這個世界是否正在變得越來越基督化？如果不是的話，將來會出現基督化的趨勢嗎？」愛迪生認真思考這個問題，緊鎖著眉毛。

　　就在女記者擔心愛迪生無法回答問題時，愛迪生的眉頭舒展開來，

第二十一章　愛迪生的個性

嘴角露出了微笑。他說：「我不僅認為這個世界在恰當的時候會出現基督化的趨勢，還相信我們都應該活著見到這一天。」當女記者用不可思議的眼神看著他的時候，愛迪生接著說：「我們只需要看看那些不斷改良的機關槍，其所具有的巨大殺傷力，完全能夠消滅所有的異教徒。」

　　在結束這個話題之後，愛迪生向女記者展示製造全新奉獻盤的方法，並且表示這樣的奉獻盤能讓教堂得到更多的捐款。他微笑著說：「妳知道的，人們在投錢到奉獻盤時總是很謙虛，他們不希望別人知道自己有多慷慨，所以我設計了一個裝有投幣槽的裝置。銀幣——像是半美元、二十五分和一角硬幣——會各自掉進對應的投幣槽中，然後落入一個鋪有天鵝絨的隔層；但五分和一分的銅幣，投進對應的投幣槽時，會像收銀機一樣響起鈴聲。」

第二十二章　拍攝愛迪生

　　筆者之前拍攝過愛迪生，因此愛迪生在面對鏡頭時的一些事情，可能也是讀者朋友們感興趣的。第一件事情發生在多年前，地點是在愛迪生位於紐澤西州銀湖的實驗室，雖然這些圖片拍攝出來的效果非常好，可是愛迪生本人並不這樣認為。而他會這麼覺得是「有原因的」，這點稍後會說明。那次我們用放入膠捲的全自動照相機去拍攝，邀請愛迪生走到陽光下，然後拍照。他對此沒有表示反對，只看了看自己那件舊得發亮、還沾有化學藥劑汙漬的外套，有些遲疑。他甚至想用手將外套上的灰塵擦去，隨即又很有哲理地說道：「我想照片裡應該看不出來吧？」

　　離開愛迪生的實驗室之後，我們認為愛迪生不會立即站在辦公室大門處的位置就進行拍照。此時，愛迪生的一名助手搬過來一張椅子，於是我們就將愛迪生的坐姿拍攝下來，之後愛迪生還非常認真地檢查了一遍。在拍攝的過程中，我們所使用的膠捲正是愛迪生當年發明出來的，他當時還表示自己擔心拍攝出來的效果不會太好。因為他之前認為，只有感光板才能拍攝出人像。愛迪生說：「膠捲多少會出現一點延遲的現象。當這樣的情況出現後，拍攝出來的人像就會變得很糟糕。」但是，最後拍攝出來的照片效果非常好。事實上，那些在實驗室裡看過照片的人都表示，我們成功地將愛迪生的形象拍攝出來了。當我們向愛迪生展現這些照片的時候，愛迪生立即表示，這些膠捲拍出來的效果非常差。

　　另一件事就是，著名燈光藝術家約瑟夫・拜倫[061]前往愛迪生位於奧蘭奇的實驗室拍攝愛迪生時，還帶去了一位拍攝助手與我們一道前往。我們從實驗室的一端走到另一端進行拍照。此時，愛迪生剛好外出，不

---

[061] 約瑟夫・拜倫（Joseph Byron，西元 1847～1923 年），英國攝影家、藝術家，曼哈頓拜倫公司創辦人。

第二十二章　拍攝愛迪生

在實驗室裡。但他還是在下午四點鐘的時候準時回來，在之前約定好的場景下拍攝。我們希望能夠拍攝以化學實驗室作為背景的照片，因為愛迪生正是在這裡發明出許多有用的、推動人類文明進步的機器。不過，我們一開始是在圖書館裡遇到愛迪生的，於是就表示可以將愛迪生在回覆信件時的形象拍攝出來。

愛迪生對此沒有表示反對，於是就坐在案桌前，取出一本著名的概念筆記本，很快就沉浸其中，完全不知道什麼時候已經拍完照片。這讓我們不得不提醒他，他答應過我們要在化學實驗室裡拍攝照片的。愛迪生扭動了一下身子，用驚訝的表情看著我們。當他回過神來之後，就哈哈大笑起來說：「是的，我有時會心不在焉，但並不像以前那麼嚴重了。我還記得，幾年前紐約一份報紙的記者，過來準備拍我幾張照片，卻鬧出了一個有趣的笑話。

「事實上，那時我已經連續幾個晝夜都在努力工作，已經感到非常疲憊了。但我答應過他要在某個背景下拍照，便對他說沒關係，可以繼續拍照。在他花費了一點時間架設相機設備的時候，我已經在椅子上睡著了。幾天後，他再次過來，給我看了之前拍攝的照片──其中有 6 張照片都是拍我在睡眠的不同階段。我們看著這些照片大笑起來。於是，我答應讓他再拍一次。」

當我們來到化學實驗室，愛迪生立即投入到工作中，手持著管形瓶做實驗，接著再拿起其他不知叫什麼名字的物質實驗，完全忘記了攝影師的存在。然而，一旦他無意中擺出了某個具有代表性的姿勢之後，拜倫會立即說：「愛迪生先生，請您保持這個動作。」此時，愛迪生就會僵住一會，等待拍攝完成。當時實驗室裡的光線並不充足，因為那一天的天空多雲，因此必須要使用閃光燈來進行輔助拍攝，最終我們得到了非常好的拍攝效果。然而，有人從實驗室裡窗戶看到冒出濃煙，就認為出

現了火警,立即通知白天的警衛上去看看情況。警衛大為緊張,衝進房間時神情激動萬分。

　　幾分鐘之後,愛迪生離開了實驗室走到外面。奧特此時正忙著觀察一些奇怪的化合物發出的電流閃光。愛迪生注意到他臉上認真的表情,便笑說他的首席助手簡直就是扮演「鍊金術士」的絕佳人選。儘管奧特先生謙虛地表示自己不想擺姿勢拍照,我們還是被拍下了這一幕。就在這張照片拍攝的同時,愛迪生發現有一個瓶子裡面裝著一些柔軟的化合物,於是就用一把袖珍折刀去將這些物質取了出來,然後擺出另一個經典的姿勢,這樣的姿勢也被拍攝下來了。當在場的人詢問瓶子裡面裝的是什麼東西時,愛迪生回答說:「裡面裝的是液態玻璃。」當他的助手露出茫然的表情,表示自己根本不知道這個像醃菜瓶的容器裡,裝的是什麼東西時,大家都被他的表情逗樂了。

　　在愛迪生發明白熾燈 25 週年的前幾天,我們再次拍攝了愛迪生。當時他的精神狀態良好,正準備前往佛羅里達州度假。他非常喜歡釣魚,並且對自己能夠像孩童時候那樣玩的開心感到滿足。他特意來到實驗室,做出各種有趣的姿勢。後來我們在化學實驗室時,愛迪生夫人突然走進來,低聲對愛迪生說某一份著名日報,派來了一名記者要進行採訪,詢問愛迪生是否能夠抽出 10 分鐘的時間。「沒空。」愛迪生回答說,他似乎對自己即將去度假的想法興奮不已。

　　愛迪生夫人以圓滑的方式,回絕了那位記者的採訪要求,這讓記者感到非常失望。接著,愛迪生夫人又回來了,跟愛迪生談論某些方面的事情。此時,一位攝影師低聲地說,要是能夠將愛迪生夫婦一起拍攝進來,並且是在化學實驗室這樣的背景,這將是極為獨特的。愛迪生夫人拒絕這樣的請求,因為她不願意被照相機拍到。愛迪生立即控制了整個

第二十二章　拍攝愛迪生

局面，用和善的口氣對妻子說：「親愛的，不要太在意這些攝影師，他們一下子就能拍完了。」接著，他轉過身面對攝影師，瞇著左眼對著攝影師們使了一個眼色，似乎在說：「沒事，拍吧！」然後，他立即與妻子進行交談。在沒有其他暗示的情況下，我們馬上著手拍攝，結果拍下了一張愛迪生與夫人最有趣、最富情感的合照之一。

第二十三章　一些軼事

　　我們之前已經談到過，愛迪生是一位非常謙虛的人。體現他謙虛特質的最好例子，也許就是發生在幾年前的一件事。當時他正在填寫一張加入費城工程師俱樂部的申請表。在申請表上有一些特殊的要求，那就是要申請者列舉出自己的一些成就。在表格留出的空白處，愛迪生這樣寫：「我建造起一座選礦廠，開了一家機械商店，等等。」事實上，要將後面等等這兩個字包含的事情全部列舉出來，還要寫上很多頁。

　　愛迪生最為忠實的支持者，是著名的細菌學家巴斯德[062]，他就沒有從愛迪生身上學到謙虛的特質，下面一件有趣的事情可以說明這點。美國一位著名的記者，就巴斯德是否找到了治療恐水症的藥物進行提問時，巴斯德回答說：「你們的愛迪生是一位偉大的人，當後人書寫我們這一代人的歷史時，科學界只會出現兩個重要的名字，其中一個是愛迪生的名字，另一個就是我的名字。」

　　在被人問到他對飲食的看法時，愛迪生喜歡講下面這則故事，表明人類是如何成為食物的奴隸。

　　你們都知道，當俄亥俄州人第一次來到紐約，在一家不錯的酒店住下來，他們一放下行李，就會來到櫃檯前，詢問什麼時候可以吃飯。

　　「你們這家酒店吃飯的時間是怎麼安排的？」他問櫃檯員工。

　　「早餐，」櫃檯員工回答說，「一般是在早上7點至11點，午飯是在上午11點至下午3點，晚飯則是從下午3點至晚上8點，宵夜則是從晚上8點至12點。」

---

[062] 巴斯德（Louis Pasteur，西元 1822～1895 年），法國微生物學家、化學家，微生物學的奠基人之一，以否定自然發生說（自生說）、宣導疾病細菌學說（菌原論）和發明預防接種方法而聞名，為第一個創造狂犬病和炭疽疫苗的科學家。被世人稱頌為「進入科學王國的最完美無缺的人」。他和費迪南德・科恩（Ferdinand Cohn）以及羅伯・柯霍（Robert Koch）一起開創了細菌學，被認為是微生物學的奠基者之一，常被稱為「微生物學之父」。

第二十三章　一些軼事

「我的天呀！」這位滿臉驚恐的農民大聲地說，「那我哪裡還有時間去遊覽這個地方呢？」

我們之前已經說過許多次，那就是愛迪生鮮少注意到時間的飛逝。他從來不帶手錶，在他工作的化學實驗室裡也沒有安裝鐘錶。對他來說，只有徹底完成工作之後，才算是下班時間。他認為，人為地規定時間是沒有意義的。當然，他手下的員工則是每天按照固定的時間去上班。如果愛迪生完全沉浸於某個有趣的實驗當中，而他身邊的助手提醒他時間的話，這會讓他感到非常惱怒。

最近，一位愛迪生的崇拜者寫信給愛迪生，詢問愛迪生是否能夠讓他帶自己的兒子去見他，因為他現在正在美國遊玩，想要在離開美國之前見他一面。愛迪生欣然同意。在友善的寒暄之後，這位崇拜者要求自己的兒子向愛迪生打招呼，接著他說愛迪生是這個世界上最偉大的人物。愛迪生對這位崇拜者所說的話感到有點尷尬，表示自己根本沒有什麼偉大之處。這位崇拜者希望愛迪生能夠給自己的兒子一些建議，希望能夠對他日後人生的成長有重要的影響。愛迪生看著這個小傢伙，用手輕輕撫摸著他捲曲的頭髮，露出了善意的笑容，說：「我的小傢伙，永遠都不要看時間。」

愛迪生對抽菸有著自己強烈的看法。

吸菸其實是很好的提神方法，但是香菸本身確實是非常致命的。真正帶來傷害的並不是菸草，而是香菸在燃燒紙的時候產生的丙烯醛。丙烯醛是對人體產生巨大危害的一種有害物質，燃燒普通香菸總是會產生丙烯醛這種有害物質。我真的認為，吸菸會讓一些身心發育並不成熟的男孩處於精神失常的狀態。有時，我們在實驗裡用甘油做實驗的時候會產生這種物質。只要對著烤爐輕輕一吹，飄散出去的丙烯醛，就會讓我的助手們紛紛逃出這棟大樓。我並沒有誇張丙烯醛所具有的危害性。糟糕的是，這正是很多男人或者男孩在吸菸時所面臨的情況。這樣的毒素

進入到身體之後，可能會產生致命的傷害。特別是對於尚處於發育階段的孩童來說，這樣的危害更是我們應該認真深思的。

某一天，我在樓梯間找到了某個人留下的一包香菸。當我見到這盒菸之後，內心產生了反感的情緒。於是，我回到了辦公室，寫下這樣的告示：「一個墮落的人正墮落到低等動物的生活狀態，此人丟失了他的一包菸。」我將這包菸釘在牆上，還將這個告示掛在醒目的位置。我一開始對此感到非常抓狂，不過我最後還是能夠用玩笑的心態去看待。那個丟失菸盒的傢伙（無論他是誰，總之我之後也不知道），肯定是一個滑稽的頑皮傢伙，因為他拿回了自己的那包香菸，並且將一根雪茄菸釘在牆上。當然，這個笑話的笑點就在於，我每天都會在樓梯間那裡抽雪茄菸。

愛迪生經常看報紙，他有一個習慣，就是將任何報紙（不一定是科學方面的報紙）上讓他感興趣的內容剪下來。某天，愛迪生在流覽報紙的時候，看到了下面這樣一段話，讓他深有共鳴。這段話談論的是，真正殺死人的並不是工作，而是我們對工作產生的焦慮情緒。愛迪生之所以將這段話剪下來，是因為這段話將他內心的想法完全說出來了。

下面，我將這段話貼出來：

眾所周知，我們都應該將屬於自己的工作做好，卻不應該因為工作的問題而導致自己無法入睡。有工作可做這是一種特權，只是這樣的特權不應該被濫用。對一個人來說，長時間地工作，直到他的身體能量全部耗盡，這並不是一種明智的做法。當一個人對待工作的方式，對他的身體產生了傷害，那他就不是一個理智的人，理智的人是一個認真對待生活的人，而不是某個暫時活在世界上的人。

湯瑪斯・阿爾瓦・愛迪生是一個生活快樂與健康的人，他從來就不會感到憂慮。他是一位偉大的發明家，也是一個偉大的人，未來的人類都應該學習愛迪生這樣的榜樣，始終記住一點，那就是真正殺死人的並不是憂慮，而是我們內心的焦慮。更為重要的一點是，在這個世界上，憂慮的情感不會幫助我們從任何糟糕的局面中解脫出來，無法讓我們獲

第二十三章　一些軼事

得自由。另一方面，憂慮會讓很多人無法圓滿地履行自身的職責，這反過來又會讓他們感到更加焦慮。

這段具有見解的話——我希望能夠找到這篇文章的作者——應該掛在我們國家每個商業機構的牆上——至少是每個被憂慮困擾之人的辦公室裡。

這裡要談談愛迪生對報紙行業發表的評論。我們需要記住一點，那就是愛迪生本人之前就做過報紙，在他的心底，始終都對那些選擇新聞當職業的人抱有好感。雖然，他也並不總是得到這些記者的良好對待，也並不總是歡迎一些報社記者前往他的實驗室。愛迪生本人總會幽默地說，每個行業都存在著害群之馬，無論是牧師行業、科學界、文學界、軍界還是醫學行業等等。即便存在著少數害群之馬，卻也不曾改變他對新聞從業者的崇高敬意。

愛迪生說：「看看我們這個國家吧！我可以得出一個結論，那就是推動我們社會進步的最重要因素，就是新聞報紙。當我們想要去做某件事的時候，新聞報導就會跟上來。現在每個人都會去閱讀報紙，每個人都知道當今世界的局勢，我們能夠藉助媒體的平臺更好地進行合作。」在另一個場合下，愛迪生說：「讓世人知道你是怎樣一種人，知道你身處何方以及你有什麼別人需要的東西，這就是成功的祕密所在。從這個角度來說，印刷業的發展是最具力量的工具。」

多年來，愛迪生一直不太相信簿記的好處——即使是那種包含複式記帳、單式記帳和其他神祕內容的簿記——儘管他早已重新相信它的實用性和必要性。他曾經對這項普遍被視為企業成功關鍵的制度缺乏信任，為了說明這點，他有時會講述一段往事：在他創業初期，正是因為簿記，反而讓他陷入了一筆自己實際上無法負擔的浪費開銷。

在紐華克工作的時候，愛迪生創辦了一家工廠，聽取他許多朋友的

建議，決定僱傭一位可靠的會計師去記帳。別人對他說，任何一家可靠的公司都是需要會計師的，於是愛迪生就僱傭了一位。在接下來的一年裡，愛迪生專注於工廠的事務，從沒有想過那個會計師的存在。直到年底的時候，這位會計師做出了一份表格，呈給愛迪生。這份表格讓愛迪生相當高興，因為他看到公司在過去一年的盈利為 8,000 美金。很快，大樓裡每個人都聽說了，工廠在過去一年賺到許多錢。愛迪生對此感到滿意，於是就說要在商品展覽室裡，舉辦一場盛大的晚宴，從管理人員到基層員工全部都參加。他們玩得非常開心，愛迪生也興致勃勃。他們所吃所喝的都是最好的，每個人都表示這場宴會十分成功。

在愛迪生支付完宴會的費用之後，知道自己賺了一大筆錢的興奮感消退了一些，他開始認真地思考。他真的想不明白工廠怎麼還會有盈利？於是他將會計師叫到自己的辦公室，與他一起花了兩個小時去對帳目。當他們深入核對時，愛迪生的臉色越來越嚴肅，而會計師的臉色則顯得極為緊張。最後，他們發現了一個明顯的計算錯誤，那就是會計師將借方與貸方的資料全部弄反了。因此，工廠的盈利根本就不是 8,000 美元，反而是虧損了 7,000 美元。

愛迪生對此大為惱火，對會計師這個行業說了一些不好聽的話，狠狠痛罵了他一頓。之後，為了緩解這名會計師的緊張情緒，他表示這沒事，希望下次能夠做的更好一些。第二年，這間工廠真的有不錯的盈利，但愛迪生並沒有像之前那樣鋪張地慶祝，反而顯得非常低調，員工們只能像平常那樣上下班。雖然之後這名會計師都沒有犯下什麼錯，可是愛迪生還是花了很長時間，才改變對會計師的不良看法。

美國著名藝術家 A‧A‧安德森[063]，在西元 1903 年為愛迪生描繪了

---

[063] A‧A‧安德森（Abraham Archibald Anderson，西元 1847～1940 年），美國藝術家、農場主、慈善家。

第二十三章　一些軼事

一幅很形象的肖像，他談到了與愛迪生相關的趣事，並且還道出愛迪生對數學家的態度。他說：

我想要將愛迪生畫成科學家的形象，因為藝術家的責任不僅要認真地研究他想要畫的主題，還要將這幅畫的目的展現出來。我很享受畫愛迪生的過程，雖然畫他並不是那麼容易。有時他會坐立不安，直到他的思想完全集中於某個科學問題，此時的他才會顯得安靜，臉上的表情則是藝術家想要捕捉的，讓全世界的人都能看到。但是，要想在愛迪生思考的過程中描繪他，這並不是一件容易的事情，因為他能夠在周圍有巨大噪音的情況下工作。他喜歡在工廠裡工作，身邊都是機械發出的轟轟聲。因為我對電學方面還是有所了解的，並且深感興趣，所以我可以將話題引入到讓他陷入思考的一種狀態。

在畫愛迪生的時候，我意識到他不是一位習慣演繹推理的人，而是一位富有直覺的人。他往往憑藉個人的直覺而非數學推理，去得出一些結論。比方說，當他為白熾燈發明普通的葫蘆形玻璃燈泡的時候，他想要了解這個玻璃燈泡的精確立方容積。於是，他就向幾位著名數學家請教這方面的問題，希望他們能夠給出一個精確的答案。

當這些數學家將答案告訴他的時候，愛迪生認為他們都計算錯誤了。雖然他無法明確說出自己是怎樣得出這個結論的，但他似乎事先就已經知道了，然後才能對此進行比照。他證明的方法也體現了他使用的方法所具有的實用性。他製作了一組錫製立方體，像套娃一樣一個套著一個，每一個的容量都比上一個略小一點。他把燈泡裝滿水，然後將水倒入這些立方體中，直到找到哪一個能剛好裝下那些水。

愛迪生總是把自己不用數學，就能得出正確答案的天賦，稱為「猜測」。在他著手處理中央電站構想的時候，曾經與數學家們多次交鋒，這些數學家試圖用他們的數學推導，來對抗他的常識性推理。多年之後，愛迪生說：「在所有關於建造第一座中央電站的問題上，我要面對的最大

怪物就是數學家。後來，我發現我能夠猜想出一個相對接近的數字，於是我就繼續這樣的猜想。」他就是憑藉著猜想的方式，去建造第一座發電機的。當別人詢問愛迪生是如何計算出所需的電能時，愛迪生微笑著說：「我可能只是一時猜對了而已。」

我們之前已經提過，愛迪生一向都對記者非常友善，雖然這些前來採訪他的記者會提出各式各樣的問題——像是從他最新的發明，到他是否認為堅果是有用的食物等。倘若記者們提到的問題比較具有技術性，那麼愛迪生通常都會用通俗易懂的話語去解釋，讓對方能夠更好地理解。有一次，一位經驗不足的年輕記者前來拜訪愛迪生，他提到了愛迪生在進行 X 光實驗時所使用到的全新燈光，愛迪生很想讓這位年輕的記者開開眼界，於是就跟他說明這種全新燈光所能夠產生的作用。愛迪生緩緩地對這名記者說出下面這段話：

「當然，你們肯定會明白，」愛迪生說，「即便是電學方面知識的外行都知道，初級電路只能讓兩安培的電流通過，發出的燈光只能比得上一根蠟燭。」此時，這位年輕記者的額頭開始冒汗了，但他尚能理解這些內容，表示自己完全同意愛迪生的說法。此時，愛迪生接著說：「既然這樣，那麼我肯定不需要告訴你，初級電路裡流通的電流，其實只有十分之三伏特。」此時，記者忙不迭地擦汗，用很低的聲音表示，一般情況下都是這樣的。

愛迪生接著說：「但是，你絕對不能忘記一點，那就是電流會在每一秒鐘中斷 250 次。」此時，這位記者表示，自己會盡最大的努力記住愛迪生所說的話，「除此之外，電路會在五分之四的時間裡，保持一種閉合狀態，在另外五分之一的時間裡，處於開放的狀態。」愛迪生講到這裡的時候，記者只能微微地點頭表示贊同。「光譜，」愛迪生說，「它的折射率比電弧燈低。你能夠明白我的意思嗎？」此時，這位已經摸不著頭緒的記者，只能機械式地點點頭，想當然地認為自己能夠理解這些內容。

第二十三章　一些軼事

　　此時，愛迪生深深吸了一口氣，接著說：「一個直徑為 15 公分的燈泡發出的光亮，等於 8 根蠟燭發出的光亮。現在市面上最好的電燈，每秒鐘需要的電能是這種燈的 3.5 倍。」記者聽到這裡，再次吸了一口冷氣。「不過，最好的白熾燈需要 138 英尺磅的能量，而且這還是每秒需要的能量。全新的電燈需要 396 英尺磅的能量，因此⋯⋯」愛迪生接著用充滿勝利的口吻說，「這就是電燈的價值所在。」說完之後，愛迪生就向這位臉色蒼白的記者告別，對他說以後要是想找一個更加簡單的解釋時，還可以再來。

　　愛迪生上一次當電報操作員，還是在西元 1896 年的時候了。在紐約中央宮殿舉辦的電學展覽會上，有人就問愛迪生，是否還願意接收昌西・迪普（Chauncey M. Depew）準備發送、打算環遊世界的電報。愛迪生表示自己非常願意當一晚的電報員，但他對自己現在使用電報的能力表示懷疑。因為此時距離愛迪生上一次使用電報機發送資訊，已經過去了 26 年。在場的幾位電力學家與朋友，都對愛迪生是否有足夠的能力這樣做表示懷疑，一些人甚至開玩笑地說，他們認為愛迪生在多年都沒有接觸過電報按鍵的情況下，可能連圓點與破折號都區分不出來。一位對這場討論深感興趣的人就問愛迪生，是否願意到紐約報刊的一間電報房間裡當一下電報員，愛迪生愉快地表示同意。

　　當他進入房間後，發現房間裡十幾臺的電報機正在接收著來自世界各地各式各樣的資訊，他環視了一下房間，微笑著說：「哦，我想我還可以做到。」

　　愛迪生選擇了一個按鍵，接著選擇了筆與墨水，還有一張發送資訊用的電報紙張。

　　「那一頭有人接收嗎？」愛迪生邊說邊將嘴裡的雪茄菸擺成了 45 度。

　　「有。」電報部門的經理說，他剛剛打電話給辦公室，告訴那邊負責

的人，立即派一位全新的電報員給他們。

此時，電報機開始滴答滴答地響了起來，愛迪生也像往常那樣做出了神祕的訊號，這樣的訊號只有電報員才能理解。

「這很容易理解的，這是用摩斯密碼發送的。」愛迪生說，「我擔心的只是我打字不像以前那麼快了。」

接著，愛迪生繼續用一隻手在電報機上打字，並點燃那根在他說話時熄滅的雪茄菸。

站在旁邊的許多電報員，都想要看他們30年前的老闆出點錯，因此都目不轉睛地看著愛迪生。當愛迪生簽下自己的名字之後，就讀了一下自己剛剛發送出去的電報。

「不知道對面那傢伙是不是用打字機？我猜他占了上風。」愛迪生一邊說，一邊開始向對方發送訊息。「這是我26年來第一次收發電報。」他邊說邊靠著旁邊的椅子，「我想如果自己能夠活到1,000歲，也依然能夠接收或者發送電報。我不認為像我這樣的人，會忘記如何收發電報。現在，要是這些想要發送資訊的人，想在下週六晚上休息的話，我是能夠代替他們去上班的。」

旁邊的許多電報員都表示，愛迪生與另一邊辦公室裡電報員之間的對比，可以說是顯而易見的。不過，愛迪生並沒有足夠的時間去接收昌西‧迪普發來的資訊。

第二十三章　一些軼事

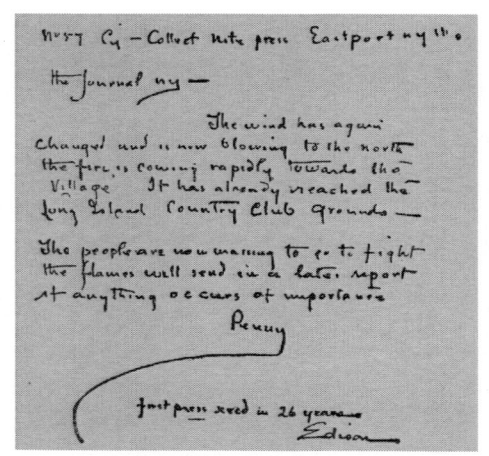

愛迪生時隔 26 年後接收的電報

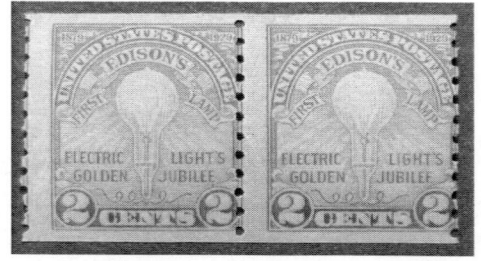

美國郵政總局發行的紀念愛迪生發明電燈郵票

順便說一下，參議員迪普也講了一個關於愛迪生的有趣故事，我在這裡有必要引述一下。

有一天，愛迪生在市區閒逛時，偶然看見一家電療腰帶公司的招牌——那是一種綁在身上的腰帶，據說可以治療各種毛病。他心想也許這種電的應用方式是他沒接觸過的，於是就走上樓去那家公司的辦公室。一位伶俐的年輕女士立刻問他需要什麼幫忙。

「嗯，」愛迪生說，「我想要知道這些腰帶是如何運作的，所以就想到這裡來看看能不能學點東西。」

「當然，」這位年輕的女士拿起一條腰帶，說：「你能夠看到電流從銅板進入到鋅板，接著⋯⋯」

「稍微等一下，」愛迪生禮貌地打斷她說，「我聽得不是很清楚，妳剛才是說，電流從銅板進入到鋅板嗎？」

「是的，我剛才就是這樣說的。」

「請再等一下，」愛迪生再次打斷她說，「讓我想想，妳是說電流從銅板進入到鋅板嗎？」

「是的，先生。電流的確是從銅板進入到鋅板的。」

「可是我認為電流是從鋅板進入到銅板的。」

「哦，事實不是你說的那樣子。」

「妳對此十分肯定嗎？」愛迪生微笑地問道。

「當然，也許你比我更加了解電學方面的知識，」這位女士打斷愛迪生的話，接著將腰帶放下來，然後盯著愛迪生。

「也許，我的確是比妳更懂一些有關電學方面的知識。」愛迪生坦率地說，接著轉過身離開這個地方。

當然，這件小事並沒有讓愛迪生感到惱怒。事實上，可以說沒有什麼事情能讓他感到惱怒。愛迪生控制自身脾氣的能力，可以說是常人所無法比擬的，這要歸功於他擁有超乎常人的無限耐心。有一個故事就能很好地說明，愛迪生在這方面所具有的品格。有一段日子裡，他每天都在進行著一系列的實驗，他在實驗過程中使用了許多個開口的不倒翁。單單是在一次實驗裡，他就毀掉了超過 400 個不倒翁，而實驗最後也是徹底以失敗告終。

此時，愛迪生的一位助手已經工作了許多個小時，他對這樣的實驗感到厭煩了，於是就說：「愛迪生先生，我們接下來該怎麼做呢？」這位助手非常希望愛迪生允許他可以早點回家。但是，愛迪生只是撓撓頭，然後看著一大堆破碎的玻璃，緩緩地說：「我想我們接下來要做的事情，就是找來更多的不倒翁。」

第二十三章　一些軼事

愛迪生一生發明出來的東西，讓到過愛迪生實驗室拜訪的科學界人士，經常對其數量以及品質感到驚訝，更為詫異的是，很多發明都是公眾沒有聽說過的。一位來自德國的著名科學家向，愛迪生透露自己悄悄地在進行某些實驗，並且表示這樣的實驗之前從來沒有人嘗試過。

「你也進行過這樣的實驗，」愛迪生問，「那有沒有得到什麼結果呢？」

這位德國科學家驚訝地發現，原來愛迪生已經做過類似的實驗，並且也取得了同樣的實驗結果。但與他不同的是，愛迪生認為這樣的實驗結果，是沒有任何用處的──因為這樣的發明沒有任何商業價值，也就是說，這樣的發明其實對人類的生活沒有任何推動作用。這位科學家希望愛迪生能夠說出自己的一些主要發明。愛迪生還是像過去那樣，不太願意回答這個問題。最後他說：「最重要的發明就是中央發電站（Electric Lighting Station），讓我想想還有什麼發明……哦，我還發明了油印機、電筆、碳粉電話、白熾燈，以及與白熾燈相關的配件，還有四工電報、自動電報機、留聲機以及活動電影放映機，等等。我也記不清了，總之還有很多。」

在許多到美國的訪問者當中，最想要見到愛迪生的人，就是當時來自清朝的李鴻章。但是，李鴻章最後也沒有機會見到愛迪生，只能失望而回。可以說，當李鴻章剛剛踏上美國的土地，這位總督就找來了愛迪生在紐約的代表，在代表興沖沖趕來，還沒有來得及喘氣的時候，李鴻章就說：「愛迪生人呢？他在哪裡？他現在多大歲數了？你認識他有多久呢？我能在哪裡找到他，他什麼時候方便呢？」

李鴻章一下子就提出了許多問題，旁邊的翻譯在將這些中文翻譯成英文的時候，也面臨著巨大的困難，因為要是他翻譯慢一些的話，就會讓李鴻章感到惱怒。因此，這名翻譯只能忽略一些問題，將重要的問題

翻譯出來，避免李鴻章發怒。愛迪生的代表回答說，他多年前在百老匯第一次認識愛迪生。「他是電話的發明者嗎？」李鴻章問道。「他是讓電話變成真正可以投入現實使用的人。」代表回答說。「如果我想要將電話引入到中國，我就該找他，對嗎？」李鴻章激動地問道。「是的，他能夠幫你將電話引入中國。」代表回答說。「我想要見愛迪生，他能夠去中國一趟嗎？」李鴻章不耐煩地說。

「如果他在那邊有工作可以做的話，他可以過去那裡。」代表冷靜地回答。

「你能夠為我們倆的見面安排一下嗎？我想要見見他。我必須要見他，他是一個偉大的人，你能將他帶到我這邊嗎？」

「可以啊，前提是要首先找到他這個人。」代表憂慮地說。

在第二天早上還沒5點的時候，李鴻章就派人找來這位代表，因為李鴻章想在酒店裡直接見他。當代表來到酒店時，李鴻章在床上接待他，同時焦急地詢問是否找到了愛迪生。李鴻章說，據說愛迪生現在人可能在尼加拉瀑布，並且表達自己想要在未來幾天見到他的強烈願望。

一個星期之後，一位記者匆匆地趕到奧蘭奇實驗室，成功地找到了愛迪生，詢問愛迪生是否在李鴻章到訪美國期間，與李鴻章達成了什麼生意協定。因為李鴻章想要與愛迪生見面的心情，已經人盡皆知了。「我從來沒有與李鴻章見過面。」愛迪生回答說，「他發了電報給我，希望我能夠見見他。但我並沒有遵循他的想法，因為我當時正在鄉村旅行，不想離開家人。我也根本不知道，他為什麼那麼急著想要見我。」

與此同時，紐約一份報紙出現了一篇專題報導，講述愛迪生與李鴻章已經達成了一項資金數量巨大的合作性協定，並表示這項協定的金額數量高達數百萬美金，而愛迪生將會前往中國，成為清朝皇帝的座上賓。這篇文章還說愛迪生將會感受到東方文化的魅力，李鴻章則會陪同

第二十三章　一些軼事

他遊覽整個天朝。有人將這篇報導拿給愛迪生看，愛迪生笑著說：「我從來沒有與李鴻章達成什麼協定，也從來沒有想過要與他達成什麼協議。我們已經在上海以及中國其他城市建立大型的電力工廠，如果我沒有記錯的話，這些都是在李鴻章的協助下完成的。這篇報導上的內容全部是虛構的。」因此，李鴻章在沒有見到愛迪生的情況下，就離開了美國。

第二十四章　愛迪生的一些看法

　　正如我們之前談到的，相比於許多在世的科學家，愛迪生也許是被人們就各種問題要求發表意見次數最多的人。這樣的討論在新聞報導上，就直接表現出來了──無論是有關電學、科學還是一般人感興趣的話題──新聞記者都會匆忙地趕到奧蘭奇實驗室，詢問愛迪生對此的看法。通常情況下，愛迪生都會拒絕發表什麼評論，不過要是他的心情不錯，並對這個話題感興趣的話──他閱讀報紙的熱情，絲毫不亞於他探索自然奧祕的熱情──那他就會相當自在地發表看法。

　　15年前，有人詢問愛迪生，是否相信有可能建造出一艘船，讓往返於利物浦與紐約之間的航程只需要4天時間。愛迪生說，自己相信這樣的船隻最終會造出來，並且他在有生之年將會看到這樣的發明。愛迪生還表示，要造出這樣的船隻，關鍵就在於如何減少船舷與海水之間的摩擦。愛迪生表示，人們可以發明一些工具，運用電力去實現這樣的目標。愛迪生之前在這些方向進行過一些實驗，但不是非常深入。

　　接著，愛迪生臉上露出了採訪者難以察覺的幽默笑容，表示讓船隻在海水中更快前進的方法，就是用潤滑油潤滑船舷，具體的操作方法可以在船舷位置穿孔，讓油緩慢地滲透出來。愛迪生表示自己還沒有進行過這樣的實驗，這只是他腦海的一種想法。愛迪生的建議深深地吸引了記者的興趣，激發了他的想像力。當他回到辦公室之後，就寫了一篇關於如何透過潤滑船舷，讓船隻航行速度加快兩倍或者三倍的有趣報導。這名記者以非常理智克制的手法下筆，無論是美國國內的新聞報紙，或是在歐洲的各大主流報紙上都被轉載了。不少人表示，愛迪生又有了另一項了不起的「發明」。一份報紙在頭版頭條上寫道：

第二十四章　愛迪生的一些看法

　　這是天才愛迪生提出的理論，那就是潤滑船隻的船舷，透過減少海水對船隻的摩擦力，讓船隻的速度增加三分之一，這應該是非常合理的。若果真如此，這將再一次證明：龐大的經濟效益常常隱藏在一項簡單、隨手可得的應用之中，卻在我們費時費力去尋找更遙遠方案的過程中被忽略了。

　　我們可以預計到一點，那就是不少企業都在想辦法增加船隻的速度，從而縮短商業貿易的時間，減少運輸成本，同時不需要在機械創造或者建造船隻等方面，耗費巨大的資金。愛迪生的這個想法，是船隻製造業以及工程方面的一次重大突破。倘若這個問題的解答並不在改良的波型船體、管式鍋爐或三重螺旋槳之中，而是在那個無人注意的、被冷落在角落的油脂罐底部──就像真理藏在井底一樣──那對海軍建築師和工程師們來說，無疑將是一項驚人的發現。

　　也許，我們可以說，愛迪生已經做出了人類經濟歷史上最偉大的世紀發現，這樣的發現可以說是蒸汽機之外的另一個大發現，可以說是航海時代一個具有里程碑意義的發現。若是愛迪生的想法能夠滿足我們對此的期望，那麼紐約到倫敦只需要四天的航程就可以了，世界貿易的方式將會出現徹底地改變。與此同時，石油的價格也很有可能會上升。

　　只不過，使用這種古怪的方法去減少水的摩擦力，讓船隻的速度是之前速度3倍的實驗，卻始終都沒有人懷著真正的熱情去做。現在的工程師與船隻設計師，依然將他們的想法放在鍋爐與渦輪上。但是，來往歐洲與美洲只需要四天航程的夢想，肯定很快就能夠實現。愛迪生對此的預言顯然會在未來幾年內實現。

　　14年前，某些作家發表的文章引起了公眾的極大興趣──這些作家可能是想要透過這樣的文章去「操控」市場──他們表示鋁這種材質，將會成為未來使用最多的材料，因為其材質的韌性與廉價，都能使之變成一種非常優秀的材料，這可以用來做餐桌的裝飾或者戰艦。此時，有人跑來

詢問愛迪生的意見，愛迪生嚴肅地表示：「鋁這種材料沒有任何用處。」

他堅稱，鋁作為一種金屬幾乎沒有實際用途，用於機械或建築結構上，還不如使用鉛。它極其輕盈的特性，最多只適合用來製作裝飾品，僅此而已。若要用於其他方面，必須與其他金屬混合使用，最好是與銅製成合金。愛迪生認為，未來最廣泛使用的金屬應該是鎳鋼——這種鋼材新增了百分之五的鎳，能夠做成優質的裝甲鋼板。與純鋼不同的是，這種鎳鋼不會破裂，而且有著非常好的抗壓性。

「所謂防盜保險箱，」愛迪生在談到金屬及其性質時進一步指出，「就像不會沉的船一樣，是不可能製造出來的。你可以用鎳鋼製造一個也許無法鑽穿或破壞的保險箱，但沒有任何保險箱能抵擋一顆炸藥。竊賊可以在口袋裡攜帶足以炸開十幾個保險箱的炸藥。要造出一個絕對防盜的保險箱，就跟發現永動機一樣困難，因為只要一種能夠抵抗現有最強炸藥的材料被發明出來，化學家們就會馬上研究出能摧毀它的另一種物質。這正是裝甲與巨砲發展史的全部寫照。」

愛迪生對無線電報的未來充滿著信心，他認為只有馬可尼（Gugliel-mo Marconi）才能成功地使之商業化。兩、三年前，愛迪生就對無線電報做出過一些評論，在這裡有必要引述一下，因為他始終堅持在西元1907年6月發表的這些言論。愛迪生說：「我認為馬可尼能夠以商業化的手段，讓電報跨越大西洋。他能夠透過建造中繼站的方式，在世界各地傳播資訊。當然，偉大的事業不可能是一下子就完成的。這個原理的發現，本身就是一個巨大的進步，其中需要進行許多艱苦的實驗，特別是對商業線路進行許多實驗。

「無線電報將能夠成為跨越大海的電報。人們在未來肯定能夠在大海上發送無線電報，從而與世界各個大洋上的船隻進行無線電交流，改變

第二十四章　愛迪生的一些看法

他們的旅遊選擇。我對無線電報在大陸上的前景不是很看好，因為這方面的市場其實已經非常飽和了。可是，在廣袤的大海運用這樣的技術，現在來看還是一片空白。我想，只需要再過幾年時間，無線電報就能發展起來，成為工業世界中實用且重要的因素。」

讀者朋友們可能還記得，許多年前澳洲爆發過嚴重的兔瘟，澳洲政府釋出公告，向任何能夠成功解決這個問題的人給予重賞。有一位美國人想領賞，卻不知道該怎麼做，於是就想到了去拜訪愛迪生，向他尋求一些有用的建議。愛迪生友善地接待這位先生，了解他的來意之後，也沒有立即表示拒絕，而是談論起這個話題，提出了解決澳洲兔瘟問題幾種簡單的方法。愛迪生並不認為這位來訪者提出的種植胡蘿蔔，然後在胡蘿蔔中注射毒液的方法，在現實中是可行的；他也不相信可以靠讓部分兔子接種病毒，再把牠們放回毫無防備的同伴中間，就能解決這個問題。

愛迪生說：「只要在廣闊的草原上圍起鐵絲網，一旦兔子碰到這些鐵絲網，電路就會閉合，那麼兔子就會被電死。就是這麼簡單。」這位來訪者對愛迪生的建議感到非常興奮。「我們可以將胡蘿蔔、生菜以及其他兔子愛吃的食物放在鐵絲網旁邊，那這種方法必然能夠殺死上千隻兔子。」這位來訪者詢問，如果在澳洲，是否有可能將鐵絲網通電呢？愛迪生表示這是可以做到的。來訪者滿意地離開了，心想著這個龐大的計畫是可行的。至於他是否真的運用了從發明家那裡獲得的資訊，後來就沒人知道了。不過愛迪生倒是認為，他那位充滿創意的朋友在實驗時，可能自己「接通了電路」，因為他再也沒有收到對方的消息。

愛迪生花了很長時間去試驗 X 光機，並且取得了成功。這在當時引起了極大的轟動，他收到許多來自陌生人的信件，詢問倫琴的發現是否可以應用在一些明顯不正當的用途上。其中有一封信來自賓夕法尼亞州

油田地區，某個所謂的「帽子小鎮」。這封信讓愛迪生覺得非常有趣，便把它和其他幾件透過郵件送到他實驗室的奇特信件，一併收藏了起來。下面就是這封有趣的來信：

湯瑪斯・阿爾瓦・愛迪生，寄往紐澤西州的門洛帕克

親愛的愛迪生先生：

我寫信給你，是想要知道，你是否能夠製造出一種X光裝備，讓我能夠在法老牌賭局中（faro banks）贏錢呢？要是我能夠在身體上穿戴這些東西，那麼我很想購買。我想要將這個裝置套在眼鏡或者護目鏡上，這樣我就能提前看到接下來要翻的牌是大是小。若是你能幫我製造出來的，請告訴我需要多少錢。要是我能夠取得成功的話，我會在一年之內額外支付你5,000美元。請不要客氣。如果無法設計出來，你能夠給我倫琴教授的地址嗎？麻煩給我回覆。

忠誠於你的……

愛迪生曾收到過許多奇特的來信，但他表示，那是唯一一次有人請他幫忙協助賭徒破解法老牌賭局。愛迪生說，自己當時很想為這位作弊者提供一些真誠的建議，但最後還是決定最好忽視這一獨特要求。要是那位聰明的賓夕法尼亞人真的為自己的行為感到後悔，那麼他在筆者在這裡提到他那封信的時候，內心會感到一些滿足，因為他現在終於知道，為什麼愛迪生當年沒有給他回覆。

當美國與西班牙爆發戰爭的時候，不少記者都前來採訪愛迪生，因為公眾對兩國爆發戰爭之後的趨勢非常關心，都想要了解愛迪生對此的看法。有一位記者詢問愛迪生，紐約是否有被西班牙軍隊占領的可能性。愛迪生表示，西班牙的戰艦要想占領紐約，就好比十幾艘漁船想要占領直布羅陀海峽一樣，根本是不可能的。他還發表了自己的一些看

第二十四章　愛迪生的一些看法

法，那就是規模龐大的戰艦，在日後的軍事戰爭中所發揮的作用將會越來越弱，而魚雷艇或者魚雷驅逐艦的用處將會明顯增大。

當然，還有其他許多名人也接受了記者的採訪，發表他們對如何消滅敵軍的一些看法。其中就有尼古拉·特斯拉、邁爾斯將軍、羅素·薩奇等人，這讓某位作家鼓起了勇氣，使用一位名為「滑稽演員」的筆名隱藏自己的身分，去創作一部戲劇，他將這部戲劇稱為《叮噹聲──叮噹聲──叮噹聲響個不停》。這個劇本發表在紐約的一份專業報刊上。雖然劇本受到不少好評，很多名人都覺得非常有趣，這個劇本卻從來都沒有上演過，甚至根本都沒有排練過。不過劇本的作者表示，這個劇本高度地展現出「那些海盜所發起的戰爭的情景」，而劇本的開場白以及和聲，都是值得在這裡引述的：

叮噹聲──叮噹聲──叮噹聲響個不停。

所有的叮噹都集合起來了，這讓人們感到非常興奮。每一個叮噹都是用來消滅西班牙軍隊的，幫助古巴獲得自由。在和平的時代，人們就要為戰爭做好準備，那些從未負傷的人都是那些進行發明的人。狂熱的沙文主義者都在啃食著樹皮，邁爾斯將軍站在一個基座上擺著姿勢，彷彿他就是一尊戰神的雕像。愛迪生則在水族館裡對龍蝦通電。尼古拉·特斯拉則將耳朵對著地面，正在透過地面與清朝的李鴻章進行交流。腳踏車協會正準備騎著腳踏車來到沙灘。很多用於戰爭的氣球，都充滿了演說者製造出來的氣體，而天空這時顯得一片血紅，甘藍葉球像是燃燒的火球，東南方向一片紅彤彤的樣子。

〈發明家之歌〉

我們每個人都有一項偉大的發明

這些發明將會吸引你的注意。

我們保證，西班牙的軍隊將會變成死屍

這些發明會讓他們大吃一驚，讓他們措手不及。

這會讓他們渾身癱瘓，這會讓他們進入煉獄

前提是這些發明都能正常運轉

前提是引線能夠正常引燃

當月亮照亮的時候，如果你將其放在下面

如果他們依然能夠站立起來，如果風沒有呼呼地吹著

如果這沒有爆炸，沒有在意外中殺死你的話

那麼後果你懂得！

現在是時候將全部的信任

都寄託在這些發明創造的科學家身上了！

我們國家的敵人將會瞬間消失！

我們的計畫將會變得更加完美

很多人都認為，我們的發明將會消滅敵人

前提是這些發明能夠正常運轉。

（此時，愛迪生走上臺前，向著大家揮手。）

愛迪生說：「萬歲！勝利是屬於我們的。」人群（極其興奮地說）：「巫師，情況進展得如何？」愛迪生（驕傲地說）：「成功了！我已經讓這些龍蝦都通了電，牠們在移動的時候會發出嗡嗡聲。當西班牙戰艦進入我們的視線範圍內，我就會將這些帶電的龍蝦釋放出來，你們將會看到最後的結果。這些龍蝦將會與我之前在桑迪岬準備的電鰻，形成閉合電流，那一群自以為勇猛的西班牙軍隊就會被電到，這會他們全都被電死了。」

人群大聲地說：「萬歲！古巴自由了！」

特斯拉（此時打斷了愛迪生的闡述）說：「這個計畫根本行不通。現在，我發明了一個帶著40億伏特的富蘭克林電池風扇，當這個風扇轉動時，將會產生驚人的效果。就在10分鐘之前，我就用風扇將一隻蒼蠅從威廉國王的鼻子上吹出來了，一下子就把暹羅國王的鬍鬚吹乾了。當西

第二十四章　愛迪生的一些看法

班牙的戰艦來到我們的港口時，我會爬上一棵樹，然後啟動風扇。在不到一分半鐘的時間裡，我就能將這些西班牙戰艦消滅掉。」

人群大聲地說：「萬歲！古巴自由了！」

這齣戲劇還有諸如洛克斐勒（John Davison Rockefeller）、海蒂·格林[064]、約翰·雅各·阿斯特上校[065]、亨利·維拉利德[066]、W·R·赫斯特[067]以及其他美國名人，他們都對如何抵抗西班牙軍隊提出了自己的建議，當然他們是使用散文或者詩歌的方式表達出來的。每個人都參加了這次幽默的短劇。當愛迪生看完這個劇本之後，哈哈大笑起來，表示如果這個劇本的作者能夠見到他的話，肯定會覺得非常滿意。不過，長時間以來，愛迪生已經習慣了出現在小說或者喜劇當中了。

在某個時候，愛迪生曾經認真地考慮與喬治·帕森斯·萊斯羅普[068]合作，創作一本小說。愛迪生負責提供電學方面的建議，而萊斯羅普則負責構思情節等方面的內容。愛迪生一開始對此充滿了熱情，萊斯羅普也多次訪問他。愛迪生提出建議的速度，要比這位小說家拒絕的速度更快一些。但在經過多次這樣的「合作」之後，愛迪生的熱情漸漸冷卻下來了。萊斯羅普還是像之前那樣，對小說創作充滿了熱情，並且從愛迪生身上成功地收集到足夠多的素材，讓他能夠繼續完成這樣一本書。

某天，愛迪生皺著眉頭對萊斯羅普說，自己以後不想再參與這本小說的創作，他表示自己對這些事情感到非常厭煩。他寧願將時間投入到發明

---

[064] 海蒂·格林（Hetty Green，西元 1834～1916 年），美國著名女企業家、金融家。美國鍍金時代的女首富。
[065] 約翰·雅各·阿斯特上校（John Jacob Astor IV，西元 1864～1912 年），德裔美國商人、投資人，阿斯特家族成員。美國西班牙戰爭期間任陸軍上校。
[066] 亨利·維拉利德（Henry Villard，西元 1835～1900 年），美國記者、金融家。
[067] W·R·赫斯特（William Randolph Hearst，西元 1863～1951 年），美國報業大王、企業家，赫斯特國際集團（Hearst Corporation）的創始人。赫斯特是一位在新聞史上飽受爭議的人物，被稱為新聞界的「希特勒」、「黃色新聞大王」。他在 20 世紀初掀起的黃色新聞浪潮，對後來新聞傳媒產生了深遠影響。
[068] 喬治·帕森斯·萊斯羅普（George Parsons Lathrop，西元 1851～1898 年），美國詩人、小說家。

許多有用的東西，包括機械小說家這種機器，當這種機器轉動起來後，就能夠自動進行小說創作，接著愛迪生還談到了電子小說。他認真地表示，電學的世界裡其實並沒有什麼小說，他建議萊斯羅普將精力轉移到其他方面。萊斯羅普對愛迪生的這番表態感到有些氣餒，卻還是表示了同意。這是愛迪生第一次也是最後一次，與小說界接觸的大致情況了。

愛迪生經常被人們問到寫自傳的問題，很多人都想要知道，愛迪生不這樣做的理由。在談話過程中，可以說沒有人要比愛迪生表現得更加出色，大部分同事都表示，如果愛迪生對某個話題或者描述的結果感興趣的話，那麼他會談論許多公眾都不知道的內容。他經常會使用強而有力卻戲劇化的語言去描述。在這樣的情況下，沒有出現一個像博斯韋爾（James Boswell）這樣的傳記作家幫他創作——記錄愛迪生在這麼多年來所說的話語，這真是一種極大的遺憾。

要是愛迪生能夠將自己每天在實驗室裡說過的話，全部記錄下來，這將會是歷史上卷數最多的自傳作品了，只是愛迪生根本沒有時間與精力這樣做。據說，雖然愛迪生並沒有證實這點，但他不止在一個場合下表示過，他更願意親自拿起筆去寫自己的人生故事。一位不願意公布名字的作家曾經這樣說：「不過當愛迪生想要這樣做的時候，一件奇怪的事情發生了，他會產生強烈的自我意識，這會導致他的敘述變得不是那麼流暢，無法讓文字充滿應有的生命力——反而會顯得比較僵硬與呆板，讓人覺得不是那麼滿意。」

事實上，他似乎被一種類似「怯場」的狀態所困擾，這使他無法發揮最佳表現。就像有些人，在私下交談時可以滔滔不絕，講得既有深度又精彩，可是一旦站起來發言，就只能說出最平淡無奇的場面話。順帶一提，這種心理狀況並不是愛迪生特有的。有很多具有強大能力的人，似乎都會出現這樣一種心靈「癱瘓」的情況，就是無法用墨水將自己的想法

第二十四章　愛迪生的一些看法

流暢地表達出來。

據說，要是愛迪生曾經說過的話，全都被記錄下來，然後出版的話，這可能會形成一個擁有 1,000 卷書的小型圖書館——每一卷都會有 10 萬字左右。這些有關愛迪生的言語記錄下來，能夠做成一個圖書館的說法，其實並不是沒有任何根據的。比方說，現在不少外人都認為，愛迪生忘記了自己的結婚日期，或者在婚禮儀式結束後，就忘記自己剛才結了婚。這個故事說的是愛迪生的第一次婚姻。筆者曾經就此詢問過愛迪生，愛迪生回答：

這完全是胡編亂造。完全是某位想像力豐富的記者，按照自己的想法去構思，然後編造出來的。我從來都沒有忘記自己結過婚這個事實。事實上，我覺得任何男人都不會忘記自己結過婚，除非他真心不願意記起這樣的事情。但是，我覺得這個故事之所以流傳出來，肯定也有一定的道理。

在我結婚的那一天，託運回來的證卷報價機被人從工廠裡運回來，因為這批機器並不是十分完美。當時我就想找到機器的問題到底在哪裡，想要立即將機器的故障修理好。在婚禮儀式結束的一個小時之後，我就想著去修理那一臺機器。此時妻子與我都已經回到家了。我向妻子提到了這件事，表示想要回到工廠處理這些事情。妻子立即表示同意，於是我就回了工廠。當我回到工廠的時候，我的助手巴切勒正在努力地修理機器。

我們耗費了一些時間去尋找故障的原因，花了一、兩個小時終於弄好後，我就回家了。至於很多人說我忘記自己結婚的事，這完全是胡說八道。我與妻子在聽到這個故事之後，都哈哈大笑起來。之後的每個星期，我都會聽到這樣的報導，我覺得這是非常無趣的。這些編造的故事在坊間流傳了一段時間，我想不少人都會認為，我就是那個結婚後卻忘記自己已經結婚的人。

幾年前，另一個荒唐的故事也流傳甚廣，並且現在依然在傳播。這件事是與愛迪生發明白熾燈系統相關的。直到西元 1907 年，在英國的報紙上可以說出現了 1,000 多次。這個故事是這樣說的，愛迪生發明白熾燈只是為了報復煤氣公司。他之所以這樣做，據說是因為上門收煤氣費的人態度蠻橫，這讓他感到非常惱怒。據這些報導說，愛迪生當時表示：「那個晚上，我坐在黑暗的角落裡暗暗發誓，一定要發明電燈，徹底摧毀煤氣公司。」每當愛迪生看到這個故事，都覺得不安──因為這樣的報導每個月都會出現──事實上，愛迪生可以說是這個世界上，最不願意去進行報復的人，更別說愛迪生只是單純要求，獲得應該屬於自己的權利罷了。後來，這個故事慢慢銷聲匿跡，因為實在是流傳得太久了。

　　幾年前，當愛迪生的四家重要公司，合併成規模更大的電氣公司時，公司的資產高達 1,200 萬美金。很多報導都表示，也只有愛迪生能夠創辦出這樣規模龐大的企業。愛迪生的「1,200 萬美金的大腦」這種說法由此流行開來，不少人都想要學習，如何才能擁有像愛迪生這樣一流的大腦。一位作家曾就此發表過評論，而他的這段話是值得記錄與思考的。他說：「規模如此龐大的企業，發源於一個人的智慧。幾年前，湯瑪斯・愛迪生還只是一個默默無聞的貧窮電報操作員。現在，他透過發明對人類有用的工具，成為了百萬富翁。他透過這樣的方式獲得巨大的財富，沒有人在這個過程中受到傷害。全新的財富來源於觀察以及機械智慧，這一切都隱藏在當時雖然貧窮，卻充滿智慧的愛迪生的大腦裡。人類大腦裡的寶藏，要比地質學家在高山上找到的任何寶石都要豐富，要比人們從岩石或者荒野中找到的任何鑽石都要寶貴。」

　　這句老生常談的話，應該是每一位想出人頭地、名利雙收的年輕人，都應該記住的，這些年輕人應該努力去豐富自己的大腦。他們可能不像愛迪生擁有那般的天才，不過堅忍不拔的毅力，能夠幫助他們取得最終

第二十四章　愛迪生的一些看法

的勝利。事實上，愛迪生從來就沒有對所謂的「天才」看得太重。某位睿智的人曾經說：「所謂的天才，就是我們承擔無限痛苦的能力。」而愛迪生則是說得更加透澈：「天才是百分之二的靈感，加上百分之九十八的汗水。」讓那些認為自己不是「天才」，甚至不算特別聰明的人，把這句睿智的話記在心裡──他們會發現，愛迪生所相信的並沒有錯：真正帶來成果的是努力工作，而這正是最終能讓人登上幸運之梯頂端的美德。

　　愛迪生對音樂有著極高的鑑賞能力。很多人在報紙上看到說，愛迪生不喜歡留聲機、從來都沒有聽留聲機唱歌的報導是錯誤的。在某個時期，愛迪生認真完了在奧蘭奇實驗室裡錄製的每一張唱片，然後替這些唱片貼上「非常好」、「一般」、「糟糕」與「非常糟糕」，並按照這樣的分類去進行唱片的翻錄與銷售。當然，這些評價並不是針對唱片的錄音品質，而是對樂曲的風格所做出的評斷。有趣的是，那些他最不喜歡的「曲子」，往往卻是最受大眾歡迎的。於是後來就成了一種固定的笑話：只要是愛迪生標注為「非常差」的唱片，工廠就得加班趕工來滿足市場需求。

　　在所有的唱片都還在愛迪生的實驗室裡灌錄的時候（現在這些唱片都是在紐約灌錄的），很多歌手、背誦者以及樂器演奏家，都會從城市裡趕來，然後在愛迪生的實驗室裡歌唱演奏。在「會說話的機器」所產生的新鮮感尚未消退的時候，這些藝人所提出的薪水都還不是太高。但在後來，這些「專業的留聲機從業人員」的薪水漲了許多，而一些歌手的「服務」費用幾乎高得令人望而卻步。當這些唱片在錄製的時候，愛迪生一般都是在現場觀看的。他驚訝地發現，那些最有能力的歌手，往往灌錄出最糟糕的唱片。在很多情況下，著名的獨奏者在錄製完唱片之後一聽，發現這是毫無價值的。

　　這些演唱者還沒有完全掌握，在留聲機面前歌唱的技巧，他們必須要經過大量的訓練，才能掌握透過留聲機去錄製聲音的方法。其他一些

歌手也來過實驗室，他們的名字當然沒有達到家喻戶曉的地步。這些歌手索要的薪水也不是太高，可是他們錄製下來的唱片卻是最好的。換句話說，一個人必須擁有標準的「留聲機嗓音」才能錄製出一張好唱片，倘若歌手缺乏這一點，那麼他或她就必須培養這種嗓音——而這完全是可以做到的。相比於女低音，女高音歌手在面對留聲機錄製的時候，效果也不是太好，而小提琴以及其他一些纖細的高音樂器，也沒有比低音提琴與豎琴發出的聲音效果好。對男性的聲音來說，男中音與男低音錄製的聲音效果，要比男高音更好一些。

　　順便說一下，愛迪生明確表示反對錄製自己的聲音。到目前為止，他只在兩個場合下這樣做了。當然，在改進留聲機的發明過程中，他肯定要對著留聲機說話，只是這個錄音後來被弄爛或者毀掉了。愛迪生表示，自己不願意看到機器上貼著一張告示，表示人們需要投入一美分硬幣到槽幣口，才能聽到「愛迪生說話」。一次，他送了一臺留聲機給當時在倫敦的經紀人，他還為這位自己非常看重的年輕人，在留聲機裡錄製了一段話。愛迪生除了這兩次錄音之外，可以說現在找不到其他有關愛迪生說話的錄音了。

　　許多富有企圖心的經理人曾接觸他，願意出任何金額的報酬，只求他能對著留聲機講述自己發明它的過程，但對於這類要求，他一概充耳不聞。順帶一提，外界常說當貴賓來訪愛迪生的實驗室時，會被要求錄下自己的聲音，其實這種說法並不正確。實驗室裡並沒有專門為此目的而保留的留聲機。對訪客唯一的要求是：在「訪客簽到簿」上簽名——這些簽到簿的多本副本，至今仍可在圖書館的書架上看到。

　　愛迪生將發明這樣的技能，視為一種可以「學習」的職業，認為這好比是成功地當一名士兵、演員或者醫生。愛迪生認為，成千上萬的人要是能夠認真地訓練自己的思想，都是可以成為發明家的，因為對絕大多

第二十四章　愛迪生的一些看法

數的人來說，創造性的思維就隱藏在大腦深處。認真觀察是進行成功發明的一種重要資產。那些能夠看到還缺乏什麼，接著提供自己認為是良好解決方法的人，就能夠成為發明家。

隨著他們知識水準的不斷累積，想法也會越來越多，那麼大腦就會像身體的其他部位那樣運轉，因為當一個人想要對大腦要求更多的時候，他們就能夠得到更多東西。一般來說，那些創作了許多文字作品的作家，都能夠提升自己的「風格」。與此類似，要是一個人能夠更好地培養自己的風格，他們就會產生更好的思想。當然，大部分的想法都是要靠自己去思考的。那些說自己缺乏想法的人，其實就是根本不願意去思考的人。

現在，愛迪生正在認真研究著他認為最重要的問題——就是直接從煤炭中獲得電能。多年來，研究這個問題耗費了他大量的時間與精力。現在，他可以說已經將所有可以用於商業的發明，都擱置在一邊了，全心地解決這個讓他著迷的問題。他已經取得了一些進步，並且能夠從煤炭中獲取一些電量，遺憾的是，獲取的電量還是太少了。目前，眾所周知，電力的產生仍然需要依賴其他形式的能源，而只要情況仍是如此，電力就無法成為主導世界的動力來源。一旦電力能夠直接產生，蒸汽將會被淘汰，這項新型能源將取而代之，成為主宰。

煤炭中隱藏的能量利用率只有 15%，剩下的 85% 都被浪費掉了。這就是需要上百噸煤炭才能推動輪船跨越大西洋的原因。當煤炭發電的問題解決之後，兩、三噸的煤炭就能夠達成這個目標。愛迪生還是像以往那樣，滿懷著熱情與堅定的決心，研究這個問題長達 20 年，直到現在都沒有取得真正讓他感到滿意的結果，不過對此他並沒有感到氣餒。他在研究中不斷獲得的新發現，激勵著他繼續前進。

愛迪生表示，只要他還活著，就會繼續研究這個問題。當然，他曾用非常愉悅的口吻說，也許他永遠都找不到從煤炭中獲得更多能量的方法，可是他相信這個問題，肯定會被其他人解決的。還有許多科學家都在研究這個問題，要是某天被一位不知名的人解決了，他也不會感到驚訝。倘若這樣的事情發生了，愛迪生一定會將此人稱為人類歷史上最偉大的發明家！

位於密西根州休倫湖港的年輕愛迪生的銅像

愛迪生 Thomas Edison：
電力系統、留聲機、電影攝影機、實驗室制度……發明之父以兩千項發明定義現代生活

作　　　者：	[美]法蘭西斯・亞瑟・瓊斯 （Francis Arthur Jones）
翻　　　譯：	胡彧
發 行 人：	黃振庭
出 版 者：	崧燁文化事業有限公司
發 行 者：	崧燁文化事業有限公司
E - m a i l：	sonbookservice@gmail.com
粉 絲 頁：	https://www.facebook.com/sonbookss/
網　　　址：	https://sonbook.net/
地　　　址：	台北市中正區重慶南路一段61號8樓 8F., No.61, Sec. 1, Chongqing S. Rd., Zhongzheng Dist., Taipei City 100, Taiwan
電　　　話：	(02)2370-3310
傳　　　真：	(02)2388-1990
印　　　刷：	京峯數位服務有限公司
律師顧問：	廣華律師事務所 張珮琦律師

-版權聲明-

本書版權為出版策劃人：孔寧所有授權崧燁文化事業有限公司獨家發行電子書及繁體書繁體字版。若有其他相關權利及授權需求請與本公司聯繫。

未經書面許可，不得複製、發行。

定　　　價：420元
發行日期：2025年08月第一版
◎本書以 POD 印製

國家圖書館出版品預行編目資料

愛迪生 Thomas Edison：電力系統、留聲機、電影攝影機、實驗室制度……發明之父以兩千項發明定義現代生活 / [美]法蘭西斯・亞瑟・瓊斯（Francis Arthur Jones）胡彧 譯 .-- 第一版 .-- 臺北市：崧燁文化事業有限公司, 2025.08
面；　公分
POD 版
譯自：Thomas Edison.
ISBN 978-626-416-676-8(平裝)
1.CST: 愛迪生 (Edison, Thomas A., 1847-1931) 2.CST: 傳記 3.CST: 美國
785.28　　　　　　114010259

電子書購買

爽讀 APP　　　　臉書